民族学社会学教材与研究丛书编委会

主　任：杨圣敏
委　员：丁　宏　戴成萍　白振声　王铭铭　王建民
　　　　包智明　潘　蛟　苏发祥　任国英　肖小勇

中央民族大学国家"十一五""211工程"建设项目

传统与现代：
鄂温克族牧民的生活

祁惠君／著

中央民族大学出版社
China Minzu University Press

图书在版编目(CIP)数据

传统与现代:鄂温克族牧民的生活/祁惠君著.—北京:中央民族大学出版社,2009.8
ISBN 978-7-81108-609-6

Ⅰ.传… Ⅱ.祁… Ⅲ.鄂温克族-牧民-社会生活-研究-中国 Ⅳ.D422.7

中国版本图书馆 CIP 数据核字(2008)第 170335 号

传统与现代:鄂温克族牧民的生活

作　　者	祁惠君
责任编辑	戴佩丽
封面设计	李　佳
出 版 者	中央民族大学出版社
	北京市海淀区中关村南大街 27 号　邮编:100081
	电话:68472815(发行部)　传真:68932751(发行部)
	68932218(总编室)　　　68932447(办公室)
发 行 者	全国各地新华书店
印 刷 者	北京华正印刷有限公司
开　　本	880×1230(毫米)　1/32　印张:12
字　　数	300 千字
印　　数	1000 册
版　　次	2009 年 8 月第 1 版　2009 年 8 月第 1 次印刷
书　　号	ISBN 978-7-81108-609-6
定　　价	30.00 元

版权所有　翻印必究

民族学社会学教材与研究丛书
总序

民族学与社会学学院的前身是建立于1952年的中央民族学院研究部。在20世纪五六十年代，研究部曾汇聚了中国大部分民族学与社会学的顶尖人才，如中国民族学与社会学的开拓者潘光旦、吴文藻、杨成志、吴泽霖、费孝通、林耀华和李有义等人，以及他们的学生陈永龄、宋蜀华、施联朱、王辅仁、吴恒和王晓义等著名学者。

20世纪80年代初，研究部更名为民族研究所，不久又建立了中国第一个民族学系，20世纪90年代扩大为民族学研究院，2000年更名为民族学与社会学学院。半个世纪以来，名称和建制的变化，并没有影响她致力于民族学教学与研究的宗旨，经过几代人的努力，从该院毕业的民族学专业的学士、硕士和博士已遍布全国各地，多为栋梁之材。同时出版了大量在国内影响巨大的专著和教材。如潘光旦、吴文藻、费孝通等人的文集，林耀华主编的《民族学通论》、宋蜀华的《民族研究文集》、陈永龄的《中国民族学史》(英文版)；还出版了全所历年研究成果的论集《民族研究论文集》(1981—1993年，共九册)，这些出版物的共同特点是以实地调查的材料为基础，以中国的56个民族为主要研究对象。几十年来，这已成为民族学与社会学学院几代人的学术传统。

民族学(文化人类学)毕竟是一个自西方传来的学科，

在中国发展历史较短,几十年来又多次受政治运动的影响,所以与我国一些传统的老学科相比,中国的民族学无论在专业的理论、方法和研究成果方面,都是一个比较年轻、比较薄弱的学科。因此,今后本学科的重点是加强民族学专业的基础理论和方法的建设。为此,我们认为需要长期坚持两个方面的工作:

一、积极了解和借鉴国外学者有关的理论、方法和实践。这就要求我们既要翻译、介绍国外一些经典的名著,又要随时掌握国外研究的动态,将其最新的代表性作品翻译介绍给国内的读者和同行。

二、继承我院 50 年来的传统,坚持实证性的研究方法,以中国的 56 个民族为主要研究对象,紧密联系实际,加强实地调查,以此为基础,进行理论的总结,为建立独树一帜的、有中国特色的民族学理论而努力。

我们认为有必要使我们的学科建设和理论研究进一步系统化、规范化,并且在研究成果的基础上不断更新教材。因此,我们于 2000 年成立了"民族学教材与研究丛书编委会",目的是以民族学与社会学学院为基础,系统地编辑出版民族学专业的教材和以实证性研究为主的专著、调查报告和论文。编委会将重点支持以下内容的教材和著作:

1. 民族学专业主干课和紧缺的必修课教材。
2. 以实地调查资料为基础的专题研究著作。
3. 国外民族学名著或前沿理论与方法的译著。
4. 有重要学术资料价值且规范的田野调查报告。
5. 本院教师实证性研究的论文集。

我们要求教材的编写者,应具有多年讲授该课程的资历,并且发表过有关的研究论文。我们要求丛书中的教材和论著应参考并引用国内外最新的相关研究成果,能够与国际学术界对话。我们希望经过若干年的努力，本套丛书能够为民族学与社会学学院 50 年学术传统的发扬光大，为中国民族学学科的建设和中国民族学在国际学术界中较高地位的确立做出贡献。

杨圣敏

目 录

第一章 鄂温克族概况 ……………………………………… 1
  第一节 人口与分布 ………………………………………… 4
  第二节 族称与族源 ………………………………………… 12
  第三节 从森林到草原：鄂温克族牧民的由来 …………… 19
  第四节 民族学调查与研究综述 …………………………… 33
第二章 社会改革与政治制度变迁 ………………………… 53
  第一节 传统的社会组织 …………………………………… 53
  第二节 民族区域自治制度的实践 ………………………… 61
  第三节 牧业体制的社会改革 ……………………………… 63
  第四节 经济体制的改革与发展 …………………………… 74
第三章 牧民生活现状 ……………………………………… 81
  第一节 富裕户的访谈 ……………………………………… 82
  第二节 中等户的访谈 ……………………………………… 91
  第三节 贫困户的访谈 ……………………………………… 96
  第四节 陈巴尔虎旗的个案访谈 …………………………… 105
第四章 物质生活 …………………………………………… 109
  第一节 收入与支出 ………………………………………… 109
  第二节 日用品与固定资产统计 …………………………… 114
  第三节 衣食住行及消费 …………………………………… 116
  第四节 生活水平和生活质量分析 ………………………… 123
第五章 精神文化 …………………………………………… 152
  第一节 喇嘛教与萨满教 …………………………………… 152
  第二节 节庆婚丧礼仪 ……………………………………… 161

第三节　民间文学与艺术 …………………………… 168
　　第四节　文化的传承、保护与创新 …………………… 176
第六章　畜牧业生产的基本特征 ………………………… 179
　　第一节　四季的生产方式 ……………………………… 179
　　第二节　畜牧业经济的内在结构 ……………………… 188
　　第三节　牲畜品种结构与改良 ………………………… 194
　　第四节　地方良种 ……………………………………… 201
　　第五节　奶牛业的发展 ………………………………… 211
　　第六节　牧业生产工具的变化 ………………………… 218
第七章　草原建设、保护和管理 ………………………… 225
　　第一节　草场类型与分布 ……………………………… 225
　　第二节　草地退化及其原因分析 ……………………… 233
　　第三节　草库伦建设与饲草种植 ……………………… 236
　　第四节　鼠害、虫害与防火 …………………………… 246
　　第五节　有偿使用与依法监督 ………………………… 253
第八章　牧业经济可持续发展的研究和探讨 …………… 265
　　第一节　新牧区建设的实施方案 ……………………… 266
　　第二节　新牧区建设的典型个案——巴彦托海嘎查 … 275
　　第三节　2008年鄂温克族自治旗新牧区建设
　　　　　　工作总结 …………………………………… 281
　　第四节　参考知识——国外畜牧业的经验和教训 …… 284
附录1：1949——2009年国内关于鄂温克族研究的
　　　　著作及论文索引 …………………………………… 295
附录2：鄂温克族自治旗宗教情况调研报告——以锡尼
　　　　河庙为例 …………………………………………… 331
附录3：敖鲁古雅"驯鹿鄂温克人"生态移民的
　　　　民族学考察 ………………………………………… 341
附录4：《中华人民共和国草原法》 ……………………… 358
后记 ………………………………………………………… 374

第一章 鄂温克族概况

鄂温克族是我国人口较少的民族之一,同时也是跨界民族。正如我们所知道的,我国除汉族外的 55 个少数民族的总人口仅为 1.05 亿,只占我国总人口的 8.41%。而在少数民族中,像鄂温克族等一些民族的人口数量只有几千或几万人,是少数民族中的少数民族。对此,各个地方都有一些约定俗成的具有特殊含义的专门名词。比如,在内蒙古自治区,自 1947 年建立以来便有"三少民族"①、"少少民族"等专门名词,在黑龙江省则有"四小民族"② 之称。事实上,这种称呼既有历史的原因,也有一定的地区性和随意性的特征,有待今后进一步的讨论和规范。

本书称鄂温克族为人口较少民族,主要依据 2000 年 7 月国家民族事务委员会(以下简称国家民委)组织专家、学者开展的"中国人口较少民族经济和社会发展调查研究"所提出和引发的一个新概念——中国人口较少民族。具体的可以理解为是指人口数量在 10 万以下的民族,主要有毛南族、撒拉族、布朗族、塔吉克族、阿昌族、基诺族、普米族、鄂温克族、怒族、京族、德昂族、保安族、俄罗斯族、裕固族、乌孜别克族、门巴族、鄂伦春族、独龙族、塔塔尔族、赫哲族、高山族和珞巴族,这 22 个

---

① 在中国内蒙古自治区,有达斡尔族、鄂温克族和鄂伦春族 3 个少数民族自治旗(县级),这 3 个民族在历史上有着源远流长的密切关系,明末清初就形成了"三少民族"的概念。它不是学术意义上的严格划分,但在现实生活中,却被广泛使用。

② 在黑龙江省人们习惯把赫哲族、达斡尔族、鄂温克族和鄂伦春族称为"四小民族"。

民族根据1990年人口普查数据显示，人口数量都不到10万人。被称之为人口较少民族。但是发展到2000年，统计数字发生了变化。即毛南族人口是107166；撒拉族人口是104503。这两个民族的人口数字均超过了10万（详见表1）。

表1： 人口较少民族基本情况表

民族	人口	主要分布地区	民族	人口	主要分布地区
毛南族	107,166	广西	保安族	16,505	甘肃
撒拉族	104,503	青海	俄罗斯族	15,609	新疆
布朗族	91,882	云南	裕固族	13,719	甘肃
塔吉克族	41,028	新疆	乌孜别克族	12,370	新疆
阿昌族	33,936	云南	门巴族	8,923	西藏
基诺族	33,600	云南	鄂伦春族	8,196	内蒙古 黑龙江
普米族	33,600	云南	独龙族	7,426	云南
鄂温克族	30,505	内蒙古黑龙江	塔塔尔族	4,890	新疆
怒族	28,759	云南	赫哲族	4,640	黑龙江
京族	22,517	广西	高山族	4,461	（大陆）福建
德昂族	17,935	云南	珞巴族	2,965	西藏

随着时间的变化，人口数量也在不断地变化。因此人口少到什么程度才可以称其为是人口较少民族，并没有一个绝对的标准，这是一个见仁见智的问题。从目前在我国普遍使用的情况看，"人口较少民族"或者"小民族"大致可以分为狭义和广义两种。狭义主要是指在中国境内人数较少的民族，广义则包括"土著"、"原住民"、"初民"等群体。关于广义的小民族的特点一般来说，可以作如下归纳：首先，他们都是真正意义上的"原住民"。小民族是其所生活地区最早定居的人，长期在这里生存繁衍，他们与世无争，与自然和谐共存。其次，他们人数相对较少。这或是因为群体本身就小，或是因为被后来的强者剿灭，或是因为缺乏免疫力而被入侵者带来的疾病所残害，或是在发展过程中逐渐失去民族特征，被主体民族所吸收或同化（这种情况更多）。再次，他们的生活方式与生产方式保持着一种古老而简单

的方式（有的学者认为这是"原始"或"落后"的表现）。这主要是因为他们对自然的索取较少、破坏较少，正如一位印度人在形容居住在安达曼岛上的贾拉瓦人时所说的："这些贾拉瓦人并不像我们那样自私和贪恋。""他们需要的是那么少——只消能与他们的自然环境和谐共处就满足了。"当然，这个民族所具有的文化是否如大部分人所说的"落后"，还是值得商榷的①。

另外，鄂温克族作为跨界民族目前主要分布在中国和俄罗斯，在俄罗斯被称为埃文克人，根据俄罗斯2002年人口普查统计，有3.5527万埃文克人。据《俄罗斯民族百科全书》记载，俄罗斯境内的"埃文克人"居住范围东起鄂霍茨克海沿岸，西到鄂毕——额尔齐斯河谷，北起北冰洋，南到贝加尔湖和阿穆尔河（黑龙江）。分布在秋明州和托木斯克州的贝基特、伊利佩亚和通古斯——春那鄂温克自治专区，泰梅尔自治专区的杜金区，克拉斯诺亚尔斯克边疆区的图鲁汗区，伊尔库茨克州的勃达宾区、契卡丹格区、卡恰格区和吉林区，赤塔州的卡拉尔区、通吉尔——奥廖克玛区和通古科琴区，阿穆尔州的捷尔图拉克区、纽任区、结雅区、结雅——乌楚尔区，上谢连吉区和上布利亚区，布里亚特自治共和国的巴尔古津区、巴温特夫区、贝加尔区，雅库特（萨哈）共和国的奥廖克玛区、无斯季——玛亚区、澳连涅克区、日岗区和阿尔丹区，在哈巴罗夫斯克边疆区的库尔——乌尔来亚区、阿扬——玛亚区、通古尔——楚米坎区，萨哈林（库页岛）州的东萨哈林区和雷勃诺夫区。②

俄新网 RUSNEWS.CN 雅库茨克 2008 年 10 月 1 日电讯："2008 年 8 月雅库特共和国埃文克人联合会代表团参加了中国鄂

---

① 何群：《土著民族与小民族生存发展问题研究》，中央民族大学出版社，2006年，第5页。

② 吴守贵：《鄂温克人》，内蒙古文化出版社，2000年，第3页。

温克族自治旗成立50周年庆祝活动。"并强调："中国鄂温克人和雅库特埃文克人互懂语意，所以没有翻译直接进行了交流。"由此可见，中国的鄂温克族和俄罗斯境内的"埃文克人"在语言方面有着源远流长的关系。关于跨界民族，普遍的观点认为，是指由于长期的历史发展而形成的、分别在两个或多个现代国家中居住的同一民族。所谓"界"是指国界，即国家疆界。这一概念强调的是地缘性因素，即"跨界民族"是靠边界两侧、居住地直接相连、分居于不同国家的同一民族。通过疆界区分，划定了各国的主权范围，从而使"跨界民族"与一般民族概念有所区别。跨界民族除了文化的、群体的意义之外，也包括了所在国的主权和该民族对于所在国的国家归属认同。

第一节 人口与分布

我国鄂温克族人口有30505人。根据2000年人口普查统计，在内蒙古自治区有26201人，黑龙江有2706人。其他鄂温克族人口散居在广东省（249人）、辽宁省（221人）、北京市（164人）、河北省（127人）和山东省（107人）。与各民族交错杂居，形成了大分散、小聚居的分布特点。

从文献记录看，关于鄂温克族人口的详细统计数字是新中国成立后的1953年第一次人口普查时的记录：当时全国有鄂温克族人口6200人，其中内蒙古自治区有5667人，黑龙江省有625人；1964年第二次人口普查时，鄂温克族人口增加到9681人，其中内蒙古有9048人，黑龙江省有599人；1982年第三次人口普查时，鄂温克族人口为19398人，其中内蒙古自治区有18177人，黑龙江省有1114人；1990年第四次人口普查时，鄂温克族人口为26315人，其中内蒙古自治区有23367人。"人口是各种文化现象的载体。人口变动势必会影响整个社会的文化变迁。"①
因此,探索呼伦贝尔盟鄂温克族人口的分布与变迁能够全面反映鄂温克族牧民的生活。

1999年内蒙古自治区有鄂温克族人口25678人,其中25035人集中分布在呼伦贝尔盟。(详见表2):

表2: 呼伦贝尔盟鄂温克族人口分布② 2000年统计

	1947年人数	1949年人数	1953年人数	1964年人数	1975年人数	1982年人数	1986年人数	1999年人数
总计	4,102	5,127	4,594	8,858	12,154	17,165	19,396	25,035
鄂温克族自治旗	2,120	2,109	1,927	3,574	4,702	6,413	8,043	9,647
陈巴尔虎旗	39	49	54	1,175	1,433	1,656	1,667	1,992
海拉尔市				147	259	320	415	823
满洲里市					22	27	43	95
阿荣旗	911	1,742	1,095	839	1,304	1,095	1,233	1,837
莫力达瓦达斡尔族自治旗	837	1,033	1,248	1,931	2,428	4,430	4,412	5,338
扎兰屯市	193	192	219	300	391	631	751	854
新巴尔虎左旗			1	37	105	115	122	106
新巴尔虎右旗			16	37	55	69	101	65
额尔古纳市	1	1	1	178	30	35	33	129
牙克石市				54	87	210	751	413
鄂伦春自治旗	1	1	31	543	1,083	1,943	1,965	3,347
根河市			2	27	255	221	317	389

---

① 庄孔韶主编:《人类学通论》,山西教育出版社,2003年,第307页。
② 沈斌华、高建纲:《鄂温克族人口概论》,内蒙古大学出版社1991年,第74—75页。

该表不仅反映出鄂温克族的人口数量，同时也反映出鄂温克族在内蒙古自治区的具体分布情况。从行政建制上看，有1个民族自治旗和8个民族乡。具体情况如下：鄂温克族自治旗有鄂温克族人口9647人；陈巴尔虎旗有鄂温克族人口1992人，并建有鄂温克苏木；莫力达瓦达斡尔族自治旗有鄂温克族人口5338人，并建有巴彦鄂温克民族乡、杜拉尔鄂温克民族乡；阿荣旗有鄂温克族人口1837人，并建有查巴奇鄂温克族乡、音河达斡尔鄂温克民族乡、得力其尔鄂温克民族乡；扎兰屯市有鄂温克族人口854人，并建有萨马街鄂温克民族乡；根河市有鄂温克族人口389人，并建有敖鲁古雅鄂温克民族乡。纵观鄂温克族人口的分布情况，不难看出生态环境和传统的生计方式在他们进行文化选择时所产生的影响。

另外，鄂温克族中还有2706人分布在黑龙江省的讷河市，并且于1987年建立了"兴旺鄂温克民族乡"。由此可见，鄂温克族人口分布的格局和体制建制，既有历史的原因，亦是其生态环境和社会经济条件变化的结果。

一、经济文化类型

尽管鄂温克族只有3万多人口，但是由于历史上的不断迁徙和生态环境的变化。依据"经济文化类型（是指居住在相似的生态环境之下，并操持相同生计方式的各民族在历史上形成的具有共同经济和文化特点的综合体。）"的理论在中国的实践，① 将鄂温克族经济文化类型基本归纳为三种：

第一种为农业经济。即今莫力达瓦达斡尔族自治旗、阿荣旗、扎兰屯市和黑龙江省讷河市等地的鄂温克族所从事的经济生产类型。这一地区的鄂温克族人口达到8029人，尤其是居住在

---

① 林耀华主编：《民族学通论》，中央民族大学出版社，1991年，第87页。

嫩江平原和分布在嫩江及其支流流域的鄂温克族的农业，所占比重较大，已形成了以农为主的经济。他们较早开始从事农、牧、渔业而且还发展了以交换为目的的商品生产，从事放木排、烧木炭、采榛子和木耳、制作大轱辘车等生产活动。

第二种为猎业经济。是指居住在大兴安岭西北，靠近大兴安岭山区的鄂温克族所从属的经济生产类型。这部分鄂温克族约有 4149 人。在他们的经济生活结构中，狩猎业所占比重较大，是以狩猎为主的多种经营，尤以根河市敖鲁古雅鄂温克民族乡的鄂温克族所从事的经济生产为典型代表，他们保持了古老的狩猎生产和驯鹿饲养。素有"驯鹿之乡"的美称。目前，鄂温克族猎民是我国唯一饲养驯鹿的民族。驯鹿俗称"四不像"：头似马非马，角似鹿非鹿，身似驴非驴，蹄似牛非牛。驯鹿性情温顺，是一种耐寒动物，喜冷怕热，适宜生活在气候严寒的针叶林或针阔混交林地带。喜欢吃森林的苔藓、石蕊类植物，至今还处于半野生状态。据统计，新中国成立前，有驯鹿 400 余头，到 2005 年敖鲁古雅鄂温克民族乡的驯鹿已发展到 1000 头。世界上驯鹿总数有 500 万头，主要分布在俄罗斯、加拿大和北欧国家。

第三种为牧业经济生产类型。即今鄂温克族自治旗和陈巴尔虎旗鄂温克苏木的鄂温克族，大约有 11639 人。新中国成立后，在鄂温克族牧民生活区域人口密度发生了较大的变化：1949 年每平方公里是 2.15 人，1964 年每平方公里是 13.1 人，1990 年每平方公里是 42 人。例如，鄂温克族自治旗 1958 年建旗时，总人口是 10535 人，其中，鄂温克族 2558 人，达斡尔族 2，345 人，蒙古族 3816 人，汉族和其他少数民族 1816 人。发展到 2000 年，人口由 1958 年建旗时的 10535 人增至为 15 万人，除鄂温克族人口增加了 4 倍外，其他各民族人口也急剧增加了 15 倍之多。而在陈巴尔虎旗的鄂温克苏木目前有牧民 2，049 人，劳动力 1176 人，其中男性劳动力 612 人，女性劳动力 564 人。

共 565 户，2346 人。以上人口构成了鄂温克族自治旗和陈巴尔虎旗牧民的主体。本书所强调的鄂温克族牧民人口约占鄂温克族人口总数的 50%左右①。

二、牧区的自然地理环境

（一）地形

鄂温克自治旗于 1958 年 8 月 1 日成立。位于东经 118°48′02″～121°09′25″、北纬 47°32′50″～49°15′37″之间的大兴安岭支脉的丘陵山地向呼伦贝尔高平原的过渡地段，地势由东南向西北倾斜，平均海拔高度为 800～1000 米，最高点是东南部山地的伊和高古达山，海拔 1706.6 米；最低处为北部的伊敏河谷地，海拔 602 米。东南部属于大兴安岭中低山地貌，西北部为内陆断陷盆地，属于呼伦贝尔砂质高平原的一部分；中部属于低山丘陵组合。土地总面积为 18726.85 平方公里。

由于受地质、地貌、气候、生物、母质及人类生产活动等"成土因素"的影响，这里的土壤由东至西大体有棕色针叶林土、灰色森林土、黑钙土、栗钙土、风砂土、草甸土、沼泽土、盐土和碱土九个类型。不同类型之间，在不同的自然条件下，土壤养分的贮量和供给能力均有所不同。从牧区土壤代谢的循环系统看，始终处于自然状态。土壤养分释放程度较低，潜在肥力较高。是典型的畜牧业基地，开发利用潜力较大。

（二）植被

从地貌表面上看可以分为森林草甸、草甸草原和干草原 3 种类型。

1. 森林草甸

森林呈岛状分布于山体阴坡上部，阳坡和阴坡下部则分布草

---

① 杨圣敏主编：《中国民族志》，中央民族大学出版社，2003 年，第 85 页。

甸植物。主要树种为白桦、山杨和少量樟子松，林下草群密度较大，主要有丛生杂草类、禾草以及较湿润的草类组成草甸植被，以日阴菅、野豌豆、黄花菜、地榆为主要群种，覆盖度达95%以上，高度达40～60公分。每公顷产饲草4650公斤。

2. 草甸草原

分布于伊敏河以东林缘的广大地域。阔叶林稀少，散生樟子松，草甸化程度较之森林草甸低，地形多呈丘陵漫岗，为草甸—草原的中间类型，即有中生性植物成分，也有旱生植物成分。主要群种有丛生羊草、贝加尔针茅、线叶菊等，禾草比例较大，占40%以上，草群覆盖度60%～80%，高度30～50公分，每公顷产饲草4500公斤。

3. 干草原

干草原分布于伊敏河以西的高平原地区，属于干草原的东缘。气候干旱、丛生根基禾草发育良好，森林消失，旱生灌丛渗入，羊草、大针茅为优势群系，分布极广。常见的群种有羊草、冰草、克氏针茅、百里香、寸草台；兼有糙隐子草、豆科黄芪、扁蓿豆；杂类草有麻花头、蓬子茅、狗娃花等。局部因沙化作用，引起小叶锦鸡、沙蒿大量侵入，形成灌木小半灌木的群落。草群密度有所下降，覆盖度60%～70%，高度30～50公分，群落结构成分简单，以旱生禾草为主，占30%以上，生物量居中。每公顷产鲜草1500～2600公斤。

此外，从植物学专业角度看，这片草原已知植物资源有72科284属621种。其中蕨菜植物2科2属4种；裸子植物1科2属2种；被子植物69科280属615种。二级保护植物有2种：樟子松、兴安柳；三级保护植物有7种：芍药、甘草、兴安升麻、泡囊草、山丹、手掌参、膜荚黄芪。这里是我国难得的天然牧场。天然草场饲用植物有414种，38科176属。划分为优18种、良57种、中102种、低187种、劣50种。在优等和良等饲用植物中，禾本科和豆科植物占优势，是草场的主要成分之一[①]。

（三）河流

1. 伊敏河

发源于鄂温克族自治旗东南与扎兰屯市交界的依和高古达山北麓，河长359.4公里。全流域有258条大小河溪汇入伊敏河，其中河流长度大于20公里的有28条，河流合计长度3998.46公里。伊敏河全流域面积为22636.5平方公里，其中控制在断桥处（海拉尔区鄂温克族自治旗分界线）的流域面积为22570平方公里，水面积86.4平方公里。该河河谷呈U型，河宽20～60米，河道比降为1/400～1/600，流速1～3米/秒，谷宽2～4公里，河床由卵石构成。河流进入丘陵和高平原区地区后，河谷宽5～10公里，河宽50～80米，河道比降变缓约1/1500，流速0.5～2米/秒。多年平均径流量为10.8亿立方米，最大年径流量20.91亿立方米（1958年），最小年径流量5.214亿立方米（1968年）。

2. 辉河

发源于大兴安岭南段霍玛拉胡尔敦山东北两公里处。干流长362.5公里，自东南向西北流至中游，在鄂温克族自治旗与新巴尔虎左旗、陈巴尔虎旗交接处转为东北流向，于巴彦塔拉达斡尔民族乡北汇入伊敏河，是伊敏河最大的支流。该河流域为沙丘和草原区，多沼泽洼地，滞缓径流，河网不发达。水量小于伊敏河近10倍，多年平均径流量1.115亿立方米，最大年径流量2.863亿立方米（1960年），最小年径流量0.3115亿立方米（1969年）。

---

① 鄂温克族自治旗旗志编纂委员会编纂：《鄂温克族自治旗志》，中国城市出版社，1997年，第59页。

3. 锡尼河

发源于鄂温克族自治旗东部界区依和布得尔山北麓，向西北流 150.69 公里，经巴彦温都尔山北入伊敏河，锡尼河全流域面积 1565 平方公里，有 8 条小于 20 公里的支流，全河道总长为 218.09 公里。

4. 莫和尔图河

发源于牙克石市和鄂温克族自治旗分水岭依和秧格尔达巴山南 15 公里处的海拔高 1044.9 米之无名高地北。由东南向西北流经巴彦嵯岗苏木全境，在阿拉坦敖希特嘎查北汇入海拉尔河，河长 85.75 公里，流量不大。流域面积为 966.5 平方公里。

（四）气候

鄂温克族自治旗处于中、高纬度，属中温带大陆性气候。冬季漫长寒冷，夏季温和短促，降水较集中。春、秋两季气候变化剧烈，降水少，多大风，日夜温差较大，无霜期短，光照充足。四季的气候特点分明。适合发展畜牧业。

三、陈巴尔虎旗的鄂温克族

陈巴尔虎旗是由蒙古族、汉族、鄂温克族等 12 个民族组成的内蒙古自治区的一个边境牧业旗。位于东经 118°22′30″～121°10′45″、北纬 48°43′18″～50°10′35″之间。西北隔额尔古纳河与俄罗斯相望，边境线 50 余公里。据清代史书《平定罗刹方略》康熙二十五年五月记载，当时这部分鄂温克人居住于艮河、额尔古纳河左岸等处，有旧纳米雅儿、新纳米雅儿、托空卧儿、彻克吉尔、巴林葛尔、破塔葛尔、巴雅葛尔等"八姓之人"，即八个氏族。这与陈巴尔虎旗鄂温克人至今保留的姓氏完全相同[①]，而且

---

① 《鄂温克族简史》编写组：《鄂温克族简史》，内蒙古人民出版社，1983年，第 34 页。

地方志也有一些补充的记载：1948年，先由索伦旗迁来20户鄂温克人，他们与原驻特尼河等地的（通古斯）鄂温克及其他混血人等族群一起在哈巴嘎（地名）开始创业。至1949年组建了特尼河苏木，1953年5月迁址到那吉（地名），隶属于陈巴尔虎旗。1953年10月8日成立鄂温克苏木。旋即又改称为"鄂温克人民公社"，1984年恢复了鄂温克苏木人民政府建制，苏木政府所在地是阿达盖。目前陈巴尔虎旗境内有鄂温克族人口2024人，他们主要集中分布在鄂温克苏木。该苏木所在地距陈巴尔虎旗政府所在地巴彦库仁镇80公里。是陈巴尔虎旗唯一的民族乡，也是边境牧业苏木，地理位置十分重要，中俄边境线长达28公里。西隔额尔古纳河与俄罗斯联邦相望，东与牙克石市接壤，北与额尔古纳市交界，南与海拉尔市毗邻。如今陈巴尔虎旗鄂温克苏木辖阿尔山、毕鲁图、哈吉、恩和、辉屯、孟根诺尔、雅图克等7个嘎查和那吉林场和阿达盖居民点（苏木所在地）。总面积为6037平方公里，全境东西窄、南北长，呈长方形。草场面积5540平方公里①。

第二节 族称与族源

一、族称

我国自古以来就是一个多民族国家。史籍中关于各少数民族的记载有许多。其中有些族名属于他称，有些属于自称，而有些属于同一族体的若干分支又有各自不同的称谓，因此，族称相当

---

① 《中国人口较少民族发展研究丛书》编委会：《中国人口较少民族经济和社会发展调查报告》，民族出版社，2007年，第213页。

混乱。"鄂温克"是本民族自称,"鄂温克"的意思就是"住在大山林中的人们",还有另外一种说法是:"住在山南坡的人们"。两种解释都说明鄂温克人的祖先是居住在森林中的狩猎民族。后来由于不断的迁徙和发展,有一部分人走出森林来到了草原。历史上他们曾被分别称为"索伦"、"通古斯"、"雅库特"人。根据考古学和人类学的研究,早在公元前2000年,即青铜、石器并用时代,鄂温克族的祖先就居住在外贝加尔湖和贝加尔湖沿岸地区。考古发掘首先在古代贝加尔湖沿岸居民的服装上找到了证明材料:例如在色楞格河左岸上的班斯克村对面的佛凡诺夫山上发现一具人体骨骼,其衣服上带着数十个闪闪发光的贝壳制的圆环,圆环所在的位置,与鄂温克人胸前所戴串珠,以及萨满巫师法衣上缀饰的贝壳圆环的位置完全一样。此外,还发现死者的一些白玉制的大圆环,与17~18世纪鄂温克人古代服装上的圆环完全一样,甚至围裙的款式也极其相似。所以说最迟在铜、石并用时代,鄂温克人的祖先就已经生活在贝加尔湖一带了。人类学的资料也证实:在黑龙江上游、石勒喀河洞穴中发现了具备鄂温克族体质特征的头盖骨,与头盖骨一起还发现了贝加尔湖地方特有的文化和装饰。这一结论与鄂温克人的传说是符合的[①]。

据鄂温克族老人说,他们的故乡是勒拿河,那一带有个"拉玛"湖(即贝加尔湖),有8个大河流都注入该湖。湖里生长着美丽的水草和荷花,太阳仿佛就从湖边升起,那里很温暖。湖的周围有很高的山,他们的祖先是从"拉玛"湖的高山上起源的。另一古老的民间传说是:他们的故乡在黑龙江上游石勒喀河一带。通常萨满跳神之前,总要说一些关于民族起源的故事。如:"我们是从石勒喀河的发源地出发,沿着西沃哈特山后的影子经过黑龙

---

① 《鄂温克族简史》编写组:《鄂温克族简史》,内蒙古人民出版社,1983年,第19页。

江，我们祖先的根子，是住在仙人柱里（撮罗子里）"。又比如，"那妹塔"氏族的萨满讲述道：鄂温克人的故乡是在瑷珲泉水的那一边阿穆尔海（黑龙江）之旁，阿尔巴津（雅克萨）城的周围。关于他们的生活，民族志的描述是：使用扎枪、弓箭，从事打猎和捕鱼。当时，没有锅和刀子，打到猎物用薄石片剥皮，烧着吃，或将石头烧热，放入盛水的桦皮桶中煮肉吃。取火是用两块石头打击出火星，用桦皮纤维引火。冬天穿兽皮，夏天和秋天穿鱼皮做的衣服，也大量吃鱼。住桦树皮盖的"撮罗子"[1]。可见，在他们的文化发展轨迹中，狩猎和捕鱼占有很重要的位置。

关于"通古斯"这一名称的来源，在鄂温克人中也有多种说法[2]：

1. 鄂温克人因为信仰萨满教，萨满跳神时，敲鼓声"嗵、嗵"响，俄罗斯人根据鼓的"嗵、嗵"声，就叫他们为"通古斯"；

2. 山林中的啄木鸟俄语读作"通古斯"，俄罗斯人瞧不起鄂温克人，所以把鸟名强加给了鄂温克人；

3. 鄂温克人在俄国境内时，多数人给俄罗斯人当牧工，放牛犊，俄语把牛犊倌读作"tili-atiki，久而久之被读成了"通古斯"。

凡此种种古老的民间文化以口述史的方式一代一代地流传，传递出鄂温克人的祖先在贝加尔湖以东和黑龙江上游石勒喀河一带的山林之中繁衍生活的信息。

新中国成立之初，为了更加有力地推行民族区域自治和各项

---

[1] 《鄂温克族简史》编写组：《鄂温克族简史》，内蒙古人民出版社，1983年，第20页。

[2] 《内蒙古自治区》编辑组：《鄂温克族社会历史调查》，内蒙古人民出版社，1986年11月，第254页。

民族政策，中央和内蒙古自治区的民族事务机构从1950年起，便组织专家、学者和民族工作者进行了规模宏大的民族识别工作。普遍的观点认为：由于历史迁徙、分散居住与族群分化，鄂温克人大体形成了3个具有相对的区域性经济与文化差异的支系：一支旧称"索伦"，他们有一部分人从事半农半牧的生产，还有一部分人完全从事牧业生产。即今天居住在鄂温克族自治旗的鄂温克族人、莫力达瓦达斡尔族自治旗的鄂温克族人、阿荣旗的鄂温克族人和扎兰屯市的鄂温克族人；另一支旧称"通古斯"，他们主要从事畜牧业生产。即今天位于中俄边境的陈巴尔虎旗的鄂温克苏木的鄂温克族人；第三支旧称"雅库特"，他们曾以游猎和饲养驯鹿为生计，即今天居住在根河市敖鲁古雅鄂温克民族乡的鄂温克族人。

针对以上三部分人口的族称问题，1955—1957年曾组织过若干次族名讨论会，认为：这3部分人本是一个民族，他们有共同的语言和风俗习惯、共同的宗教信仰等。只是因居住地不同而在其生产和生活上有些差异。在广泛征求各方面代表意见的基础上，根据"索伦"、"通古斯"、"雅库特"3部分人民代表的意愿，于1958年，正式将族称统一定名为"鄂温克族"。

二、族源

根据历史记载，鄂温克族的族源与北魏时期在今黑龙江流域的"失韦"有着渊源的关系。《魏书》曰："失韦在勿吉北千里，去洛六千里。"而《隋书》载："室韦分南室韦、北室韦、钵室韦、深末怛室韦、大室韦"等五部。室韦部活动的范围和方位在古籍中是明确的。如《旧唐书·室韦传》记载："东至黑水靺鞨、西至突厥、南接契丹、北至北海"。这里所说的海，就是今贝加尔湖，所以北室韦的北境在贝加尔湖以东、黑龙江以北、外兴安岭，最东到精奇里江与黑龙江会合点，最南到嫩江及绰尔河一带。

因此，在探讨族源问题时，我们必须谨慎地强调这里所谓的"失韦"或"室韦"部，应该和今天的蒙古族、锡伯族、鄂温克族等有着千丝万缕的联系。在"失韦"或"室韦"各部中"北室韦、钵室韦、深末怛室韦"3部和鄂温克族族源有着更为直接的联系。

根据《朔方备乘》的记录，北室韦的地理方位在大兴安岭以北、外贝加尔湖以东地区。

《北史》又将北室韦分为九部，围绕吐纥山居住，气候寒冷，降雪很厚。居民以"射猎为务，食肉衣皮，凿冰没水中而网鱼鳖。地多积雪，惧陷坑井"。因雪大，以滑雪板（骑木而行）为交通工具。夏天用桦皮搭屋。人死后将尸体放在树上。

自"北室韦""又北行千里至钵室韦，依胡布山而居"[①]，胡布山后被称为布列亚山，是外兴安岭的一支脉。从"钵室韦"行4日即可到达"深末怛室韦"。"钵室韦"和"深末怛室韦"的社会经济和文化与"北室韦"很相近，都是从事狩猎、捕鱼的部落。

上述史料首先从地域分布上指出北室韦、钵室韦等部落所分布的地区，即贝加尔湖以东，外兴安岭以南与鄂温克族十六、十七世纪以前生活地域的范围是一致的。其次从风俗习惯方面发现，北室韦、钵室韦等部落人死后将尸体放在树上进行风葬。而20世纪五十年代民族志的调查证明，鄂温克族到解放前夕，依然保留着将死者的尸体用桦皮包好，悬挂在树枝间，置于树林之中的习俗。正如《魏书·失韦传》所载："父母死，尸体置于林树枝上"和《隋书·室韦传》的"人死则置尸其上"相符合。甚

---

① 《鄂温克族简史》编写组：《鄂温克族简史》，内蒙古人民出版社，1983年，第8—10页。

至在居住方面，北室韦等部以桦树皮为屋，无论史料还是民族学调查，都证明游猎在森林中的鄂温克人用白桦皮搭盖圆锥形的"仙人柱"（撮罗子）。第三，在经济活动方面，亦强调和论证了北室韦、钵室韦各部，冬天下雪后"骑木而行"，即使用滑雪板追击野兽等。滑雪板是游猎鄂温克人的必备工具，穿上滑雪板，每天可滑行80公里。尽管史料显得"零碎"，但却从多个层面勾勒出"北室韦、钵室韦、深末怛室韦"3部与鄂温克族族源源远流长的传承关系及大致脉络。

总之，依据史实，可以概括地说，贝加尔湖周围和黑龙江上、中游，两汉时为鲜卑居住地。南北朝时，黑龙江上、中游为"北室韦"、"钵室韦"诸部的活动区域。唐时，有"北室韦"以及在贝加尔湖东北苔原森林区使鹿的"鞠"部落等，后来他们向东发展，其中一支迁到黑龙江中游雅克萨（俄罗斯的阿尔巴津）一带。唐朝政府在此设幽陵都督府和室韦都督府管辖。辽时设有室韦节度使，归西北招讨司管辖。金朝设蒲与路，蒲与路北境至外兴安岭一带。元代史籍把贝加尔湖以东黑龙江流域的广大鄂温克人称作"林木中百姓"，描述说他们是用驯鹿负载东西，穿滑雪板逐鹿的人。在《明一统志》中，称他们为"北山野人"、"乘鹿出入"。清代文献称他们作"索伦部"和"使鹿"的"喀穆尼堪"（即索伦别部）。

从鄂温克族早期的民族学特点看，"使鹿"的"喀穆尼堪"（即索伦别部）是饲养驯鹿的，游动在原始森林中，从事狩猎活动。传说从他们最初有8个猎人在山上抓住了6个野生驯鹿崽开始，逐渐饲养驯鹿。他们与北室韦等几个部落比邻，住在距贝加尔湖东北岸500里的维提姆河的苔原森林之中，史书称他们为"鞠国"，《新唐书》也记载为"鞠"部。这一部落应当是鄂温克族使鹿部落的祖先之一。

民族史学家吕光天的主要观点在《鄂温克族简史》上得到体

现,其研究表明:鄂温克族起源于沿贝加尔湖地方,他们的祖先与"北室韦"、"钵室韦"、"深末怛室韦"以及唐代在贝加尔湖东北苔原森林区使鹿的"鞠"部落等,有着密切的关系,后来他们向东发展。

对此鄂温克族学者乌云达赉在其专著《鄂温克族的起源》中强调:"鄂温克族起源于乌苏里江、绥芬河、图们江下游等流域,祖先是靺鞨七部之一的安居骨部。"[①] 并提出向西发展说。

著名人类学家史禄国在《北方通古斯的社会组织》一书中"表明北方通古斯人是起源于南方的。"具体论述如下:"汉族向南方和东方的迁移,经过很长时间才将所有的通古斯集团从中国本部逐出,可以设想某些集团是在比较晚近的时期到达满洲的。汉族从现在的西北部的最前哨阵地扩展以后不久,所有原通古斯各集团就立即开始从黄河上游向中游和下游迁徙。这种迁移可能发生在公元前三千年或更早。通古斯的移民,在满洲与土著的古亚细亚民族遭遇,他们反对通古斯在那里停留。因此,通古斯集团一个接一个地经过满洲,向人口稀少的西伯利亚移去。可是这个民族实体最后的一部分在满洲留了下来。当地的地理和民族环境对留下来的通古斯人起了作用"。[②] 由此可见,具体谈到鄂温克族的族源,涉及历史学和文化人类学的双重话题。鄂温克族著名文学家乌热尔图很精辟地写道:"一个久经沧桑、一度以口头方式传承部族生存经验的民族,在至关重要的民族起源与生成的问题上,确实存在着群体性的记忆断裂与缺失。这种现象并非是鄂温克族独有,而是一些在历史发展进程中失去创造自己的文字符号机遇的,人口总数未能达到相当数量的民族共同面临的问

---

① 乌云达赉:《鄂温克族的起源》,内蒙古大学出版社,1998年,第1页。
② (俄)史禄国著,吴有刚、赵复兴、孟克译:《北方通古斯的社会组织》,内蒙古人民出版社,1984年,第222—224页。

题。历史的断裂，对于一个从历史的母体中脱胎出来的民族意味着什么，有无潜在的现实影响，这是值得思考的问题。"所以说无论从一般意义上讲，还是从某一地域相关联的文明进程的角度上讲，鄂温克族的历史，都是中华文明史不可忽视的一个组成部分。并非仅仅属于鄂温克族，它为关注中国北方早期社会发展史的人们提供了一个新的研究视角。

第三节　从森林到草原：鄂温克族牧民的由来

鄂温克族牧民，在社会发展进程中经历了不断的迁徙和战争的磨难。根据考古学的研究，鄂温克人的先民早在公元前数千年就已经生息在今贝加尔湖沿岸和黑龙江中上游广大地区，他们信仰着原始的萨满教，以狩猎、渔捞、采集和放养驯鹿为生。从16世纪开始，沙俄向东扩张领土，用武力征服少数民族，不但从根本上改变了亚洲东北部的政治地理分布，而且也改变了鄂温克民族的历史，在俄国人和日本人的先后统治下，种种来自外部的强制性力量，事实上使鄂温克人的社会不可能遵循其自身的轨迹正常发展，鄂温克民族的一部分人从森林到草原，处于不断地变迁之中。

《清太宗实录》曾记载："索伦别部"有12个大氏族，约有1500—2000人，后来发展成为一个大的部落。[①] 到1654年迫于战乱和俄罗斯人的压力，鄂温克人逐步迁徙，进入了大兴安岭地区，由于外部环境的变动，活动范围也受到了局限。根据《尼布楚条约》的边界卡伦与巡查制度规定，驯鹿鄂温克人不能自由地

---

① 干志耿、孙秀仁：《黑龙江古代民族史纲》，黑龙江出版社，1986年，第466—467页。

往来于两国之间……当时,这个群体大约有170人构成,源于7个氏族。他们按照古老的习惯,形成了有较明确的界限,相对稳定的猎场,猎场基本上以"乌力楞"公社为单位,集体占有和使用。到20世纪末,"鄂温克人"的基本活动范围大体上是在位于东经120°05′~123°35′,北纬51°15′~53°10′15″之间。这里属于北方寒带气候,是中国最冷的地方之一。鄂温克民族经受着一次又一次的生存考验和相当复杂的转变过程。其中既有来自远古的积淀,也有对异文化介入的容纳,更有在保持自身传统的同时为适应外部环境而做的种种努力,因为人类必须与环境维持适应的关系才能生存。

一、追述在俄罗斯境内的生活

根据史料[①]介绍,(通古斯)鄂温克人,早期过着狩猎生活。分散在山林里,很少与外界接触。1956年民族学调查采访了当时57岁的巴尔德老人,他说:他6岁时常听外祖父说,每到冬天,居住在额尔古纳河西岸20里的乌鲁楞古和乌者恩地区的通古斯人就到根河上游和德尔布尔河一带打猎。慢慢地与邻近的布里亚特人(蒙古族)有了接触,开始从事牧业,有牲畜以后生活才开始逐渐地好起来。

具体年代大约是从1880年以后,才开始了以牧业为主的经济生活。(通古斯)鄂温克人首先有了马,其次有了牛和羊。那时他们牧业的特点是小型的,因牲畜的头数很少,最初绝大多数的人只有二三头牛,一般都不会超过10头,基本上都是定居放牧,除了极个别的人,因为牲畜多,需要进行游牧。开始他们跟随邻近的布里亚特人学会了盖棚、搭圈等生产技能。一般来说是

---

① 内蒙古自治区编辑组:《鄂温克族社会历史调查》,内蒙古人民出版社,1986年,第260—265页。

给马盖圈、给牛搭棚。但是牲畜没有专人放牧，完全处于自由散放的状态。从地理位置上看，越是和布里亚特人接近的地方，（通古斯）鄂温克人放牧、饲养牲畜的技术就越高。所以到了后期，即1917年的前后，敖嫩宝如金地区的牧业生产已经有了很大发展，出现了3个大户即富裕户。

第一户：叫查卡代，有4000只羊、500匹马、300头牛、100峰骆驼。他是当时敖嫩宝如金地区（通古斯）鄂温克的头人。

第二户：是第一户查卡代的叔父之子叫安登。有800匹马、3000多只羊、100峰骆驼、300多头牛。

第三户：也是第一户查卡代的另外一位亲戚，叫格依哥，也有300多匹马、2000多只羊、70多峰骆驼、300多头牛。当时的中等户，一般只有500至700只羊、50至60头牛、40匹马。

在敖嫩宝如金地区有过100多户（通古斯）鄂温克人，从经济文化类型上的简单分类看其中有20多户，长期受到俄罗斯人在生活和经济方面的影响，最突出的例子就是，这20多户人大多数与俄罗斯人通婚，住俄罗斯式的木刻楞房，过俄罗斯式的生活，并从事农业生产，其余的80多户仍然住在蒙古包里。这些人中又可以区分出，从事牧业经济兼营农业的有50户左右；兼营狩猎的30户。当时（通古斯）鄂温克人与布里亚特人只隔一条敖嫩宝如金河，河的对岸是布里亚特人的放牧场，而河的这边就是（通古斯）鄂温克人，他们的牲畜群都饮一条河的水，有时也互相过河放牧。

在以乌鲁楞古为中心的地方，还有3个（通古斯）鄂温克人的聚居点；即萨布罗特、布拉库和奥兰宝鲁克，再加上散居的（通古斯）鄂温克人大约有100多户。这些人基本上与俄罗斯人及布里亚特人杂居，俄罗斯人当时约有八九十户，布里亚特人比俄罗斯人少。一般的村落和村落之间的距离为5至12公里。

在乌鲁楞古河的下游也有(通古斯)鄂温克人的聚居点名叫都热卡儒勒,共有30多户,包括10几户布里亚特人,他们主要从事牧业。

总体来看,乌鲁楞古河上游的100多户(通古斯)鄂温克人未迁入中国之前的经济状况是:定居点至游牧场相距约4～5公里左右。按牲畜的数量划分贫富的话,当时大约有百分之二十的人家较为富裕。所谓富裕是指:该户要拥有60匹马、400—1000多只羊、60—100头牛、20—30头骆驼。另外,大约百分之三十的人家可以称为是中等户:即拥有30匹马、20—30头牛和几十只羊。其余的百分之五十左右的人家便是贫困户,通常是只有1—2匹马和2—3头牛[①](详见表3)。

占百分之五十左右的贫困户,每年除了依靠打旱獭和当雇工维持生活外,还给牲畜数量多的人家当雇工,按生产情况看一般秋末就出去当雇工去,次年5月回来。一年中大约有7个月的时间为雇主工作。

从陈巴尔虎旗莫尔格河索木哈吉巴嘎所调查的25户材料看,在俄国境内时(通古斯)鄂温克人生产资料占有情况,如表3所示。

乌鲁楞古地区的(通古斯)鄂温克人未迁来中国前,主食是黑面和荞麦,都是从当地俄罗斯农民的手里买的。生活用品和酒类都由距乌鲁楞古15公里的小镇基里斯克供应。但布匹据说比中国满洲里的价格贵一倍。所以有许多(通古斯)鄂温克人要来到满洲里专门买布匹。由乌鲁楞古骑马当日即可以到达满洲里,坐车需要两天。

---

① 内蒙古自治区编辑组:《鄂温克族社会历史调查》,内蒙古族人民出版社,1986年,第263页。

第一章 鄂温克族概况

表3：莫尔格河索木哈吉巴嘎25户在俄境时生产资料占有情况

姓名	男	女	雇工	出工	马	牛	驼	羊	合计	蒙古包	木仓房	四轮车	大轮车	畜圈	老圈	缝纫机子	锯马刀子	散叉	套马杆	茶	铁耙子	铁锨	镰刀叉	木工叉子	打草工具	草栏机	热皮软穿工具	雪橇犁工具	牛奶分离机	猎枪	单位面积古加金	备注
查卡代	2	2			500	300	100	4000				10																4		1	1		关于查卡代、安登、格依哥三户在俄境时的材料，除姓名一般人都知道外，其它生产资料因本人早已死去，其他人也没有到道的，故表格上没有表现。巴拉地本人没有在家，在俄境时的经济状况家人也无人得知（本表中有孟和是不同的两个孟和是不同的人）
安登					300	300	100	3000																				4		1			
格依哥					300	300	70	2000																									
1 荀敖	2	2			14	22		45		1		6		5		2	1	1	1	1	1				1				1	1		
2 巴拉地																																
3 巴塔尔	1	2			5	35		50		1	1		2	4		1	3	1	1		1				1							
4 道尔吉	1	1			27	60	9	200		1	1	2	2	7		3	1	1	1	1	1	1				1		6	1	2		
5 额热蒙	3	1			2	25		50		1	2	4	5	7		3	5	2		1	1	2		10		1			1	1		
6 孟和	1	3			20	40		200		1		1		2		2	2	2	2	1	1	2		2		1		4	2	2		
7 孟和	2	1			3	8				1		1	1	4	1	1	1	1	2	1		2						2		1		
8 浩热老	1	2			2	13		300		1	1	1		3	1	1	3	1		1	2		1	2		1				2		
9 古生格	1	2			2	15				1		1		1	1	1	1	1	1		2	1		1		1				1		
10 苏那拉图	1	1			2	15				1		1		3		1	1	1	1		1	1		1		1		4			11	

23

续表

11 胡力夏	1 2	1	1		3	2									
12 西苗恩	3 1	11	1 2		1										
13 额尔生尼		3	2 2	1 1 1 1											
14 萨拉芬	1 2	1 4	30	1 1 1 3	2 2	2 2	2 2	1	2 5	1	4	1	2	是萨拉芬的弟弟，在伪满时分家另居
15 图南信	2 2	5		1	2 2	2 1	2 2	2 2	1	3	1				
16 普音恩基	2 1	5	22	100	2	3 2	2 1 2	3 2 1	2	2	1 4		2		
17 丹津		1 5	20	60	1 1 4	6 5	2 2 2	2 2 3	2	4	1 4		1		
18 巴拉登						2 1		1							
19 甘珠尔															
20 巴塔尔													本表中的两个巴塔尔是不同的人
21 巴运玛															
22 伊万															
23 巴杂尔															
24 僧匹勒															
25 马加卡															

其实满洲里的商铺是俄罗斯人开设的，但布匹都是多伦的大布。布价2"阿拉沁"为1元5角，当时俄国境内价格为3元。事实上，俄国已经禁止越境交易，并且设有监视关卡，检查出如果私带货物便会被没收。尽管如此，也并未能完全阻止（通古斯）鄂温克人继续偷越国境来满洲里购买货物。除买布匹之外，他们也买马镫。他们到满洲里时①常常住在两家客店里，并在汉人开的小饭馆吃饭，当时通用俄币。

（通古斯）鄂温克人的牲畜多半卖给当地的俄罗斯人，后来俄罗斯人的行商也到（通古斯）鄂温克人地区收买牲畜，价格是中等牛20至25元，好牛45元。俄罗斯商人卖给他们的货物价格是：碗1个1角5分，木勺1把3分，顶针1个8分，蛤蟆烟1封度5分，碎茶1封度6角，砂糖1封度1角8分，以及针、线、火柴、食盐等都由行商供应。当时（通古斯）鄂温克人卖给行商的东西：主要有羊皮1张3角，羊肠（整羊）1角5分，旱獭皮1张5分。

在（通古斯）鄂温克人的村子之外20多里的地方，有个大村子叫敖嫩宝如金［有270户，俄罗斯人占5/6，此外有少数（通古斯）鄂温克人和混血人］，由于大村子大部分是俄罗斯人，生活方式基本上是俄罗斯化的。村子里设有很多买卖，一般的所需日用品都有当地的俄罗斯人中还应该包括"哥萨克"人。

当地牲口价（行商收购）好牛20至25元，乳牛18元，马39至40元，黑面1普特6角，布价1"阿拉沁"1元5角（由满洲里输入进来的）

然而居住在额尔古纳河以西的敖嫩宝如金、乌者恩、塔拉其、乌鲁楞古和布如珠的（通古斯）鄂温克人，因1917年十月社会主义革命时，受到布里亚特人和白俄罗斯人的影响，与布利亚特人

---

① 内蒙古自治区编辑组：《鄂温克族社会历史调查》内蒙古人民出版社，1986年，第264页。

一起先先后后离开俄国，进入我国境内。1917年至1925年间，陆陆续续越境来到我国的陈巴尔虎旗的特尼河一带，刚来时约有70多户。其中，牲畜头数有100头牛，1000只羊的只有1家；有60多头牛的有10家，有10头或不到10头牛的人家占了多数。除少数几家从俄国迁来时就比较有经济基础外，绝大多数（通古斯）鄂温克人依靠给当地白俄罗斯人当牧工。再比如，1917年至1920年3年间，他们陆续由额尔古纳河西岸的敖嫩宝如金（距额尔古纳河约100公里）、乌者恩（距额尔古纳河约10公里）和乌鲁楞古（骑马当日可以到达满洲里）等地迁到陈巴尔虎旗莫尔格河一带（后来又有部分人迁往鄂温克自治旗锡尼河一带），约有200户、1000人左右。原则上讲迁往锡尼河的（通古斯）鄂温克人大多是从"塔拉其"一带渐渐迁移来的。无论是在哪一条河的流域，他们受俄罗斯人和布里亚特人的影响都很大，几乎都从事牧业生产。

二、迁入中国后的情况

1918年，有较多的（通古斯）鄂温克人离开俄境迁入我国。不久听到了关于沙皇胜利的谣言又都返回敖嫩宝如金等地，但事实是十月革命胜利了，他们又从俄国陆续迁回中国境内。这样往返，使他们在经济受到很大损失，例如，1905年出生的西苗恩说，当时他14岁，离开俄国的敖嫩宝如金地区时，他家有两辆车，大小牛12头，3匹马。1919年来到中国的陈巴尔虎旗时只剩2匹马和两辆车。他家5口人，哥哥和他都给富裕的人家当了雇工。早些时候，即1917年与布里亚特人一同来的（通古斯）鄂温克人中，有几户比较富裕的，如，米哈伊尔有1500只羊，20匹马，67头牛。但是大多数（通古斯）鄂温克人来到中国之后，特别是住在陈巴尔虎旗的（通古斯）鄂温克人，大多数人给白俄罗斯人当雇工。根据《陈巴尔虎旗莫尔格河鄂温克族社会历史调查报告》提供的数字：当牧工的人约占当时（通古斯）鄂温克人的 50% 以上。① 工种有以下几种：

放牧工：即给俄国人放牲畜，每月工资 7 元至 10 元，（吃自己，穿自己的）吃主人的月工资 5 元至 8 元；

打草工：月工资 7 元至 8 元，每天打 15 普特；

垛草工：月工资 15 元（每日 5 角）；

用打草机打草：月工资 10 元；

砍木工：吃主人的（主要冬季和春初）月工资 7 元；

剪羊毛：每天工资是 3 斤羊毛，也有给钱的，肥羊一天能剪 50 至 60 只，瘦羊可剪 40 多只。这种情况一直持续到解放初期为止。对此，在莫尔格河索木哈吉巴嘎所调查 25 户（通古斯）鄂温克人的经济材料统计表中，可以窥见一斑（详见表 4）。

三、鄂温克族牧民的体质人类学特征

属于蒙古人种中的东亚人种，与华北汉族相近。男、女身高均属中等偏低类型。男子身高平均 164—169 厘米，女子身高平均 153—155.9 厘米。鄂温克牧民的男、女头型均属超圆型（大于 85.5），直发型，发色中褐。男、女面型均属阔面型，肤色浅褐，眼珠为黄色或浅蓝色，眼型外角略上翘，有蒙古褶。男、女鼻梁都呈中直型，男、女红唇平均厚度均在 8 毫米以下，属于薄唇型，而且上唇比下唇厚。耳型为圆形游离的大耳垂，耳型约一半，有达尔文点②。总体看来，鄂温克人的身体都很健康，无

---

① 内蒙古自治区编辑组《鄂温克族社会历史调查》，内蒙古人民出版社，1986 年，第 260—265 页。

② 《鄂温克族简史》编写组《鄂温克族简史》，第 10—11 页：关于达尔文点亦称"达尔文结节"，在人的耳轮后上部内缘的一个小突起，其表现为有不同程度的差异，从没有痕节到极明显的突起。经达尔文进行比较研究，认识到这一特征相当于高等动物的耳尖部分，为人类进化过程中残留的痕迹器官之一。后人便把这一特征叫做"达尔文点"。

表4：莫尔格河索木哈吉巴嘎25户由俄境迁入中国初期的情况

项目 姓名	劳动力 男	女	雇工出工期	马	牛	驼	羊	蒙古包	木仓房库	木四轮车	大畜圈栏	缝纫机	毡机子	马衫	锯	马刀子	套杆	斧	铁钎	铁叉子	把刀	木锹	木镰	木工用具	打草机 草栏	熟皮工具	橇	犁	牛奶分离机	洋车	土房库	猎枪	备注
青敬	2	2		14	6	45		1		4	1		2				2	1	1	1	1	1			1	4	3		1			1	1934年当时情况
巴拉地	2	2	1	12	50	300	7	1									1											1			1	
巴塔尔	2	2		3	30	70		1		2	4		1			1	1	2	1	2	1	1									
達尔吉	2	1.5	3	20	3					2			1	3			1			1											
额热策	5	1		15	7	150		1		5																					
孟和	1	3		22	45	30		1		5			2	1	2	5	4	2	1	2	2		4								
孟和	2			3	1	220		1		1				2	1	2	2	1	2	1	1					1	4	2		1	1
诺热老	1	2		3	13			1		2						2					1	1									
占生格	1	1.5		2	6	200				1																					
苏那拉图					15					2																					
朗力嘎	1	1	2	5	3	25		1		1	1			1	2	2	1														
西苗恩	3	1	2		1					2																						全家人无代价的给苏威家当雇工
额尔生尼	1	1		10	34	50		1		4			1	1		1	2	1	2	1	1		6								

续表

项目\姓名	劳动力 男	劳动力 女	雇工 出工期	牲畜 马	牲畜 牛	牲畜 羊驼	生产工具 蒙古包	木仓房	木四轮车	大轮车	畜圈	羊圈棚	缝纫机	马绊刀子	钢锯	斧子	铁锹	马杆子	铁叉子	耙子	木锨刀子	镰刀叉	木工用具	打草机	铁草栏	熟皮子工具	雪橇	铁犁	分离机	牛奶库房	土房	猎枪	备考
萨拉芬	1	2		6	22	35	1		3		1																						1934年当时情况
图布信	2	2	4	1					1																								
普洛恩基	2.5	1	2	3	15	40	1		2	2																							
丹津	2	3	5	1			1		1																								
巴拉登																																	
甘徕尔		2	2	4																													是苏那拉图长子，1957年才分出另居
巴啥尔			13																														
巴达玛																																	1932年在俄人家出工当时情况
伊万																																	
巴杂尔	1		1																														寄居在亲戚家过活，放牲畜，无工资
僧巴勒																																	
马如卡																																	

论男女老幼劳动能力都很强。但是在日本帝国主义统治时期,他们也受尽了压迫。如,1945年特尼河苏木(通古斯)鄂温克人的牲畜只剩下1000只左右(详见表5)。

表5:根据1954年特尼河苏木牲畜的调查,鄂温克人牲畜情况如下

	户数人数	劳动力人数	牲畜头数
1—10头	15户38人	25人	牲畜共81头每人平均不到3头
11—25头	25户93人	53人	牲畜共356头
21—50头	56户212人	118人	牲畜共1907头每人平均9头
51—80头	28户124人	63人	牲畜共1763头
81—100头	13户76人	39人	牲畜共1234头
101—150头	15户62人	31人	牲畜共1791头
151—200头	5户25人	15人	牲畜共911头
201—250头	7户39人	21人	牲畜共1586头
251—300头	2户13人	8人	牲畜共513头
301—350头	3户18人	11人	牲畜共961头
——360头	1户4人	2人	牲畜共360头
——641头	1户5人	3人	牲畜共641头

(通古斯)鄂温克人在1954年初,不足百头牲畜的人家占绝大多数,因而不少剩余劳动力依然给当地俄侨放牧或给附近蒙古族代放"苏鲁克"。正是在给俄罗斯人放牲畜的过程中,鄂温克人学会了定居游牧的技术,也学会和养成了打草、猪草、搭棚盖圈的生产习惯和生产方式。用发展的眼光看,今天分布在伊敏河中、下游两岸、辉河东岸和莫尔格勒河、特尼河流域的鄂温克人在适应呼伦贝尔草原生态环境的过程中,选择了更适合于他们的生产、生活方式——按季节逐水草而牧,并且经过了近300年的

牧业实践，积累了丰富的经验，将牧业发展成了他们的支柱产业。

三、历史渊源

据史书记载，呼伦贝尔草原曾先后是东胡、匈奴、鲜卑、柔然、突厥、室韦等诸多中国北方少数民族的游牧地，具有悠久历史的蒙古民族在此书写了八个世纪的游牧史。

公元前209年，匈奴击败东胡，建立了草原奴隶制政权。本地为冒顿单于统治下的左贤王辖地。公元87年鲜卑打败北匈奴，占领漠北广大地区。公元4世纪末，此地曾受柔然可汗统治。公元552年，突厥汗国曾管辖此地。尔后直至南北朝时期室韦乌洛候部都在此游牧。隋唐时，地属室韦部，设室韦都督府。辽金时，属西北路招讨司，在这里设乌古—敌烈部。成吉思汗统一蒙古后，本地成为成吉思汗幼弟斡赤斤的封地。元朝建立后，本地归岭北行省。明初归属于海刺儿千户所，隶属于奴尔干都司。

清朝为"移民实边"，1732年（雍正十年）从布特哈地区调遣索伦部3000兵丁驻防"地方辽阔，水草甚佳，树木茂盛"的呼伦贝尔。同年，移入额鲁特兵丁100人分界游牧，以作防守。当时清廷将迁移的3000兵丁编为左、右两翼8旗，50佐。左翼4旗为镶黄旗7佐，正白、镶白、正蓝3旗各6佐，合计25佐，游牧于锡尼河北、伊敏河东、兴安岭以西，以及额尔古纳河流域驻防；右翼4旗为正黄旗7佐，镶蓝、正红、镶红3旗各6佐，合计25佐，游牧于哈拉哈河右岸，喀尔喀边缘一带及伊敏河至呼伦湖地区。左翼总管设在南屯（今鄂温克族自治旗的巴彦托海镇），右翼总管设在西屯。凡驻屯官兵，清廷按官员的等级和兵丁人口拨给11余万头（只）牲畜，在所有牲畜中，有马15494匹、牛9494头、羊93540只。以资饲养繁殖，致力于畜牧业生产。同时,还起到了安内御外的重要作用。

到1906(清光绪三十二年),索伦佐、右翼及额鲁特部的大、小牲畜发展到435904头(只),其中牛32413头、马7337匹、骆驼663峰、羊336491只(其中山羊12883只),约占呼伦贝尔地区牲畜总头数的25%。1919年,陈巴尔虎部由索伦佐翼分立出去,设陈巴尔虎旗。1922年,由于受俄国十月革命影响,布里亚特人不断涌入,于锡尼河流域设立布里亚特旗。1925年,整个呼伦贝尔地区牲畜总头数达到196万头(只),按当时呼伦贝尔副都统衙门的统计,牧民人均暂时拥有羊48～49只、牛4～5头、马5～6匹。

1932年日本帝国主义侵占呼伦贝尔地区后,于6月1日撤销呼伦贝尔副都统公署,设立兴安北分省公署,6月27日废止索伦八旗制。1933年7月12日将索伦左、右翼旗、额鲁特旗、布里亚特旗合并建立索伦旗公署,索伦旗公署设在海拉尔市,1934年迁至南屯(今巴彦托海镇)。其区划大致为鄂温克族自治旗地域和陈巴尔虎旗的特尼河苏木、牙克石的兴安岭以西滨州铁路沿线地区和海拉尔市的建设乡等地区。其下辖南辉、北辉、锡尼河、伊敏、胡吉日托海、莫和尔图、扎敦、特尼河、胡达罕、扎罗木得、免渡河11个苏木和哈克区。

日本帝国主义侵占呼伦贝尔后,大量征集牲畜,使牲畜头数急剧下降。1934年,索伦旗牲畜总数为31.1万头(只)。到1946年,大小牲畜仅为44288头(只),其中大畜2.1万头,小畜2.3万只。①

1948年在中国共产党的领导下,呼伦贝尔地区归属于内蒙古自治区实行统一自治后,改造旧政权,将索伦旗公署改为索伦

---

① 呼伦贝尔盟民族事务局编:《呼伦贝尔盟民族志》内蒙古人民出版社,1997年,第209页。

旗政府。同时组建基层民主政权。这时索伦旗政府下辖巴彦托海、辉、锡尼河、伊敏、巴彦嵯岗5个苏木和扎罗木得、免渡河、哈克3个区。

党和政府在牧区实行民主改革，取消封建特权，推行放牧自由政策，使畜牧业生产重新开始恢复，并得到了新的发展。

1958年8月1日鄂温克族自治旗成立。当时管辖巴彦托海、辉、锡尼河东、锡尼河西、伊敏、巴彦嵯岗6个人民公社、1个公私合营牧场。

1969年8月1日鄂温克族自治旗在行政区划上随同呼伦贝尔盟一起被划归为黑龙江省管辖。

1979年7月1日又在行政区划上随同呼伦贝尔盟一起重新回归内蒙古自治区管辖。

1980年12月鄂温克族自治旗召开第四届人民代表大会，宣布撤销旗和各公社革命委员会建制，恢复人民政府。

1984年10月25日，鄂温克族自治旗召开第五届人民代表大会，宣布撤销政社合一的人民公社管理委员会，建立乡、镇、苏木人民政府。

2000年鄂温克族自治旗辖1个矿区、1个乡，3个镇和7个苏木，共12个基层单位。具体是大雁矿区、巴彦托海镇、红花尔基镇、伊敏河镇；巴音塔拉达斡尔民族乡，伊敏苏木、孟根楚鲁苏木、锡尼河西苏木、锡尼河东苏木、阿尔山诺尔苏木、辉苏木、巴彦查岗苏木。

第四节 民族学调查与研究综述

鄂温克族有语言、无文字。鄂温克语属阿尔泰语系，满—通古斯语族的通古斯语支，分海拉尔、陈巴尔虎、敖鲁古雅3种方言。在日常生活中,有2万人口还保持和使用本民族语言。鄂温克语有18个辅音,9个元音,皆分长、短。元音和谐体较严整。基本语序为主语在前宾语在后。体词有数、格、领属等语法范畴。80%以上的词为多音节,表示狩猎、畜牧、地貌、植物等方面的词汇较丰富。鄂温克族人讲话时,经常使用手势,以强调语气。历史上,鄂温克族人曾经学习使用过俄语和满语文。现在牧区普遍通用蒙古语和蒙古文,农区和林区通用汉语文。

新中国成立后,随着党的民族政策的宣传和落实,对鄂温克族的调查和研究工作也全面展开。1956年8月在全国人民代表大会民族事务委员会和国务院民族事务委员会的领导下,组成内蒙古东北少数民族社会历史调查组、鄂温克族分组,先后于1956年11月至1960年1月深入到内蒙古呼伦贝尔盟的鄂温克族地区进行调查。并于1958年和1959年,先后出版了由全国人民代表大会民族事务委员会办公室编辑的《内蒙古自治区额尔古纳旗使用驯鹿的鄂温克人的社会情况》;和中国科学院民族研究所、内蒙古少数民族社会历史调查组编辑的《内蒙古自治区陈巴尔虎旗莫尔格河鄂温克索木调查报告》。在此基础上,于1986年由内蒙古人民出版社正式出版了《鄂温克族社会历史调查》,作为《民族问题五种丛书》之一,该书比较系统地为鄂温克族社会历史、文化、宗教等方面的研究提供了重要的第一手资料。直至今天对于我们从民族学视角关注和研究鄂温克族都是十分难得的重要的必读书之一。因为该书,全面地揭示了鄂温克族悠久的历史、传统的经济文化类型和生产、生活习惯的基本情况,具有重要的学术价值。与此同时,能够与之相提并论的还有《鄂温克族自治旗概况》、《鄂温克族语言简志》、《鄂温克族简史简志合编》、《鄂温克族简史》称之为五套丛书。

这一时期整理出版的鄂温克族史志著作主要有:内蒙古少数民族社会历史调查组和中国科学院内蒙古分院历史研究所在

1962年共同编辑出版的《〈清实录〉达斡尔、鄂温克、鄂伦春、赫哲史料摘抄》。这是一部专门汇集黑龙江流域少数民族史料的书籍。同年,中华书局出版了秋浦先生的《鄂温克人的原始社会形态》一书,该书是在中国共产党内蒙古自治区委员会的直接领导下,在有关方面的支持下,由中国科学院内蒙古分院和内蒙古少数民族社会历史调查组组织集体力量编写的。① 通过"生产方式、社会组织、精神文化和由原始公社直接向社会主义过渡"四个部分,深刻论述了"鄂温克人"在解放前所处的"原始社会末期的历史阶段"的社会形态的基本情况;1962年吕光天先生在《中国民族》上发表了《谈鄂温克族的来源》一文。该文指出,"北魏时在今黑龙江流域一带出现的'室韦'所包括的若干部落与鄂温克人有密切的关系"。②

1963年中国科学院民族研究所、内蒙古东北少数民族社会历史调查组编写的《鄂温克族简史简志合编(初稿)》(内部铅印)版。主要内容由概况、历史简述、民族关系的根本变化及区域自治的实现、社会改革及社会主义经济建设的飞跃发展、文教卫生事业的发展、风俗习惯及其变化、在党的总路线光辉照耀下高歌猛进共七章组成。展示了鄂温克族源远流长的历史画卷,从而促进了学术界对鄂温克族的进一步关注和研究。

总之,这一时期研究鄂温克族的民族史学家和民族学家相互配合,在同一领域共同进行鄂温克族的社会历史调查和古籍整理工作,为以后深入研究鄂温克族准备了必要的资料。相对而言,可以将这一时期称为鄂温克族民族研究的起步阶段。因为这一时期的研究论文及其他资料较少,随后1966年开始的历时10年的

---

① 秋浦:《鄂温克人的原始社会形态》,中华书局,1962年,第134页。
② 吕光天:《谈鄂温克族的来源》,载《中国民族》1962年,第1期,第39页。

轰轰烈烈的"文化大革命",使鄂温克族的研究工作几乎完全陷于停滞的状态。例如,10年间,只有1973年,鄂温克族自治旗文化馆编著了《红太阳光辉照草原:纪念鄂温克族自治旗成立十五周年文艺创作选》;1974年,中央民族学院研究室编辑出版了《中国少数民族简况:中国是一个统一的多民族的大家庭,蒙古族、达斡尔族、鄂温克族、鄂伦春族》和1976年黑龙江省测绘局编辑出版的《鄂温克族自治旗地图》问世。

1978年以后我国各民族的研究工作如雨后春笋,生气勃勃地成长起来。第一,在政治层面上,中国共产党召开了具有划时代意义的党的十一届三中全会,将党的工作中心转移到经济建设方面上来。第二,不断发展的经济,日益清明的政治,使人类学、社会学学科得以恢复和重建,由此推动了以鄂温克族为主要研究对象的学术研究的发展。涌现了大量有学术理论和探讨价值的调查报告及研究成果。可以说鄂温克族的研究也迎来了"百花齐放、百家争鸣"的黄金时期。

首先是在论文方面,内容丰富,涉及民族历史、政治、经济、文化、教育、风俗、宗教等方方面面,系统梳理、难以分类,故以时间为序交代如下:

1981年,吕光天发表《北方民族原始社会形态研究》论文集(宁夏人民出版社出版);赵复兴发表《解放前辉索木鄂温克族社会形态初探》(载《内蒙古社会科学》1981年,第3期);满都尔图发表《鄂温克人的"乌力楞"公社》(载《社会科学战线》1981年,第1期);另外,晓方的小册子《鄂温克族简介》也于1981年发表。

1982年,吕光天发表《清朝初期的鄂温克族》(载《北方文物》1982年,第3期)和《清末鄂温克族的社会结构》(载《内蒙古社会科学》1982年,第5期);傅朗云发表《黑龙江少数民族族称探源》(载《北方文物》1982年,第1期)。

1983年，巴图宝音、武永智合作发表《论鄂温克族民间文学》（载《内蒙古社会科学》1983年，第1期）；王可宾发表《原始婚姻初探——鄂温克亲属称谓比较研究》（载《史学集刊》1983年，第3期）；吕光天发表《解放前鄂温克族的社会经济与文化习俗》（载《黑龙江文物丛刊》1983年，第4期）和《清代布特哈打牲鄂温克人的八旗结构》（载《民族研究》1983年，第3期）；马薇发表《达斡尔、鄂温克民间舞探略》（载《中央民族学院学报》1983年，第2期）。

1984年，吕光天再发《清代鄂温克族在维护祖国统一和守卫边疆上的历史作用》一文（载《学习与探索》，1984年，第3期）；沃彩金发表《关于蒙古语、达斡尔语、鄂温克语动词时态的表达》（载《西北民族学院学报》1984年，第2期）。

1985年，乌力吉图发表《鄂温克族族源略议》（内蒙古社会科学，1985年，第4期）一文；朝克发表《鄂温克语的格》（载《满语研究》1985年，第1期）和《鄂温克语各方言的语音关系》（载《中央民族学院学报》1985年，第4期）；何今声、金承基合作发表《达斡尔、鄂温克、鄂伦春民间歌曲的异同初探》（载《黑龙江民族丛刊》1985年，第2期）；王咏曦发表《嘎布卡村的鄂温克人古风俗》（载《黑龙江民族丛刊》1985年，第3期）；吕光天发表《鄂温克族的家庭婚姻》（载《黑河学刊》1985年，第3期）。

1986年，朝克发表《论鄂温克语的动词》（载《内蒙古师大学报》1986年，第3期）和《关于鄂温克语的代词特征》（载《满语研究》1986年，第2期）；侯育成发表《鄂温克人》（载《黑龙江民族丛刊》1986年，第3期）；孙洪川发表《鄂温克民族灵魂的雕塑—论乌热尔图"森林小说"中的猎人形象》（载《昭乌达蒙族师专学报》1986年，第1期）；董联声发表《"雅库特"鄂温克语地名浅述》（载《北方文物》1986年，第3期）。

1987年，吕光天的《鄂温克族人民反抗外国侵略者的斗争》一文再发；此外，王晓铭、王咏曦合作发表了《鄂伦春与鄂温克族同源考》（载《黑龙江民族丛刊》1987年，第1期）；朝克发表《鄂伦春语和鄂温克语的语音对应关系》（载《满语研究》1987年，第2期）。

1988年，米文平发表《妪厥律即今鄂温克—兼论古民俗中的文化基因》（载《北方文物》1988年，第2期）；莫日根迪、宾巴发表《原索伦部部分兵丁驻防呼伦贝尔史迹》（载《内蒙古社会科学》第4期）；董联声发表《敖鲁古雅鄂温克族猎民的人口变化及其现状》（载《北方文物》1988年，第2期）；赵复兴发表《鄂温克族与鄂伦春族崇熊祭熊习俗探讨》（载《内蒙古社会科学》1988年，第2期）；王晓明、王咏曦发表《鄂温克人的婚丧习俗》（载《黑龙江民族丛刊》1988年，第3期）；朝克发表《鄂温克语和满语同源词的语音对应规律》（载《中央民族学院学报》1988年，第5期）。

1989年，杨士清发表《达斡尔、鄂温克、鄂伦春、赫哲族传统民歌体裁形式的比较》（载《乐府新声—沈阳音乐学院学报》1989年，第2期）；朝克发表《论鄂温克语句子结构》（载《满语研究》1989年，第2期）。

1990年，姚凤发表《黑龙江沿岸通古斯满语民族鄂温克人与鄂伦春人的某些自然崇拜》（载《黑龙江民族丛刊》1990年，第1期）；白兰发表《狩猎鄂温克族的萨满教》（载《内蒙古社会科学》1990年，第2期）；赵复兴发表《鄂温克族鄂伦春族的夜生活》（载《黑龙江民族丛刊》1990年，第3期）。

1991年，朝克发表《论鄂温克语的词组结构》（载《满语研究》1991年，第1期）；涂吉昌发表《浅析鄂瀑克民族的心理素质》（载《黑龙江民族丛刊》1991年，第2期）；王文长发表《鄂温克族社会文化演进的辩证观》（载《黑龙江民族丛刊》1991

年,第4期);峏琳发表《爱斯基摩人与鄂温克人比较》(载《中央民族学院学报》,1991年,第4期)。

1992年,乌云达赉的《鄂温克族的起源》(载《内蒙古社会科学》,1992年,第4期)一文先于该书的出版而发表;蔡美彪发表《〈黑龙江少数民族简史鄂温克族一章〉读后》(载《黑龙江民族丛刊》1992年,第2期);宁昶英发表《图腾的忏悔——论鄂温克人的猎熊、祭熊仪式》(载《社会科学辑刊》1992年,第2期)和《鄂温克风俗漫议》(载《阴山学刊》1992年,第4期);朝克发表《鄂温克语助词结构》(载《中央民族学院学报》1992年,第4期)。

1993年,王咏曦发表《鄂温克人的吸烟习俗》(载《黑龙江民族丛刊》1993年,第1期);汪立珍发表《鄂温克族服饰》(载《中央民族大学学报》1993年,第3期);何群发表《对鄂温克族自治旗民族关系的调查与思考》(载《内蒙古社会科学》1993年,第5期)。

1994年,林雨发表《鄂温克族生活习俗略述》(载《长春师院学报》1994年,第1期);赵复兴发表《鄂伦春族鄂温克族的火文化》(载《黑龙江民族丛刊》1994年,第2期);王咏曦发表《鄂温克人的烟文化》(载《黑龙江史志》1994年,第2期);巴图宝音发表《鄂温克族的萨满传说》(载《前沿》1994年,第2期);李自然发表《解放前鄂温克族通古斯部与雅库特部经济发展之比较》(载《黑龙江民族丛刊》1994年,第2期);周玲发表《鄂温克族的生产习俗》(载《长春师院学报》1994年,第3期);另外,《内蒙古艺术》1994年,Z1期上刊载了《鄂伦春、鄂温克和达斡尔的说唱艺术》一文。

1995年,布日额发表《鄂温克民间药——霞日毛都的生药学研究》(载《中国民族民间医药杂志》1995年,第1期);包瑞斌发表《鄂温克族自治旗双语教育初探》(载《民族教育研究》

第4期）；涂建军、李源合作发表《"注"、"提"实验教学与讷莫尔河流域鄂温克族学校教育的发展》（载《黑龙江民族丛刊》1995年，第4期）；王咏曦发表《东北地区鄂温克人的驯鹿和饲养》（载《黑龙江民族丛刊》1995年，第4期）；麻秀荣、那晓波合作发表《清代鄂温克人农耕的土地来源》（载《黑龙江民族丛刊》1995年，第4期）。

1996年，郑雪发表《汉、黎、回、蒙古和鄂温克族成人认识方式的比较》（载《民族研究》1996年，第1期）；杨淑芳、那晓波合作发表《清代鄂温克人农耕的土地经营方式》（载《黑龙江民族丛刊》1996年，第1期）；王中明译《20世纪30年代维季姆河中游鄂温克人空葬棺木的结构》（载《黑龙江民族丛刊》1996年，第2期）；王德厚发表《鄂伦春族和鄂温克族的树葬》（《民族研究》1996年，第4期）；郝时远发表《取代与改造：民族发展的方式选择——以鄂温克族猎民的发展为例》（载《民族研究》1996年，第4期）；麻秀荣、那晓波合作发表《清代鄂温克族农业经济初探》（载《民族研究》1996年，第6期）。

1997年，赵凤彩发表《〈鄂温克族人口概况〉简介》（载《人口学刊》1997年，第5期）；包瑞斌发表《不断发展的鄂温克旗民族教育》（载《内蒙古教育》1997年，第9期）；孟和博彦发表《达斡尔、鄂温克、鄂伦春族文学的崛起》（载《民族文学》1997年，第5期）。

1998年，麻秀荣、那晓波合作的《清代鄂温克族农业的发展特点》（载《黑龙江史志》1998年，第1期）问世；另外，建军发表《鄂温克族传统的冬季捕鱼》（载《黑龙江民族丛刊》1998年，第1期）；汪立珍发表《鄂温克族谚语》（载《满语研究》1998年，第1期）；麻秀荣、那晓波合作发表《清代鄂温克族农业发展原因述略》（载《社会科学辑刊》1998年，第1期）；唐戈发表《鄂温克族的驯鹿文化》（载《黑龙江民族丛刊》1998

年，第2期）；包瑞斌发表《鄂温克旗加强牧区薄弱学校师资队伍建设》（载《中国民族教育》1998年，第4期）；朝克发表《论达斡尔、鄂温克、鄂伦春族人名与语言文化变迁及接触关系》（载《黑龙江民族丛刊》1998年，第4期）。

1999年，吉特格勒图发表《论鄂温克语动词与人称关系》（载《民族教育研究》1999年，第1期）；张敏杰发表《赫哲、鄂伦春、鄂温克族桦皮制品异同初探》（载《黑龙江民族丛刊》1999年，第1期）；汪立珍发表《走近鄂温克族婚礼》（载《民间文化》1999年，第2期）和《鄂温克族艺术内涵与自然崇拜》（载《黑龙江民族丛刊》1999年，第3期）；张友春发表《鄂温克民族的习俗》（载《理论研究》1999年，第2期）和《鄂温克民族的宗教信仰》（载《理论研究》1999年，第4期）；程黎阳发表《发展鄂温克族教育的几点对策》（载《中国民族教育》1999年，第4期）；朝克发表《关于日本语和鄂温克语内存在的共有词》（载《黑龙江民族丛刊》1999年，第4期）；暴庆五、额尔敦布和合作发表《对内蒙古鄂温克旗牧民合作协会的调查》（载《内蒙古社会科学》1999年，第6期）。

2000年，汪立珍发表《鄂温克族萨满神歌的文化价值》（载《满语研究》2000年，第1期）；卡丽娜发表《论鄂温克语结构特征》（载《满语研究》2000年，第2期）；赛音塔娜发表《鄂温克传萨满教始祖女神malu神探微》（载《民族文学研究》2000年，第2期）和鄂温克传萨满教始祖女神malu神探微》（载《黑龙江民族丛刊》2000年，第3期）；麻秀荣、那晓波合作发表《清末民初鄂温克族新式教育初探》（载《民族研究》第6期）、《古代鄂温克族的社会教育》（载《内蒙古社会科学》2000年，第5期）、《古代鄂温克族军事教育初探》（载《满族研究》2000年，第4期）；陆舜华、郑连斌、李咏兰、韩在柱合作发表《鄂伦春、鄂温克、达斡尔族一侧优势功能特征研究》（载

《遗传》2000年，第5期）；黄任远发表《论鄂温克族文学脉络及特点》（载《黑龙江社会科学》2000年，第6期）。

2001年，卡丽娜发表《论驯鹿鄂温克族鹿业经济的历史变迁》（载《满语研究》2001年，第1期）；王国柱发表《日本侵略者对鄂温克人的灭绝政策》（载《中央民族大学学报》2001年，第1期）；斯仁巴图发表《鄂温克语和达斡尔语、蒙古语的形动词比较》（载《满语研究》2001年，第1期）；汪立珍发表《论鄂温克族萨满神话与传说》（载《黑龙江民族丛刊》2001年，第1期）、《论鄂温克族熊图腾神话》（载《民族文学研究》2001年，第1期）、《论山林鄂温克族民歌的思想内涵》（载《中央民族大学学报》2001年，第3期）和《鄂温克族狩猎文化的价值与意义》（载《民间文化旅游杂志》2001年，第2期）；黄行发表《鄂温克语形态类型的对比分析》（载《满语研究》2001年，第1期）；哈纳斯、石钧合作发表《简论鄂温克族以驯鹿玲造型的艺术》（载《黑龙江民族丛刊》2001年，第2期）；吴守贵发表《明末清军对索伦部的征讨与鄂温克人的变迁》（载《黑龙江民族丛刊》2001年，第2期）；李咏兰、郑连斌、陆舜华、韩在柱、李玉玲合作发表《达斡尔族、鄂温克族、鄂伦春族13项形态特征的研究》（载《人类学学报》2001年，第3期）；斯仁其木格发表《鄂温克旗儿童呼吸道感染及腹泻"两病"控制的调查》（《内蒙古医学杂志》2001年，第6期）。

2002年，麻秀荣、那晓波合作发表《清代鄂温克族狩猎生产的发展变化》（载《北方文物》2002年，第2期）一文；汪丽珍发表《鄂温克族萨满教信仰与自然崇拜》（载《中央民族大学学报》2000年，第6期）和《论鄂温克族民间故事中的人名》（载《满语研究》2002年，第2期）；蒋立宏、乔志成、陈广夫、巴特尔、张冬梅、郭瑞香合作发表《调整产业结构构筑旗域特色经济——鄂温克族自治旗畜牧业产业结构调整调查》（载《内蒙古草业》2002年，第1期）；涂格敦·林娜、金海、涂格敦·建军合作发表《关于鄂温克族人口城市化问题——呼和浩特市鄂温克族基本状况调查及分析》（《满语研究》2002年，第1期）；[芬]杨虎嫩著，严明译《鄂温克语言的未来》（载《满语研究》2002年，第2期）；冯燕发表《试析鄂温克人游牧部落私有制的产生》（载《贵州民族学院学报》2002年，第3期）；周喜峰发表《简述清代嫩江流域的鄂温克族》（载《黑龙江民族丛刊》2002年，第4期）；顾万超、何今声合作发表《达斡尔、鄂温克、鄂伦春民间歌曲的异同》（载《中国音乐教育》2002年，第5期）。

2003年，朝克发表《关于鄂温克语以派生词尾元音音位为中心的形态语音结构类型》（载《满语研究》2003年，第1期）；刘桂腾发表《呼伦贝尔萨满教之类型—鄂温克、鄂伦春、达斡尔等族萨满乐器的地域文化特征》（载《中央音乐学院学报》2003年，第3期）。

2004年，祁惠君发表《鄂温克牧民社区可持续发展研究—内蒙古陈巴尔虎旗鄂温克苏木经济发展调查》（载《呼伦贝尔学院学报》2004年，第2期）和《中国鄂温克族牧民社区可持续发展研究》（载《亚细亚文化研究》第8辑）；赵阿平发表《〈鄂温克语形态语音论及名词形态论〉评述》（载《满语研究》2004年，第1期）；希德夫发表《达斡尔语与鄂温克语语音比较》（载《满语研究》2004年，第2期）；卡丽娜发表《论驯鹿鄂温克人的桦树皮文化》（载《黑龙江民族丛刊》2004年，第2期）、《论驯鹿鄂温克人的兽皮文化》（载《中央民族大学学报》2004年，第3期）汪立珍发表《试论鄂温克族人与动物婚配型神话的结构模式》（载《黑龙江民族丛刊》2004年，第3期）；孙萨茹拉发表《鄂温克服饰的地域色彩》（载《内蒙古民族大学学报》2004年，第4期）；包路芳发表《鄂温克族脱贫奔小康调研报告》（载

《中央民族大学学报》2004年，第4期）；涂建军发表《鄂温克族的节日习俗》（载《内蒙古民族大学学报》2004年，第4期）；安殿荣发表《鄂温克族书面文学中的民族记忆》（载《中国民族》2004年，第6期）；包英华发表《鄂温克族的婚姻家庭现状探讨——以乌兰宝力格嘎查入户调查为例》（载《内蒙古社会科学》2004年，第6期）。

2005年，海荣、毕力夫、徐安龙、苏秀兰合作发表《PCR-SBT法分析内蒙古地区鄂温克族人群HLA-DPB1等位基因型别》（载《中国免疫学杂志》2005年，第21卷）；闫沙庆发表《鄂温克族的桦树皮文化》（载《满语研究》2005年，第1期）和《鄂温克族萨满文化与造型艺术》（载《大连民族学院学报》2005年，第2期）；汪立珍发表《论萨满教与鄂温克族神话的关系》（载《中央民族大学学报》2005年，第1期）；谢元媛发表《敖鲁古雅鄂温克猎民生态移民后的状况调查——边缘少数族群的发展道路探索》（载《民俗研究》2005年，第2期）；魏业发表《鄂伦春和鄂温克人的路标》（载《北方文物》2005年，第2期）；陶格斯发表《鄂温克民歌的调式变化》（《内蒙古艺术》2005年，第2期）；高荷红发表《鄂温克、鄂伦春、达斡尔族萨满神歌程式之比较研究》（载《内蒙古大学艺术学院学报》2005年，第4期）；朝克发表《国际鄂温克语学及其内涵》（载《黑龙江民族丛刊》2005年，第5期）；王俊敏发表《狩猎经济文化类型的当代变迁——鄂伦春族、鄂温克族猎民生计调查》（载《中央民族大学学报》2005年，第6期）；乌尼尔、哈斯巴根发表《内蒙古呼伦贝尔鄂温克族民间野菜资源调查》（载《中国野生植物资源》2005年，第24卷，第6期）。

2006年，魏巧燕、冯璐、周丽娜、李建民合作发表《清代鄂温克族户口档案述略》（载《满语研究》2006年，第2期）；孟亮发表《敖鲁古雅鄂温克猎民文化适应心理的跨文化研究》

(载《黑龙江民族丛刊》2006年，第1期）；魏琳琳发表《鄂温克、鄂伦春与达斡尔民歌之比较研究》（载《内蒙古大学艺术学院学报》2006年，第1期）；朝格查发表《鄂温克民间故事中的颜色词》（载《满语研究》2006年，第1期）；哈斯巴特尔发表《关于鄂温克语语音》（载在《满语研究》2006年，第1期）；徐成伟、李丽合作发表《敖鲁古雅鄂温克民族乡经济发展战略研究》（载《呼伦贝尔学院学报》2006年，第2期）；吴云、王超合作发表《敖鲁古雅鄂温克族与绿色文明发展》（载《黑龙江民族丛刊》2006年，第3期）；毛欣欣发表《中国现代鄂温克牧民生产方式研究》（载《内蒙古社会科学》2006年，第2期）；汪立珍发表《保护与发展鄂温克族非物质文化遗产的思考》（载《民族文学研究》2006年，第1期）；唐戈、陈伯霖合作发表《达斡尔、鄂温克、鄂伦春族文化保护漫谈》（载《民族文学研究》2006年，第1期）；孟祥义发表《浅释鄂温克族桦树皮文化的艺术特征》（载《黑龙江社会科学》2006年，第4期）；孛尔只斤·吉尔格勒发表《鄂温克猎民回迁现象》（载《科学大观园》2006年，第16期）。

2007年，祁惠君发表《内蒙古鄂温克族经济和社会发展调查报告》（载《中国人口较少民族经济和社会发展调查报告》，民族出版社出版）；李丽发表《敖鲁古雅鄂温克族乡经济发展的战略思考》（载《黑龙江民族丛刊》2007年，第1期）；李晶发表《人口较少民族发展道路探析——以鄂温克民族为例》（载《青海民族研究》2007年，第1期）；晨炜发表《达斡尔、鄂温克、鄂伦春民族民间音乐的异同及其成因》（载《内蒙古大学艺术学院学报》2007年，第2期）；王伟平、韩景军合作发表《鄂温克族与抢枢运动》（载《体育文化导刊》2007年，第2期）；汪立珍发表《鄂温克族创世神话类型探析》（载《呼伦贝尔学院学报》2007年，第2期）；刘永武发表《鄂伦春、鄂温克和达斡尔音乐特征简述》（载《艺术研究》2007年，第2期）；卡丽娜发表《论驯鹿鄂温克人的驯鹿文化》（载《黑龙江民族丛刊》2007年，第2期）和《驯鹿鄂温克人的萨满教文化》（载《中央民族大学学报》2007年，第2期）；侯巧芳、李晓钟、通木尔、荣辽江、张冉、王旭军、李生斌合作发表《鄂温克民族X染色体遗传结构及遗传关系》（载《中南大学学报〈医学版〉》2007年，第2期）；初征、于晔合作发表《浅谈鄂温克族传统民歌分类》（《艺术研究》2007年，第4期）；姜凤友、包春嵘、梁占武、潘丽华、张荣菊合作发表《鄂温克旗近45年气候变化特征》（载《内蒙古气象》2007年，第6期）；丁跃斌发表《鄂温克族和阿伊努族自然崇拜之比较》（《边疆经济与文化》2007年，第12期）。

2008年，麻秀荣、那晓波合作发表《清代鄂温克族对外交换的发展及其影响》一文（载《中国边疆史地研究》2008年，第4期）；唐戈发表《鄂伦春和鄂温克：从狩猎民到农民的困境》（载《满语研究》2008年，第1期）；项福库发表《黑龙江古代民族与桦木、桦树皮文化初探》（载《中国地方志》2008年，第1期）；朴莲玉发表《黑龙江人口较少民族和谐文化建设研究》（载《黑龙江社会主义学院学报》2008年，第1期）；刘桂腾发表《鄂温克族萨满音乐》（载《沈阳音乐学院学报》2008年，第1期）；阿拉腾发表《文化变迁的动力及方式——驯鹿鄂温克田野调查笔记》（载《满语研究》2008年，第2期）；乌冉发表《"边缘人"的精神之旅——读鄂温克族作家涂克东·庆胜的长篇小说〈第五类人〉》（载《内蒙古民族大学学报》2008年，第6期）；孙海英发表《阿荣旗音河达斡尔鄂温克民族乡农村留守儿童情况调查》（载《中国乡村发现》2008年，第3期）；张景明发表《北方民族传统文化与草原生态关系的调查与思考》（载《大连大学学报》2008年，第1期）；杨雷、杨慧馨、黄玉涛、徐飞发表《东北地区民族传统体育的传承与流变》（载《哈尔滨体育学院学报》2008年,第3期);斯仁巴图发表《关于蒙古族和达斡尔族、鄂温克族传统婚俗中的娱乐性民俗》(载《呼伦贝尔学院学报》2008年,第3期);相华发表《现状·困惑·思索——关于敖鲁古雅鄂温克人经济和生存发展的调查与思考》(载《黑龙江民族丛刊》2008年,第3期);龚宇发表《现代化进程中的民族教育——敖鲁古雅鄂温克民族学校的调查》(载《大连民族学院学报》2008年,第4期);玉山发表《汉、蒙、达斡尔、鄂温克4个民族12～16岁青少年智力发展问题比较研究》(载《内蒙古社会科学》2008年,第6期);乌尼尔、春亮、哈斯巴根合作发表《内蒙古呼伦贝尔地区鄂温克族民间药用植物调查》(载《中国野生植物资源》2008年,第27卷,第6期)。

2009年,龚宇、斯仁巴图合作发表《驯鹿鄂温克文化与自然环境——以敖鲁古雅鄂温克民族乡为例》(载《呼伦贝尔学院学报》2009年,第2期);玉山、福增泰合作发表《达斡尔族、鄂温克族基础教育阶段师资队伍建设现状的比较研究》(载《呼伦贝尔学院学报》2009年,第2期);包羽、伊乐泰、刘荣臻合作发表《鄂温克传统医药初探》(载《中国民族医药杂志》2009年,第4期)。

在专著方面,从1980年之后,出版工作较为活跃。如,1981年,内蒙古人民出版社先后出版了呼伦贝尔文联、呼伦贝尔文化局编辑的《达斡尔鄂温克鄂伦春民族》(民歌系列)和乌热尔图、黄国光著的《森林骄子:鄂温克族的故事》;1983年,内蒙古人民出版社再出版了《鄂温克族简史》编写组编写的《鄂温克族简史》;同年,北京的民族出版社也出版吕光天著的《鄂温克族》;1984年,内蒙古人民出版社又推出了由吕光天搜集整理的《鄂温克族民间故事》;1985年,上海人民出版社出版了秋浦的《萨满教研究》。

特别是1986年,作为国家民委民族问题五种丛书之一,内蒙古人民出版社将20世纪50～60年代内蒙古少数民族社会历史调查组对鄂温克族社会、历史和文化进行调查后编写的5个调查报告合编为《鄂温克族社会历史调查》出版；同时，在北京民族出版社也将由胡增益、朝克编著的《鄂温克族语言简志》，作为国家民委民族问题五种丛书之一出版了。紧接着是1987年，内蒙古人民出版社出版了作为国家民委民族问题五种丛书之一的《鄂温克族自治旗概况》。同一年，黑龙江人民出版社出版了孙进己的《东北民族源流》；1988年，内蒙古大学出版社出版了乌云达赉著的《鄂温克族的起源》；内蒙古人民出版社出版了由鄂温克族自治旗史志办编写的《鄂温克族自治旗三十年》和由林娜、金海合编的《鄂温克族资料选编》；1989年，上海三联书店出版了乌丙安的《神秘的萨满世界》；天津古籍出版社出版了孔繁志编著的《敖鲁古雅的鄂温克人》；上海文艺出版社出版了王士媛等编的《鄂温克族民间故事选》；内蒙古人民出版社出版了杜海搜集整理的《鄂温克族民间故事》。

进入90年代，学术讨论更加深入和多元。1991年，黑龙江教育出版社出版了吕光天和古清尧合著的《贝加尔湖地区和黑龙江流域各族与中原的关系史》；内蒙古大学出版社出版了由沈斌华、高建纲著的《鄂温克族人口概况》；延边大学出版社出版了郑东日的《东北通古斯诸民族起源及社会状况》；1992年，辽宁民族出版社出版了色音的《东北亚的萨满教》；1993年，中国大百科全书出版社出版了由丁志伟、高平主编，鄂温克旗情调查组编的《中国国情丛书——百县市经济社会调查·鄂温克卷》；内蒙古文化出版社出版了乌热尔图主编的《鄂温克风情》和娜日斯编的《达斡尔鄂温克鄂伦春谚语精选》等专著及史料汇编。

1994年，民族出版社出版了杨荆楚的《东北渔猎民族现代化道路探索》；黑龙江教育出版社出版了卢明辉主编的《清代北部边疆民族经济发展史》。

1995年，民族出版社出版了朝克的《满—通古斯语族诸语比较研究》；内蒙古大学出版社出版了沈斌华、王龙耿、包广才编著的《鄂温克族经济简史》；上海文艺出版社出版了由王震亚主编的《中华民族故事大系，第十四卷，普米族民间故事、塔吉克族民间故事、怒族民间故事、乌孜别克族民间故事、俄罗斯族民间故事、鄂温克族民间故事》。

1996年，内蒙古文化出版社出版了吴守贵主编的《鄂温克族人物志》。

1997年，中国城市出版社出版了鄂温克族自治旗志编纂委员会编纂的《鄂温克族自治旗志》；内蒙古文化出版社出版了王平著的《王平作品选》（3册）。

1998年，内蒙古文化出版社出版了关英主编的《中共鄂温克族自治旗党史大事记》；上海人民出版社出版了关捷等撰的《满、锡伯、赫哲、鄂温克、鄂伦春、朝鲜族文化志》。

1999年，甘肃文化出版社出版了韩效文、杨建新主编；王希隆著的《各民族共创中华，东北内蒙卷·上册，满族、锡伯族、达斡尔族、鄂温克族、鄂伦春族、赫哲族的贡献》；中国社会科学出版社出版了由吕大吉、何耀华总主编；满都尔图等主编的《中华各民族原始宗教资料集成，鄂伦春族卷·鄂温克族卷·赫哲族卷·达斡尔族卷·锡伯族卷·满族卷·蒙古族卷·藏族卷》。

2000年，内蒙古文化出版社出版了吴守贵著的《鄂温克人》；北方文艺出版社出版了黄任远等著的《鄂温克族文学》。

2002年，中央民族大学出版社出版了朝克、汪立珍合著的《鄂温克族宗教信仰与文化》；天津古籍出版社出版了孔繁志著的《敖鲁古雅鄂温克人的文化变迁》。

2003年，云南人民出版社、云南大学出版社出版了白兰著的《北中国——那远去的鹿群：鄂温克族》；内蒙古人民出版社出版了毅松等编著的《来自森林草原的人们：达斡尔族鄂温克族鄂伦春族风情》；内蒙古文化出版社出版了刘艾平主编的《鄂温克风光》。

2004年，云南大学出版社出版了孛·吉尔格勒等主编的《鄂温克族：内蒙古鄂温克族旗乌兰宝力格嘎查调查》。

2006年，中央民族大学出版社出版了汪立珍著的《鄂温克族神话研究》；民族出版社重印出版了吕光天著的《鄂温克族》；辽宁民族出版社出版了卡丽娜著的《驯鹿鄂温克人文化研究》；中央民族大学出版社出版了包路芳著的《社会变迁与文化调适：游牧鄂温克社会调查研究》。

2007年，内蒙古文化出版社出版了中国人民政治协商会议鄂温克族自治旗委员会编的《鄂温克族自治旗政协志》；科学出版社出版了白丽民主编的《鄂温克民族传统社会与文化》；内蒙古教育出版社出版了毅松、涂建军、白兰著的《达斡尔族鄂温克族鄂伦春族文化研究》；民族出版社出版了杜·道尔基主编，内蒙古自治区鄂温克族研究会、黑龙江省鄂温克族研究会编的《鄂温克族地名考》。

2008年，内蒙古文化出版社出版了鄂温克族自治旗史志编纂委员会编的《鄂温克族自治旗志（1991—2005）》；民族出版社出版了杜哈热主编、《鄂温克族自治旗概况》修订本编写组编的《鄂温克族自治旗概况》；社会科学文献出版社出版了孙兆文、贺静、于连锐主编的《腾飞的鄂温克》。同年，中国文史出版社出版了《鄂温克族百年实录》一书，该书为鄂温克族的史料性著作，分为上、下两册。上册由序、综述、民族区域自治、历史风云、当代新貌5个部分组成。姚庆在序中不仅阐明了撰著出版《鄂温克族百年实录》的缘由，更指出了其面世的重大文化意义。他满怀豪情地写道："《鄂温克族百年实录》的出版，肯定有助于推动鄂温克族历史文化研究，同时，也保留了一部相当重要的文化人类学资料,为今后的研究活动创造了有利条件。"① 吴守贵先生撰写的综述,从"中华民族大家庭中的一员"的角度对鄂温克族的族称、语言、分布、鄂温克人的祖先及其传说、新中国出版的《鄂温克族简史》等重大理论与现实问题进行了综合论述。《鄂温克族百年实录》下册由文化纵横、民族风情、人物风采、附录及编后记5个部分组成。

另外,从历史上看,新中国建立之前,因为鄂温克族是一个有语言、没有文字的民族,文献资料较少,在史料中有关鄂温克族经济、文化和生活习俗等方面记载十分有限。目前已知能够追溯到欧阳修的《新唐书》、马端临的《文献通考·四裔传》、姚广孝的《明实录》、《明史》和李贤等的天顺《大明一统志》,但多是零星的辑录,构不成系统。明晰而较为翔实的史料记载,则是在清代以后问世的。例如《清太宗实录》、《清实录》,刑部主事何秋涛的《朔方备乘》、西清的《黑龙江外纪》等等都有对鄂温克族的记载。何秋涛在沙俄入侵我国黑龙江流域的时候,潜心研究时务,对我国东北做过详细的考证研究,所著80卷本的《北徼汇编》(1859年),文宗皇帝赐名《朔方备乘》,其中有《索伦诸部内属述略》,记述了明、清之际索伦诸部的分布及清初的经营和统一,是研究我国索伦诸部历史地理的代表性著作。西清于1870年写成的《黑龙江外记》,是研究黑龙江流域历史地理、中外关系、民族风俗等方面有价值的史料。方观承撰写的《卜魁风土记》(1909年),对索伦、鄂伦春等少数民族的居住、地理环境、风俗习惯等记载较为详细。到了近代,万福麟监修、张伯英等纂修的《黑龙江志稿》(1928年),共62卷12志,包括地理、经政、物产、财赋、学校、武备、交通、人物等方面。每志下又

---

① 全国政协文史和学习委员会暨内蒙古自治区、黑龙江省政协文史资料委员会编:《鄂温克族百年实录》,中国文史出版社,2008年,第2页。

分子目，如《地理志》中包括"风俗"子目，记载了当地满族、汉族、蒙古族、回族、鄂伦春族、索伦等民族的风俗；在"方言"目中，列有满族、汉族、蒙古族、达斡尔族、索伦族、鄂伦春等族语言的对照表，为后人的研究提供了珍贵的历史资料。

国外主要是日本和前苏联学者对鄂温克族的关注和研究表现出了较大的兴趣，在此不作叙述。值得特别介绍的是俄国学者 C·M·希罗科戈洛夫（中文名史禄国）所著《北方通古斯的社会组织》（内蒙古人民出版社 1984 年出版），该书对鄂温克族和鄂伦春族的地理分布、民族类型、社会组织与职能、婚姻家庭，以及风俗习惯等方面都做了详细描述，是一部全面了解和研究鄂温克族和鄂伦春族的民族学经典著作。

总之，在新中国成立 60 周年之际，回顾鄂温克族研究所走过的道路，大多是从历史学、民俗学、语言学的角度出发，倾向于民族志的描述，内容上多局限于对族源、族别史、民族关系史、民俗等进行一般性阐述，缺少跨学科的比较研究和理论探讨。改革开放后，随着鄂温克族知识分子队伍的迅速成长，搜集、整理本民族传统文化遗产、研究本民族的历史、文化、社会、政治、经济问题的工作从无到有进展很快，并取得了丰硕成果。值得一提的是群众性的学术团体——内蒙古自治区鄂温克族研究会的成立，极大地鼓舞了广大鄂温克族干部及知识分子参与研究工作，并在呼和浩特市和呼伦贝尔市的 8 个旗、市相继建立鄂温克族研究分会。加强了学术联系和沟通。进一步推动了鄂温克族研究工作向着更高、更深的方向发展。涌现出了一批鄂温克族著名专家、学者，他们有着强烈的民族责任感和文化自觉意识，进行了大量实地考察和研究。用不同的形式表达了他们对本民族传统文化的热爱和对本民族发展的高度关注。

第二章 社会改革与政治制度变迁

第一节 传统的社会组织

鄂温克族传统的社会结构由"哈拉（氏族）"、"莫昆（大家族）"和传统家庭组成。在此基础上，作为牧民联合体的生产组织结构形式还有"尼莫尔"组织。

一、关于"哈拉（氏族）"

所谓"哈拉"是同一血缘关系的祖先的后代，即父系氏族。鄂温克语称氏族为"哈拉"。根据《鄂温克族社会历史调查》的记录，在辉苏木的鄂温克人中有4个"哈拉（氏族）"，即"杜拉尔"、"涂格敦"、"西格登"和"哈哈尔"。每一个哈拉的名称都有一定的含义，"杜拉尔"是"在河旁住的人"之意，"涂格敦"汉译是"在秃山脚下住的人"。其中"西格登"和"哈哈尔"的规模较小；"杜拉尔"和"涂格敦"的规模较大，每个氏族又分成若干个莫昆（大家族）。比如"杜拉尔"哈拉（氏族）之下分有8个莫昆，即雅拉哈瓦尼、音哈瓦尼、西阿连哈瓦尼、后偌连哈瓦尼、西盘杜拉尔、俄都格杜拉尔、尼西昆杜拉尔和肇兰秦杜拉尔；而"涂格敦"作为有规模的大氏族，共有9个莫昆：蒙古拉达特、俄都格达特、西阿都勒达特、俄都格阿奔亲、尼西昆阿奔亲、俄都格涂格冬、尼西昆涂格冬、俄都格合音、尼西昆合音。

到清朝时，每个"哈拉（氏族）"都有由清朝皇帝封的世袭官，其子孙后代都可以世袭继承。在此仍然以杜拉尔氏族为例，民族学者在20世纪五十年代的调查中，难能可贵地搜集到了杜拉尔氏族的世袭章京家谱，从第一代到最后一代共13代：第一代是吴禄西，有两个儿子；第二代是小儿额鲁合布；第三代是他的大儿刀鲁般出；第四代是刀鲁般出的大儿奥额一；第五代是额鲁合布的大儿杜额萨；第六代是刀鲁般出的小儿那拉三；第七代是额鲁合布的孙子毕立昆；第八代是刀鲁般出的孙子米七宪；第九代是米七宪的儿子乌孙德勒；第十代是乌孙德勒的儿子敏甘；第十一代是敏甘的儿子苏鲁金宝；第十二代是苏鲁金宝的儿子居勒孙宝；第十三代是居勒孙宝的儿子西恶待。

涂格敦哈拉（氏族）世袭章京亦有12代之久。涂克冬氏族的世袭章京于勒吉有两个儿子，第一代章京是他大儿于合米；第二代是于勒吉的小儿牙克西高勒的儿子出普海；第三代是出普海的儿子虎拉图；第四代是虎拉图的儿子高恩太；第五代是于合米的孙子萨拉汉；第六代是萨拉汉的大儿思姆般；第七代是思姆般的二弟思勒舍；第八代是思勒舍的大儿菌查；第九代是菌查德小弟的儿子姆阵哥；第十代是姆阵哥的儿子背三；第十一代是背三的大儿子爱新道尔吉；第十二代是爱新道尔吉德二弟的儿子布林。根据以上两个章京家谱，按20年为一代进行推算，鄂温克族有世袭章京的历史至少有250年。

另外，在陈巴尔虎旗的莫尔格河鄂温克人中，史料记载共有15个"哈拉（氏族）"，他们分别是：杜立给特氏族、道拉特氏族、那妹他氏族、那哈他氏族（亦叫那乌那基尔）、奥卜特克基日氏族、玛鲁基尔氏族、乌者恩氏族、巴鲁给金氏族、齐布齐奴特氏族、靠闹克特氏族、巴亚基尔氏族等等。其中杜立给特氏族、那妹他氏族和巴亚基尔氏族3个"哈拉"氏族的组织规模较大，在"哈拉"氏族的组织结构之下，有明确的莫昆（大家族）

组织。例如，杜立给特"哈拉氏族"之下分出：毛克将杜立给特、西姆萨给特、杜立给特、阿齐克将杜立给特、巴亚吉尔杜立给特、卡扬杜立给特、那乌那基尔杜立给特等多个"莫昆（大家族）"；那妹他氏族之下分为哈拉那妹他、西勒那妹他两个"莫昆（大家族）；巴亚基尔氏族之下则分为：要靠勒巴亚基鲁、我乌特巴亚基鲁、我勒克巴亚基鲁等"莫昆"（大家族）。每一个哈拉的名称都有一定的含义，如"那哈他氏族（亦叫那乌那基尔）"是"在山南坡住的人"之意，也有以哈拉的名称命名村落名称和地名的现象。今天在鄂温克族的主要姓氏中，还依稀能透出历史变化的轨迹：（详见表6）

表6： 鄂温克族主要姓氏对照简表[①]

古姓氏	简 称	古姓氏	简 称
俄格都涂格敦	涂	尼苏昆涂格勒	涂
俄格都杜拉尔	杜	尼苏昆杜拉尔	杜
谢盼杜拉尔	杜	古然杜拉尔	杜
那哈塔	那	哈赫尔、卡日基尔	哈、韩
卜勒吉格勒	卜	萨马吉尔	萨
蒙古勒达陶	戴	黑得特达图	戴
俄格都合音	何	阿尔本千	阿、吴
雅勒哈完	杜	音哈完	杜
祥嘎林哈完	杜	洪讷林哈完	杜
乌力斯	武	伊格吉日	伊
敖拉	敖	瓜尔佳	郭
白亚格尔	白	金迪基尔	金
何勒特依尔	何	葛拉达依尔	葛、盖
索勒果尔	索	杜拉嘎特	杜
那米尔	那	那妹塔	那

此外，在鄂温克族的各个哈拉（氏族）中，都有自己的萨

[①] 杜·道尔基：《鄂汉词典》，内蒙古文化出版社，1998年。

满，负责主持"哈拉（氏族）"内部的重要宗教祭祀活动。20世纪五十年代的民族学调查给我们传递出每个"哈拉（氏族）"都有自己的"嘎勒布勒"（意为"根骨"）图腾标志的信息。如，陈巴尔虎旗的鄂温克族，各个哈拉（氏族）普遍以天鹅等鸟类为"嘎勒布勒"；而巴亚基尔氏族的祖先神则是用落叶松木制成的一寸长的人偶，用狍皮包着，胡须用熊毛制成；那妹他氏族的祖先神是大小20个人像。右边有个用落叶松制成的人脸，用狍头皮包起来后，剪开盖住头的部分，其他18个小人横排缝在蓝布上，上边9个是用薄铁片制成的，下边9个是用黄铜片制成的。由此可见，每个"哈拉"都有自己的祖先神和图腾标志。

各个"哈拉（氏族）"都严格禁止氏族内部通婚，实行氏族外婚制。每个氏族都有氏族长，氏族长是由氏族成员共同选举产生的，原则上各氏族长是由各"莫昆"（大家族）的头人轮流担任。但年限不定，办事不公正可以罢免。氏族长有权召集各"莫昆"（大家族）在指定地点开会，商讨决定氏族大事。比如，哈拉内部发生纠纷，由氏族长把纠纷双方召集到一起，问清原委，判断是非，给予解决。通常情况下，"哈拉（氏族）"要20年才召开一次哈拉（氏族）大会，完成续修"氏族谱"等之大事。

二、重要的血缘组织："莫昆（大家族）"

所谓"莫昆"是同一父系祖先的子孙，从一个氏族中分化出来的10代以内的人们所构成的。一般多则有10余户，少则有7、8户。他们通常是居住在一个村落之中。

"莫昆"（大家族）虽然以小家庭为财产占有单位，但它仍然起着重要的经济作用。其突出表现是同一莫昆的人往往都住在相邻的牧场或同一个村落里，共同占有土地、森林、猎场、牧场以及河流等公有财产。在此举3例进行阐述，一是以杜拉尔氏族（哈拉）为主体形成的各"莫昆"的村落：大杜拉尔（6户）住在扎古奇村；西阿盘杜拉尔（7户）住在查巴奇村；大杜拉尔（8户）住在霍尔奇村；小杜拉尔住在小索鲁呼奇村。二是以涂克冬氏族（哈拉）为主体形成的各"莫昆"的村落：大涂克冬（6户）住文布奇村；大涂克冬（20户）住在吉木伦村；小涂克冬住在章他尔村；大涂克冬（7户）住在嘎尔都西村。三是以那哈他氏族（哈拉）为主体形成的各"莫昆"的村落：大那哈他，住依奇汗村；小那哈他（10多户）住沃勒莫尔丁村。所以居住在同一个村落中鄂温克人不仅仅是在日常生活的层面上发生着联系，而且在当时的社会条件下，住在同一个村落里的一个或几个"莫昆"的人，很自然地联合起来进行生产——围猎活动。他们以弓箭、绳套为工具，骑马围猎。围猎的规模多则上百人，少则几十人。围猎分成许多小组，而各行列组进行联合的时候，要选举一名叫"阿围达"的——围猎总首领，在"阿围达"统一指挥下，有组织地共同进行围猎。并且对所获猎物实行平均分配的制度。

与此同时，在畜牧业生产上，也依然保持和传承着以原始互助关系为基础的"莫昆"血缘关系。比如，根据牧业生产的需要，各个传统小家庭会在本"莫昆"内部进行联合，共同打草、合群放牧等等，经常是一起共同渡过夏营地、冬营地的放牧生活。

从社会职能上看，"莫昆"内部除了在生产上保持互相支援外，血缘关系越近的族人之间，越有代偿债务和抚养孤儿、老人的义务。这是一个完整的自治体，它有着共同遵守的社会规范：

1. 同一"莫昆"或同一氏族的各"莫昆"之间，实行着严格的族外婚制度，同一"哈拉"或"莫昆"的人绝对禁止通婚。

2. 每个"莫昆"都有自己的"莫昆达"（族长）和"嘎查达"（村长）各一人，管理和领导"莫昆"的事物，但办事必须公道。

3. 牧区选举"莫昆达"通常是在氏族举行的"敖包会"上进行。会上人们可以自由提名和发表意见，选举"莫昆达"的条件,一是年龄在40岁以上,二是聪明能干的人都有资格当选。反对者必须说明理由,若无理由或理由不充足者则按大多数人的意见决定。这种会议规定各户都必须有人参加,若不参加,就会受到公众斥责。

4. "莫昆"最高权力由各户老年人组成的"莫昆达西楞"掌握,即"莫昆会议"掌握内部的重大问题。如:与同辈人不和、不敬不孝、酗酒打人、惹是生非、不遵守氏族规则、同一氏族青年男女之间发生不正常的性关系等,"莫昆达"都有权召集本"莫昆"的成员开会处理。"莫昆达"主要通过劝说去教育"莫昆"内犯错误的人,但有的成员屡教不改时,在氏族的"敖包会"上,由与会的老人将犯错误的人及亲属都请到,在会上说:"衣有领,一家有长"等话,并征求老年人的意见,如果老人们说:"我们的人不应做出这样的坏事,要狠狠地打!"于是"莫昆达"就要执行"莫昆会议"的决定,打犯错误的人。打人是"莫昆达"的权力之一,但不得超过25板子。对犯严重错误者,如,犯罪者将被从族谱中除名。

5. 一般被开除"莫昆"的人,可以申请参加其他"莫昆"。如"莫昆"内有杀人者,有两种处理:严重者,"莫昆"的人举行会议,把凶手在河边处死;如果是误杀,则由"莫昆"决定,由犯罪人用两头好牛作为命价,赔偿给死者家庭。

6. "莫昆"内男人死后,如无儿子,其财产由"莫昆"内的近亲继承。

7. 同一"莫昆"内有纠纷,绝对不外传,因为"头破破在帽子里","腿断断在裤子里",族内问题族内解决。

8. 每个"莫昆"都必须有自己世代相传的萨满(巫师),管理"莫昆"的宗教活动。老萨满死后,产生新的萨满。每逢年、节,特别是四月初三,是全"莫昆"举行盛大集会的日子,鄂温克语叫"奥米那仁",萨满用皮绳将全"莫昆"的人围住,检查

"莫昆"人口增减，并为全"莫昆"祈福。

9. 每个"莫昆"都有自己的墓地。

10. 在牧区，莫昆要在举行"敖包会"时，趁机开会。由老年人轮流主持，会议的开支与其他公共费用，由大家共同承担，一般是普通牧户出一只羊，富户可以自愿多出，也有出3、4只羊的。敖包会的奖品和其他费用，都来自各户所贡献的羊。"敖包会"主要项目是举行赛马、摔跤等文体活动。会场上搭起几个帐篷，由老年人坐在其中。他们除了观看赛马、摔跤外，还要商讨研究解决族内的事务。在此值得关注的是"莫昆"作为一种组织形式，拥有自己的公共财产——羊群，该羊群每年由大家推举一位可靠和信任的人放牧，即管理"莫昆"公共事务，鄂温克语叫"扎斯"——放牧者。关于放牧者的报酬，也是来自羊群。每年一度的"敖包会"上，放牧者要向大家报告羊群的管理情况。

三、生产组织形式——尼莫尔

"尼莫尔"是牧区鄂温克人以血缘关系为纽带组成的游牧生产单位。它是氏族社会残留下来的生产组织形式，具有平等互助的性质。

解放前，因为牧区鄂温克人的社会经济基础单位是小家庭，在很大程度上依赖自然界，生产、生活主要依靠牲畜的自然繁衍，相当不稳定。因为个体控制自然的能力很弱，往往经受不住疫病、狼害、暴风雪和旱涝等自然灾害的侵袭。比如，在一个大风雪的严冬，牲畜会成批地死亡。牧民们有句俗语说："巴特尔（英雄）顶不住一颗子弹，巴音（富牧）经不住一场风雪。"因此，一些有血缘关系的小家庭由于生产的需要，而组成"尼莫尔"（互助合作）关系。在牧业生产中同一个尼莫尔的人们，很自然地把有血缘关系的小家庭紧密地联系在一起，互相帮助。比如，在放牧中互相照看和保护牲畜，各户的役畜、车辆等都集中起来，在搬家、拉柴、打草、拉草时共同使用。在耕种少量土地时，大家也共同出力，或者一家一户逐一耕种或合作耕种，共同享用收获物。甚至在饮食上也彼此不分，缺乏劳动力的户能够得到照顾，在婚丧大事或遇到困难时，一个"尼莫尔"的人们都会竭力帮助。

直到新中国成立，在很多牧户中，依然保留着"尼莫尔"的结合关系。随着牧区的社会改革的进程，确切地说，一直到人民公社化体制的实现，"尼莫尔"这种生产组织形式才消失。

四、传统家庭

所谓传统家庭，主要有两代人或三代、四代人组成。通常是指由夫妻、子女和孙子、孙女等组成的家庭，作为鄂温克社会基本的组织而存在。在家庭中子女属于父系氏族，随父姓。每个家庭都有家长，一般都由父亲担任。家庭内部特别强调尊敬长辈，照顾老人，关心后代。父亲在世时，掌握家庭支配权，家庭中的生产劳动有明确的男女老少分工。比如，男人从事放牧、打草、驯马、建畜棚、起圈粪等牧业生产。妇女从事挤奶、熟皮、制毡、缝补浆洗、养育孩子等劳动。家庭中偶尔遇到特别重大的事情，要全家人商议，妥善处理。如果父亲逝世了，则由儿子承担家长职责。

20世纪以后，这种大家庭结构发生了变化。比如，在牧区，儿子娶妻后，要分家另过，父母要给儿子新建一个蒙古包，并从大家庭中分割一份财产，包括牲畜、生产工具、生活用品等。儿媳妇陪嫁所带来的财产都归入自己的小家庭。到20世纪40年代，由父母和子女两代人组成的小家庭越来越多了起来。虽然从居住形式上看，儿子独立建有自己的蒙古包，似乎从大家庭中分离出去了。事实上，父母子女之间在生产和生活上，还保持着密切的联系，这不单纯是子女有必须赡养父母的义务，更重要的是由牧区的生产方式及其分工本身所决定的。

第二节 民族区域自治制度的实践

民族区域自治是中国共产党和我国政府处理民族问题的基本政策，是中国共产党把马克思主义民族理论同我国具体情况相结合的成功创举。

民族区域自治制度的核心，就是在保证国家统一的前提下，依据宪法的原则，在少数民族聚居地区实行民族区域自治，设立民族自治机关，使少数民族充分行使自治权。通过这种形式，保障少数民族当家作主管理本民族内部事务的权力，保障民族平等，增强民族团结，巩固祖国统一，密切社会主义民族关系，加速民族自治地方经济文化建设，促进各民族共同繁荣发展。这是由我国的国情和革命的过程决定的，正如邓小平同志所指出："解决民族问题，中国采取的不是民族共和国联邦的制度，而是民族区域自治的制度。我们认为这个制度比较好，适合中国的情况。"[1] 60年来，我国推行民族区域自治的经验证明，民族区域自治经受了各种严峻考验，取得了巨大成功。当今世界，一些国家和地区民族纷争不已，社会动荡不安，而我国却一直保持民族团结、政治和社会稳定，从而顺利进行社会主义现代化建设，这与贯彻执行以民族区域自治法为主的一系列民族政策和法律、始终坚持和不断完善民族区域自治制度有着极为密切的关系。实践充分表明，在统一的祖国大家庭中实行民族区域自治是完全正确的。

新中国成立之初，为了尽快在全国范围内推行民族区域自

---

[1] 《邓小平文选》第三卷，人民出版社，1993年，第257页。

治，中央民族事务委员会于 1951 年 12 月召开了具有全国民族代表会议性质的第二次委员（扩大）会议。会上，李维汉同志作了《有关民族政策的若干问题》的报告，对新中国的民族政策作了全面的阐述，就区域自治的有关问题在人民的思想上存在的疑虑和误解，一一作了澄清，从而统一了对民族区域自治的认识。大会讨论通过了《中华人民共和国民族区域自治实施纲要（草案）》共 7 章 40 条。对于民族区域自治的性质和地位、自治区和自治机关的建立原则、自治机关的自治权利、自治区内的民族关系以及上级人民政府的领导原则等，都作了比较明确的规定。这个纲要草案于 1952 年 2 月 22 日经政务院第 125 次政务会议通过，并于同年 8 月 8 日由中央人民政府委员会第 18 次会议批准实施。可以说《中华人民共和国民族区域自治实施纲要》是新中国建立后在民族区域自治方面的一项重大立法，也是解决中国民族问题的基本政策和重要的政治制度。

　　1954 年 9 月，新中国召开了第一届全国人民代表大会第一次会议，通过了《中华人民共和国宪法》。宪法中有关民族的条文，除与《共同纲领》相同的内容外，在"总纲"中明确规定："中华人民共和国是统一的多民族的国家"，"各民族自治地方都是中华人民共和国不可分离的部分"。关于民族区域自治，宪法作了详细的规定。对于自治地方的行政体制，根据多年的实践，宪法中明确把自治地方划分为自治区、自治州、自治县 3 级。这就是民族区域自治作为国家的政治制度，在新中国的根本大法中得到了正式的确认。国务院根据宪法规定，于 1955 年 12 月发出了《国务院关于建立民族乡若干问题的指示》。在这样的政治背景下，1956 年，在内蒙古自治区第四届人民代表大会上，鄂温克族代表提出："在鄂温克族人口相对集中的聚居区——即原索伦旗行政区域内，建立鄂温克族自治旗"的提案，引起中共内蒙古自治区委员会和内蒙古自治区人民政府的高度重视。内蒙古自治区党委和政府积极派调查组深入索伦旗苏木、嘎查进行调查研究，在广泛征求意见的基础上。内蒙古自治区党委、人民政府于1958年4月11日向国务院提出关于《撤销内蒙古自治区索伦旗，成立鄂温克族自治旗》的报告。5月29日，经国务院第77次全体会议，批准了这一报告，决定撤销索伦旗，在原索伦旗的行政区域内设立鄂温克族自治旗。7月16日，内蒙古自治区人民政府召开会议，确定鄂温克族自治旗于1958年8月1日正式成立。选举产生了其领导机构，体现了鄂温克族人民和其他民族一样享有政治上的平等权利，当家作主，成了新中国的主人。"民族区域自治是在中华人民共和国领土之内、在中国共产党和中央人民政府统一领导之下、遵循宪法规定的总道路前进的、以少数民族聚居区为基础的区域自治。"① 民族区域自治制度是具有中国特色的解决中国民族问题的基本形式之一，其实质就是在统一的多民族的社会主义国家内，使有着一定聚居区的少数民族，有当家作主、管理本民族内部地方性事务的权利，保障少数民族地位平等，充分发挥他们的积极性，保证各少数民族按照自己的政治、经济、文化特点，发展经济文化事业，促进民族发展和繁荣，巩固祖国的统一和各民族的团结。

第三节 牧业体制的社会改革

中华人民共和国的成立，为内蒙古自治区的社会改革与社会进步开辟了广阔的道路。中国共产党尊重各民族风俗习惯，按照民族特点和地区特点在牧区稳步地进行了社会民主改革。1948

---

① 图道多吉主编：《中国民族理论与实践》，山西教育出版社，2001年，第187页。

年，索伦旗人民政府成立，于同年9月举行了呼伦贝尔草原牧区第一届那达慕大会，会上认真分析了牧区的社会结构和畜牧业经济特点。确定了"依靠劳动牧民，团结一切可以团结的力量，从上而下地进行和平改造和从下而上的放手发动群众，废除封建特权，发展包括牧主经济在内的畜牧业生产"的总方针，提出"人畜两旺"。实行"牧场公有，放牧自由"和"不分不斗、不划阶级"、"牧工、牧主两利"的政策后，开始推行民主改革。结合当时情况，主要是根据该旗畜牧业经济遭受战争严重破坏的实际，将恢复和发展畜牧业生产（包括牧主经济在内）作为中心任务，并为此采取了一系列措施和制定了具体政策，其中主要有牧工工资制、新"苏鲁克"制、轻税与扶贫政策等。

一、牧工工资制

1948年初，由索伦旗政府主持，坚持牧工、牧主自愿结合的原则，商议和制定工资标准。于同年8月制定并颁布了呼纳盟历史上第一个牧工工资条例。条例规定，牧工放牧千只羊由过去月报酬1只羊增加到3只羊。新工资制度提高了牧工的地位与工资待遇，亦使牧主经营畜牧业的积极性未受到伤害，兼顾了牧工、牧主的共同利益。

此后，在征求各方面意见的基础上，于1951年再次修订了新的工资条例。基本方针是："为了发展畜牧业，提高牧区劳动生产者的积极性和刺激牧主经营事业之心，以达到牧主、牧工两利，促进互助合作的目的；因而，修改1948年的工资规定，落实和正确执行新的工资关系。"新的条例首先对畜牧业生产的各种类型分别作了全面而具体的规定。比如，对牲畜划分为大畜、小畜两类，在种类上又分为牛、马、羊、骆驼等；并且以大畜100头、小畜500只为基础数，作为计算单位。

按新的工资条例，放牧饲养500只羊每月工资为30万元

（合人民币 30 元，当时中等以上的羊，大约价值是 13～14 万元）。如果超出这个基础数，但又不超过 1000 只，其超出部分按每 100 只追加 3 万元；如果放牧饲养总数超过 2000 只，则按超出基础数的部分每 100 只增加 4 万元。总之，追加费是随着放牧饲养牲畜超出基础数的多少而变化的。除此以外，对于在不同季节从事的不同工种，也作了详细的区分和规定。具体工种区别为：清理羊圈、打杂、伙夫等，他们的工资要随着季节变化而有所改变。比如，清除一片容纳 1000 只羊的棚舍，每月可得 16 万元的工资，更夫与牧工同等计酬。

另一种放牧饲养形式为委托放牧，即有些牧户不是单独的立群放牧，而是委托他人代为放牧、饲养。按照新的工资条例，代为放牧、饲养 50～200 只羊，每只按 600 元收取报酬，比实行新条例前的工资所得增长了 10 倍左右。在牧工工资增长的同时，牧主的月均支出自然提高。为了做好这项工作，各嘎查（村）都设立了工资调查委员会，负责协调解决工资纠纷问题。值得肯定的是新工资条例的制定和实施，调动了广大牧民的生产积极性，极大地促进了畜牧业经济的发展。

二、推行新"苏鲁克"制

"苏鲁克"乃"畜群"之意，是呼伦贝尔牧区传统的放牧制度。即放"苏鲁克"的人，多数是牲畜较少或者没有牲畜的贫困牧民，他们为拥有大量牲畜的牧主饲养和管理畜群。

而拥有大量牲畜的牧主则根据牲畜特性，如分成牛群，羊群和马群等不同的种群，将自己的畜群委托给贫困牧民长期饲养和管理，付一定的报酬。

所谓旧的"苏鲁克"制是只给牧工羊毛、奶汁以及瘦弱而死的牲畜，报酬很少，具有一定的剥削成分。

新中国成立之后，大力宣传，积极地推行和落实新"苏鲁克"制，即：在牧工、牧主双方自愿的原则下，签订《承包放牧牲畜的合同》，合同期满后，订约双方按照合同规定进行分成。通常情况下，合同年限为2~3年，利润分成比例为三七开或四六开，牧工得大头、牧主得小头。[①]（详见表7）

表7：　　　　索伦旗牧工记酬规定（1948年）

工作类别	季　节	每月工资额 （以羊为单位计酬）	劳　动　量
放牛	夏　冬	3	100头
放骆驼	夏　冬	5	50峰
零工	夏　冬	3	
羊更夫	夏　冬	3	
放羊工	夏　冬 夏　冬 夏　冬 夏　冬 夏　冬	2 3 4 5 6	500只左右 1000只 1500只 2000只 2500只
放　马	春　季 春　季	3 4	300匹以内 300匹以上
马　群 更　夫	冬 冬 夏 夏	4 5 3 4	300匹以内 300匹以上 300匹以内 300匹以上
马群放马	夏　冬	3	250匹左右
清圈工	冬	4	
伙　夫	夏　冬	4	

① 鄂温克族自治旗志编纂委员会编纂：《鄂温克自治旗志》，中国城市出版社，1997年，第398页。

新"苏鲁克"一般是以每户放 200~300 只羊为单位，以选择有劳动力而无畜户为主来承担，规定"苏鲁克"羊毛归放牧户，而"苏鲁克"畜群的牧业税则由畜主负担。这种新"苏鲁克"制对发展畜牧业生产起了很好的促进作用。第一，优先解决了贫困牧民要自力更生发展畜牧业所必需的母畜、役畜、种畜及生活问题。第二，解决了牧主劳动力不足和牧场不够的问题。当时在辉苏木、伊敏苏木、巴彦嵯岗苏木都得到广泛的推行。陈巴尔虎旗的很多富裕牧户也接受了新"苏鲁克"制。由于实行新"苏鲁克"制，使牧工和牧主的生产积极性与经济利益直接挂钩，调动和鼓励了牧工和牧主双方的生产积极性。据统计，到 1954 年，索伦旗大小牲畜由 1948 年的 61827 头（只）发展到 132729 头（只），增长一倍还多。

三、实施轻税、扶贫政策

解放前，由于日本帝国主义的残酷剥削和压榨，加之战争的影响，鄂温克族牧民的生活十分贫困，牧业生产受到严重破坏，牲畜头数大量减少。1949 年统计，辉苏木有 10 头（只）以下牲畜的牧户有 150 户，占总户数的一半。其中无畜或 5 头以下的牧户有 99 户，占总户数 33％。只有 5 头以下牲畜的牧户达 833 户，占总户数的 60％。为了恢复经济发展畜牧业，中国共产党和我国政府对畜牧业实行税率很低的税收政策，或者直接予以减免，使牧民得以休养生息，发展生产。

同时，面对牧民的母畜、种畜、打草机械、饲草料、蒙古包、棚圈等不足的困难，由政府发放巨额贷款和生产补助金，帮助牧民逐步摆脱贫困，尽快发展生产。如，1950~1957 年，索伦旗共发放贷款 48631770 元，其中鄂温克族牧民聚居的辉苏木，从 1951~1958 年 8 月共获得牧业贷款 80779.70 元。用这些贷款，牧民们购买了种畜、母畜、盖了新房等等，党和政府从实际出发，一家一户实实在在地帮助贫困牧民解决了生产、生活上的困难。除贷款外，还直接向贫困牧民发放实物贷款，即贷给牲畜，并对牲畜进行了免费防疫。以此进一步鼓励牧民发展生产。辉苏木1953年有占总人口数25％的牧民得到政府贷给的牲畜，总数达到3067头（牛339头、羊2728只）。

　　1956～1958年辉苏木牧民又得到103800元的生产补助金。例如，名字叫额尔的贫困牧民和另外8户贫困牧民1953年共贷款904539元，购买77头牛、101只羊。3年后，除应还贷款294341元和一切消耗损失外，还有马13匹、牛126头、羊12只，比原贷款数增加了1倍。伊敏苏木阿贵图嘎查10户贫困牧民用政府发放的3年期无息贷款（每户500元）购买乳牛、种公牛和饲料，很快也摆脱了贫困。对于有少量牲畜而生活困难的牧民，政府也给予贷款扶持，支持他们发展生产。根据调查，大多数贫困牧民在政府的支持下，发展了生产，还清了贷款。1949年索伦旗只有5头以下牲畜的牧户达833户，占总户数的60％，到1952年，只有5头以下牲畜的牧户由833户下降到385户，减少一半还多。据内蒙古自治区东北少数民族社会历史调查组于1956年11月至1957年末在辉苏木对牧民生活进行的详细调查表明，调查222户，1109人，有牲畜38275个羊单位（牛折6只、马折7只、驼折8只），人均35只羊单位。其中，拥有1500～2000个羊单位的2户，拥有800～1500个羊单位的3户，拥有150～800个羊单位的68户，拥有1～150只羊单位的149户。具体牧户1957年的情况如下：[①]

　　（一）宝洁楞海　全家4口人，有牲畜2646个羊单位，其中牛54头、马153匹、羊1003只、驼31峰。

---

　　① 鄂温克族自治旗志编纂委员会编：《鄂温克族自治旗志》，中国城市出版社，1997年第837页。

第二章 社会改革与政治制度变迁 69

拥有的生产工具：大轮车8辆、篷车1辆、四轮车1辆、库车5辆、圈5个、棚1个、马具3套、车厢2个、木房子1座、蒙古包2顶以及各种劳动工具全套。

1957年的生活支出：稷子米400公斤、白面550公斤、大米100公斤、小米200公斤、砖茶40块、买油盐烟酒610元、布、棉72元、雇用工资250元、买饲草400元、打圈100元、车木20元、买公债100元、牧业税650元、吃掉羊50余只、医药费、旅行费、馈赠和献祭约1000元。

（二）贡嘎布　全家5口人，有牲畜909个羊单位，其中马45匹、牛74头、羊150只。

生产工具：大轮车17辆、棚6个、库车1辆、篷车1辆、粪车3辆、雪橇1辆、打搂草机各2台、犁2套、马具3套以及各种劳动工具全套，土房1间、蒙古包2顶。

1957年拥有的生活用品：木制家具18件、棉、皮衣20件、皮大衣4件、单衣每人数件、珐琅瓷制品数10件、被子4条、褥子7个、线毯4条、小地毯1块、蚊帐4顶、马靴4双、香牛皮蒙古靴1双以及各种厨房用具全套。

1957年生活消费：大米240公斤、面450公斤、小米6袋、稷子米6袋、布匹220余尺、砖茶24块、吃掉羊16只、牛1头、酒180公斤、豆油6公斤、烟叶30公斤、医药、教育费35元、牧业税30余元、献祭25元、购买马靴6双。

（三）西勒列　全家14口人，有牲畜382个羊单位，其中马6匹、牛30头、羊160只。

生产工具：大轮车6辆、棚圈1个、圈6个、棚2个、库车1辆、马具4套、蒙古包3顶各种劳动工具。

1957年拥有的家具及衣物有：木制家具12件、棉衣14件、皮袄14件、单衣每人数件、毛毯2条、棉被6床、毡褥10床、皮被6床、线毯1条、蚊帐8床、皮毡1个、各种马靴11双、各种厨房用具全套。

1957年生活消费：大米240公斤、白面48袋、小米360公斤、穄子米600公斤、吃羊15只、牛1头、砖茶48块、白酒15公斤、布400尺、豆油60公斤、盐120公斤、烟叶90公斤、教育费108元、牧业税60余元、买公债10元。

（四）桑布 全家7口人，有牲畜133个羊单位，其中马1匹、牛21头。

拥有生产工具：大轮车3辆、棚3个、圈1个、马具1套、另有劳动工具1套及3套熟皮工具。

1957年拥有的家具及衣物有：木制家具12件、棉衣14件、皮袄14件、单衣每人数件、毛毯2条、棉被6床、毡褥10床、皮被6床、线毯1条、蚊帐8床、皮毡1个、各种马靴11双、各种厨房用具全套。

1957年生活必需品大约：大米1000公斤、白面250公斤、砖茶18块、布匹250余尺、酒10瓶、烟叶17.5公斤、豆油15公斤、吃掉2牛头、医药费10元、牧业税5元、买豆饼18元、靴子100元，以上共约800元，全年单纯收入只有500元，还需要贷款300元。

四、互助组

鄂温克牧民历史上有传统的"尼莫尔"关系，新中国成立初期，党和政府根据牧民生产活动中结伴互助的习俗，提倡牧民办互助组。互助组有季节互助组和常年互助组之分。1950年，索伦旗组织了157个冬季互助组，每个互助组选一名经验丰富、有威信的牧民为"努图克钦（乡长）"，指导本组牧民选择牧场游动放牧。互助组内劳动力分工合理，任务明确，牲畜分群结构适当，有简单的生产计划，有利于生产和抵抗灾情。比如，1953年5月11～12日发生大风雪，雪深达1尺，贡嘎布和僧格·其木德2人为首的两个互助组由于组织得力,几千头牲畜没有损失,安然度过了大风雪。

1954年,开始组建季节性互助组228个,参加户数1113户,占全旗户数的64.04%;入组劳动力1597人,入社人口3454人,牲畜27186头只,占牲畜总数的19.56%。其中常年互助组5个,主要是以锡尼河东苏木鄂温克族为主的组和以布里亚特蒙古族为主的互助组,还有达斡尔族组共3个。

1956年,对互助组整顿收缩。整顿后,有72个互助组,组员551户,而入组牲畜达到31457头(只),占全旗牲畜总数的21.6%。互助组,只是生产经营的一种形式,其主要生产、生活资料——牲畜仍归个人所有。

五、牧业生产合作社与公私合营牧场

1956年,在全国农业合作化形势的推动下,鄂温克牧民开始组建畜牧业生产合作社。最早的合作社是在锡尼河苏木其木德常年互助组的基础上进行的,于1956年3月正式改建为牧业生产初级合作社——伊拉力特(胜利)合作社。合作社确定:牲畜入股,分红40%,以实物兑现,其余为劳动力分红,以现金兑现;生产工具作价入社,分期偿还。劳动力以劳动量和质量计工分,每个劳动日记7~10分,年终以劳动工分为分红依据。

至1957年,全旗建立28个牧业生产合作社,有547户社员,入社牲畜4026头(只),到1958年6月,牧业生产合作社达61个,社员1618户,占总户数的92%。牧业生产合作社已不同于互助组,其主要特点是牲畜归合作社所有,牧民只有少量的自留畜。

与此同时,还出现了公私合营牧场,他们是布吉仁海、苏旺德、阿尤喜、色音毕力格、那木斯来、斯仁扎布、登博日等8户富裕牧民于1956年提出的。当时他们的大小畜合计已分别超过千头，根据党的有关政策，他们在牧区合作化、人民公社化运动中提出办公私合营牧场的要求，经呼伦贝尔盟委批准，公私合营牧场于1958年正式组建。场址设在锡尼河苏木特莫胡珠嘎查，入场富裕牧民4户，牲畜400余头（只），牲畜作价归牧场，牧场按入场股金的1.5％付息。合营牧场的场长由鄂温克族自治旗委派国家干部担任，副场长由年轻富有经营管理畜牧业经验的富裕牧民那木斯来担任。在拥有4户富裕牧民的劳动力的基础上，又雇佣了24名牧工为工人，牧场职工执行工资制。（1981年该公私合营牧场改为旗种畜场。1984年，在种畜场的基础上，从辉苏木划分出3个嘎查，成立阿尔善诺尔苏木，即今天的北辉苏木。）

六、牧区人民公社成立

1958年，在"高举三面红旗"（即总路线、大跃进、人民公社）的推动下，全旗以苏木为单位，成立了6个人民公社和1个合营牧场。入社社员2225户，9114人；入社牲畜125853头（只），占全旗牲畜总头（只）数的89.8％。继而在"人民公社好，好在一大二公"的号召下，将6个公社合并为4个，大造"人民公社是走向共产主义天堂的金桥"之舆论，取消畜股报酬和定息，自留畜归社，实行"供给制"。这些"左"的做法，后来看对畜牧业生产和牧民生活造成许多人为的困难。对此北京师范大学资源科学研究所的刘学敏对环境和国家政策间的关系进行了如下分析："20世纪五十年代以来曾出现过3次大规模开垦草原、毁草种粮的情况。第一次是人民公社时期，为了大办农业，发展粮食生产，大量开垦草原，造成冬春草场减少，土壤沙化，致使牧区大幅度减产；"[①] 打破了人类与自然的和谐关系。

---

① 刘学敏：《西北地区生态移民的效果与问题探讨》，载《中国农村经济》2002年，第4期，第47—52页。

1959～1960年，按上级部署，开始开展整风整社运动，逐步纠正在"公社化"中出现"好大喜功"、"一平二调"的若干错误，稳定和健全人民公社的制度。主要做法是：

第一，根据牧区实际，改变人民公社、生产大队、生产小队的体制，执行"队为基础、两级所有"制，以生产队为核算单位。

第二，纠正"一平二调"，采取退还或调整的措施，退还平调的财物或作价补偿。占用草场、牧场的退还或调整，占用劳动力的，要从公积金中补偿其劳动所得。

第三，允许社员养自留畜，允许社员自留乘马、役牛、奶牛；一般不留小畜，社员愿意也允许。总的比例以公社为单位，自留畜不超过公社牲畜总头数的10%。自留畜主宰权归社员。

第四，年终决算时，劳动牧民入社畜股以2%付给，富裕牧民入社畜的定息以1%付给（打入决算盈亏之中）。

第五，调整牧区人民公社的规模。到1962年，全旗调整为8个牧区人民公社，45个生产队，有社员2560户，10407人，其中劳动力4324人。入社牲畜174106头（只）。

自1949～1978年，畜牧业经历了由个体经营到互助组、牧业生产合作社、公私合营牧场和牧区人民公社的发展之路。客观地说，1949～1958年，牧区在实行"稳定、全面、大力发展畜牧业"的正确方针指导下，畜牧业生产发生了巨大的变化。以鄂温克族自治旗为例，1958年，牲畜发展到140202头（只）。

1958～1978年，单纯看牲畜头数还是发展的。1966年鄂温克族自治旗牲畜头数达374000头（只），1978年发展到450474头（只）。尽管牲畜头数有了较大增加，但是畜牧业的总体发展还没有摆脱依附大自然的"靠天养畜"状态，牲畜仍受"夏壮、秋肥、冬瘦、春死"的规律支配。

第四节 经济体制的改革与发展

改革开放以来，我国牧区开始实施具有重大历史意义的"两个战略转变"：一是以大规模草原建设和大面积推广应用先进科学技术为主要标志的从传统畜牧业向现代化畜牧业的转变；二是以不断提高牲畜出栏率、商品率、经济效益和不断优化牧区经济结构、产业结构为主要标志的由自给自足的畜牧业向商品性畜牧业的转变。这种转变的最大亮点是开始摆脱增量型畜牧业的桎梏。

一、各种形式的经济责任制

1978~1984年，即新旧体制交替阶段。这一阶段，畜牧业经营体制打破"一大二公"、"三级所有，队为基础"的旧模式和适合平均分配的原则，逐步推行"定额管理，全奖全罚兼日工资制"、"定额管理，全奖全罚"、"定额管理，现金兑现"、"作价归户"等经济责任制。

1978年，在牧区首先实行"两定兼计件工分"生产责任制，即定生产指标、费用，零星生产计件记工。从1980年初，开始实行"定额管理，全奖少罚兼日工资制"，即超产部分给牧民，减产部分折价赔偿，其他劳动以日工计算，实行以实物或以现金兑现。后又改为"定额管理，全奖全罚"的生产责任制，即超产部分全部奖励，对减产部分全部赔偿。

据统计，在全旗50个生产队中有41个落实了不同形式的生产责任制。其中以户或以组包群、联产计酬的有8个生产队；以户包群，不计工分，成畜保本保质、仔畜分成的有9个生产队；以户或组包群，不计工分，包干纯增的有3个生产队和种畜场；

季节包工,"两定一奖"的有 11 个队;定额管理,计件付酬的有 10 个队。

1982 年,开始实行"定额管理,比例分成(也就是'新苏鲁克')"、"现金兑现"的责任制。如保畜 2:8 分成,即饲养成活幼畜的 20%归牧民,80%归集体,年终实物兑现;接羔仔畜 4:6 分成,牧业丰收会上兑现。在 8 个公社 50 个生产队中实行此项责任制的有 45 个,其中承包牲畜户 1110 户(占总户数的 48.9%),承包牲畜 142834 头(只),实行定额管理工资制的有 5 个生产队。

从 1983 年起,部分生产队实行"作价归户"的经营方式。即:将集体的牲畜全部作价承包给牧民,牧民分期偿还,偿还期 3~12 年不等。作价牲畜达 19 万头(只)。

二、落实畜草双承包责任制

到 1984 年,开始全面实行"人、畜、草"和"责、权、利"结合起来的"草畜双承包"责任制,以集体经营为主的畜牧业转移到以家庭经营为基础的轨道上来,调动了牧民生产的积极性。

首先,结合本地实际,于 1984 年 7 月制定《关于贯彻落实中央 1 号文件,发展牧区商品生产的具体意见》指出:"各公社可按群众意愿,实行牲畜作价归户,分期还本"的经济形式,牲畜作价标准应低于现行社会价格,具体标准由牧民民主讨论决定。作价款的偿还年限可以在 10 年以上,对遭受严重自然灾害的重点区和生活的确有困难的贫困户,偿还期可延长到 15 年以上。对生产队集体所有的固定资产可作价卖给牧民分期偿还,对不能作价出售的大型固定资产,如机井、大型配套草库伦,可实行专业承包,承包到专业户或联户。在集体牲畜、固定财产作价出售给牧民的同时,要还清牧民畜股报酬,彻底清理债权、债物,对确因天灾病祸、老弱病残和烈军属等欠款户偿还欠款有困难的牧民，经牧民集体民主讨论，可以适当延长偿还期或减免。"根据这一精神，全面推行了作价归户、分散经营的方式，把"以集体经营为主"的畜牧业经营形式转移到"以家庭经营"为主的形式。这一时期，作价归户牲畜 40726 头（只）。然而，历史上罕见的特大自然灾害此时却发生了，导致死亡牲畜 75285 头（只），占当年牲畜存栏数的 22.5%。因此，到 1984 年大小牲畜为 200572 头只（牧业年度），比 1978 年减少近 25 万头（只）。当然，这其中主要的原因是严重的自然灾害，同时一个不可忽视的原因是刚刚开始实行作价归户，分散经营，牧民准备不足。牲畜缺少牧草常常处于饥饿、半饥饿状态，因而抵御各种自然灾害的能力十分脆弱。由此进一步发现草畜矛盾将是一个新的日益突出的问题。

其次，开始推行草牧场的"双权"固定工作。在改革的进程中，发现草畜矛盾问题。因此，更进一步强调和推行"要把草场使用权固定到户或联户，并以户或联户固定冬春放牧场的使用权，坚持以草定畜的原则，进行具体划分，可以实行以畜定草牧场，兼顾劳动力、人口等因素。草场固定后 30 年不变，任何单位和个人不得随意侵占和使用草场。经当地人民政府批准使用的草场，应按规定交纳草原管理费。社队境内的水面和国家管辖以外的林地以及芦苇资源允许一户或联户承包经营，承包期可放宽到 10 年以上"。落实和完成这项工作，并不轻松。到 1986 年，草牧场"所有权、使用权"的固定面积达到 1181017 公顷。

第三，从发展的趋势看，1984 年实行牲畜作价归户、私有私养的政策以后，出现了各类专业户、联户以及跨地区、跨行业、多层次、多渠道的横向经济联合体。多年来条块分割的封闭状态已被多种形式、多种渠道的横向联合与协作所取代。1985年，出现各种形式的专业户 324 户，占牧民总户的 13.7%。其中养畜专业户 299 户（奶牛专业户 216 户，当年出售鲜奶 16380

吨，鲜奶收入55.7万元，占全旗鲜奶收入的21.5％）。年末牲畜存栏31541头（只），其中牛8609头（奶牛2915头）、羊22932只。并涌现出了先进的典型。

个案之一（那日哈吉德家庭牧场的生产经营情况）：

那日哈吉德，男，鄂温克族，现住鄂温克族自治旗辉苏木。系全国劳动模范，全家7口人，实行牲畜作价归户之后，他解放思想，善于接受新观念。亲自带领子女，依靠科学、依靠劳动办起了"家庭牧场"。完全以牧为主，1989年实现纯收入2万多元，固定性资产8万元。拥有大小畜1002头（只），其中大畜139头，小畜863只，1990年出售商品奶一万多公斤，绒毛560公斤，大小畜91头；而且建起了90平方米的砖木畜棚，购置了全套打草机械。在此基础上，他的生活方式也随之发生了变化，建起了牧区第一个带有卫生间的砖瓦房。在发家致富的路上，他主动拿出100余只羊，扶持了3户贫困户，带动和帮助牧民走上共同富裕之路。①

个案之二（准迪家庭牧场的生产经营情况）：

准迪，男，鄂温克族，曾任鄂温克族自治旗锡尼河西苏木特木胡珠嘎查达（村长）。党的十一届三中全会以后，在改革、开放、搞活的好政策下，他积极投身改革，牧区实行生产责任制后，率先承包了生产队的草库伦，种植饲草饲料，实行科学养畜，仅一年就成了万元户。他本人不仅是一个放牧能手，也是一个精通机械，懂经营的多面手。1988年投资5万元办起了一个日处理10吨牛奶的小型乳品加工厂，把亲属和邻居等十余家的牛奶加工成干酪素后再出售。准迪家庭牧场的出现，代表了一条立足畜牧业、发展商品生产的新路。打破了几千年延续下来的牧

---

① 布赫主编：《今日内蒙古畜牧业》，内蒙古人民出版社，1990年，第106—107页。

民只能放牧、单纯从事畜牧业的旧传统、旧观念。

准迪家庭牧场1989年拥有固定资产23万多元。牛62头、马10匹、羊53只。牧业收入2.7万元,工业纯收入8.9万元。为今后牧区立足畜牧业生产发展形成牧、工、商一体化做了有益尝试和探索,这是非常难能可贵的,具有一定的开创意义。①

三、发展趋势

随着畜牧业改革的进一步深入,"草畜双承包"责任制得到巩固和完善,畜牧业向建设养畜、科学养畜的轨道上转化。1990年统计显示:已经建设牲畜棚圈11717座,以水、棚圈为主的各项基础建设得到发展;打贮草16.61万吨;开垦荒地建立饲料基地。1990年,有大小畜280464头(只),虽未达到1978年的水平,但结构正在发生较大的变化,大畜比重已经达到40.82%,其中牛占大畜的85.83%。与此同时,政府制定了一系列管理保护母畜的政策,适龄母畜头数稳步上升,奶牛饲养业开始占畜牧业经济的重要地位。畜牧业经济效益也明显提高,牧民生活得到改善。牧业产值按1990年现行价格计算达3358万元,牧业总收入达2167万元,牧民人均收入达到1014元。多数牧民正在由传统的"逐水草游牧"经营形式向常年定点、定季节放牧和固定营地的草原畜牧业转化,形成了一个从上至下,政府积极推动,牧民努力实现"定居、半定居"的新格局。如,下列(详见表8、表9)两个表统计了1958—1998年的牲畜头数和牧民收入情况:

---

① 布赫主编:《今日内蒙古畜牧业》,内蒙古人民出版社,1990年,第106—107页。

表8：　　　　　　主要年份牲畜头数表（牧业年度）

品种 年份	大小畜 合计	其　　　　中						
		牛	马	骆驼	驴	骡	绵羊	山羊
1958	140202	37475	11706	624	2	4	78964	11427
1968	438222	62401	20825	1115	6		313902	39973
1978	450474	52690	20903	1365	26	1	352710	22779
1988	220931	81223	15411	468	196	6	109895	13932
1998	511961	121457	16480	358	404	13	337299	35950

表9：　　　　　　牧业产值及牧民收入

年　份	牧业产值（万元）	牧民人均纯收入（元）
1958	329.8	129
1968	581.1	161
1978	1015.6	183
1988	2057.67	633
1998	10830.1	3065

而1998～2002年社会发展进步的更快，相应的草原畜群结构也发生了变化。下面几组数字反映出畜牧业发展和畜群结构变化的情况：

从牧业年度看1999年牲畜总头数525739头（只），比1998年增长0.1%，其中：大畜123161头，比1998年减少15551头，下降11.2%，小畜389461只，比1998年增加16221只，增长4.3%。

2000年从牧业年度看，牲畜总头数480994头（只），比1999年下降8.2%。其中：大畜115769头，比1999年减少7392头，下降6%，小畜355022只，比1999年减少34439只，下降8.8%。[1]（详见表10）

---

[1] 内蒙古鄂温克族自治旗档案史志局编：《辉煌的四十五年》，人民日报出版社，2003年，第309页。

表10：　　　　　　　牲畜头数（牧业年度）变化

牲畜头数（牧业年度）	1998年	1999年	2000年	2001年	2002年
牲畜头数	525188	525739	480994	514700	580110
（1）大畜	138712	123161	115769	119351	111129
牛	121457	106306	101473	105361	97017
马	16480	15670	13432	13122	14214
骆驼	358	346	382	377	377
（2）小畜	373240	389461	355022	388734	459771
绵羊	337299	355863	324915	349642	417000

2001年从牧业年度看，牲畜总头数514700头（只），比2000年增长7％。其中：大畜119351头，比2000年增加3582头，增长3.1％；小畜388734只，比2000年增加33712只，增长9.5％。

2002年从牧业年度看，牲畜总头数580110头（只），比2001年增加65410头（只）。其中：大畜111129头，比2001年减少8220头。小畜459771只，比2001年增加71037只。这些数字说明，畜群结构、产业结构和畜牧业生产布局进一步趋向合理，并且越来越呈现动态的发展趋势。从而也揭示出牧民开始从自身的生产能力、畜牧业生产的经济效益等角度思考和选择饲养牲畜的种类和规模。生产方式和方法变得更加灵活、自主和多元。

总之，无论是上述个案还是具体的统计数字都充分地显示出，越来越多的牧民开始由"温饱型"向"小康型"过渡。

第三章 牧民生活现状

鄂温克族牧民主要分布在鄂温克族自治旗的阿尔山诺尔苏木、辉苏木、伊敏苏木、巴彦查岗苏木、锡尼河东苏木和巴彦托海镇、红花尔基镇、伊敏河镇及陈巴尔虎旗的鄂温克苏木。广阔的牧场，丰美的水草，为畜牧业生产提供了得天独厚的条件。至少从1732年开始，生存环境的变化，使具有森林狩猎传统的鄂温克族猎民走向逐水草而居的游牧生活。根据"中国人口较少民族经济社会发展研究"课题组的要求，我们于2000年12月至2001年1月赴呼伦贝尔草原，对鄂温克族牧民所在牧区的6个苏木（乡）3个镇14个嘎查（村）进行了现状调查，完成了42户个案访谈。其中，按照当地民间约定俗成的分类方法，富裕户10户、中等户10户、贫困户18户、镇政府干部3户、乡干部1户，有关调查地点与人口、户数如下。（详见表11）：

表11：　　　　　调查地点、人口、户数与抽样　　2000年统计

	阿尔善诺尔苏木	辉苏木	伊敏苏木	巴彦查岗苏木	锡尼河东苏木	巴彦托海镇	陈巴尔虎旗鄂温克苏木	备注
总人口	1460	2602	3175	1282	1996	23880	2346	
总户数	342	633	898	378	613	6273	565	
鄂温克族人口	760	1824	1051	583	573	3203	1560	
鄂温克族抽样户数	7	7	6	7	6	7	2	

第一节　富裕户的访谈

一、辉苏木：因辉河而得名，位于鄂温克族自治旗西南部，成立于1948年，辉苏木人民政府驻地胡日干阿木吉，距旗政府所在地130公里，现辖乌拉仁布拉日、巴彦乌拉、希桂图、哈库木、翁工浩斯、辉道6个嘎查。辉苏木有中心校、文化站、卫生院、邮电所、电视插转台等12个单位，辉苏木土地总面积1958.32平方公里，可利用草场面积135.05平方公里。畜牧业为主体经济。牲畜头数：1999年牧业年度达78270头（只），大畜16641头（只），其中牛14723头，马1894匹，骆驼23峰；小畜合计61629只，其中绵羊50543只，山羊11086只。现在有一个乳品厂2000年改造后日处理鲜奶50吨，是以阿尔善诺尔苏木和辉苏木为主的企业。辉苏木现有3000吨的奶源，阿尔善诺尔苏木有1000—1800吨奶源。今后的发展目标是引进高产奶牛，不断改良品种，提高产奶量，增加牧民奶牛收入。辉苏木现有鄂温克族人口1824人。小康户198户，占总户数53.9%；贫困户24户，最低生活保障线户41户。在辉苏木我们调查7户。

个案1：第一户：富裕户，XGT嘎查的男主人：BYBT，44岁，是呼伦贝尔盟政协委员。1999年获得呼伦贝尔盟"五一"劳动奖章，女主人：XJ，46岁，夫妻自由恋爱结婚，双方都是鄂温克族，均无文化。现有两个孩子，女儿：NRH，22岁，初中辍学；儿子：BDMSR，21岁，小学辍学，儿女辍学是因为家中劳动力不足。

家中现有大小牲畜300余头（只），其中牛80多头，包括25头奶牛；马10匹，羊200余只，包括山羊50只。承包草场1500亩，有游牧用的蒙古包1座，有两辆车、四轮车和打草机、搂草机等全套牧业生产设备，建有机井和牛、羊棚圈。还有砖瓦结构的定居住房，住房中有现代化的家用电器，甚至还有卫星电视接收器设备，用风力发电机发电。交通工具有摩托车等。除此之外，一家4口人身体都好，全部都是有经验的壮劳力。尽管如此，在产奶和打草最忙的时期，还需要临时雇工1—2名，通常是挤牛奶雇女工（支付女工的工资是一头奶牛一个月40元，一般是6—9月雇工，一头奶牛一天产奶约5公斤），打草雇男工，雇工来源主要是当地的贫困户。该户今年毛收入：鲜奶7000元+出售活羊19800元+羊绒3000元+羊皮毛等2000元=31800元。减去一家4口人和雇工的正常消费等支出外，该户纯收入不足1万元。这是富裕户，而且该户4口人身体都好。即无医疗费支出，又无学生学费支出。能维持到这样一种生活状况。

当地畜产品价格：鲜牛奶一公斤1元；1只羊约240—250元，当年公羊羔1只约160—180元；山羊绒1公斤360—400元；羊毛1公斤约10—12元，羊皮1张夏季约20元，秋、冬季约50元；羊肠1根约10元，羊肉1公斤约12元。

个案2：第二户：富裕户，男主人XJ，29岁，小学文化；是鄂温克族。女主人GRM，29岁，布里亚特蒙古族，小学文化。（家中挂有计划生育三结合户的奖牌）二人结婚已9年。大女儿8岁，小学二年级；儿子6岁，在学前班。孩子平日住在辉苏木小学附近的姑姑家，每个孩子人均一个月花100元，包括伙食费。此户的房子是男主人的父亲离休后公家给盖的，已住有两年。此前是住蒙古包。男主人之父于今年二月去世，享年63岁，有心脏病和高血压。母亲早已去世。

现在该户有牛50多头，有20多头奶牛。羊400多只，有70多只山羊。马10多匹。承包草场有1000多亩，放牧场归集体所有。可以自由放牧。

该户牧业机械设备，有打草机1套，20马力的拖拉机1辆，摩托车1辆，雅马哈发电机1个，价值2000多元的卫星接收器1个，能收12个台，但无蒙文台。自己建有机井，解决了人畜饮水问题。用芦苇搭的棚圈有100多平方米，能容纳20多个牛犊。

该户雇工情况：常年雇1对本地布里亚特夫妇放羊，每月给600元工资（这对夫妻有1个12岁的孩子，为了让孩子上学，把孩子安排住在亲属家上学。）；此外，还临时雇工，1. 打草时雇两个人（付给每人1天20元）；2. 有时挤奶也雇工（付给挤奶工1头奶牛40元的月工资）。

该户收入情况：1. 今年卖出大约30斤山羊绒（这里的好山羊1年能出半斤绒，有的羊品种好，能出一斤多）；2. 卖出200多只活羊（春天接羔有200多只，当年卖，母羊留下，老羊也卖掉，自己家和亲属一年能吃掉20多只羊）；3. 牛奶3个月收入4500元；（1头好的奶牛能服务10年，4—12岁，5岁左右出奶最多，老后卖掉或杀掉），估计1年毛收入45000元（除掉支出大约能剩一万多元）。

节日活动："三·八"节很重视，4月忙于接羔，无活动。5月4日青年节，6月1日儿童节都过。5月20日左右有个重要的丰收节，把小公羊阉掉，在耳朵上作标记，和来帮忙的人共同庆祝，约有20多人，大规模的有300多人，但是300多人这种情况很少。6—7月间各苏木都会在丰收年景召开那达慕大会。一般的情况下，那达慕大会有不同的组织层次，比如，旗、苏木、嘎查或大户都可以举办。以旗和苏木为主，规模大小不一，根据情况灵活掌握，活动一般是白天有赛马、摔跤、射箭和唱歌跳舞等，入夜还举行篝火晚会。目前，还没有买卖和商品交易活动。8—10月忙于打草。11—12月婚礼多在这个季节举行。在草原上婚礼约定俗成为一个节日活动。

个案3：第三户：富裕户：男主人WLJSM，56岁，是鄂温克族。小学文化；女主人 ALTQQG，49岁，小学文化。已婚有27年，两口子身体都很好（男主人的母亲今年76岁，与其弟生活在辉苏木）。有一个儿子，两个女儿。儿子25岁，初中毕业后参军，现已复员。刚刚结婚。在旗政府所在地南屯租楼房住，租金1个月250元，有80多平方米，四室一厅。由其男方父母出钱。儿媳妇为本地巴彦查岗人（夫妻曾是同学，自由恋爱），儿子结婚支出约5万。电器等是儿媳妇带来的（女方家属于中等户，但有固定工资）。

大女儿 HSN，21岁，刚参加工作到苏木卫生院上班，是自费上呼伦贝尔盟卫校的中专毕业生。读书3年。刚入学时交1万，以后每个学期2000元学费，总支出约3万元。

小女儿 SRN，18岁，在旗兽医职业高中读高二，想考大学。目前和哥哥住在一起。每学期学杂费等约400元。

该户的牧业机械设备有两辆四轮，打草机一套。还有一辆摩托车和风力发电机，但不能看有线台，能看蒙文台。因靠近辉河湿地不急需打井，地理位置较好。以后有钱准备打眼机井。

现在该户有110多头牛，其中奶牛30多头；羊100多只，其中山羊50多只，马10多匹。草场3000多亩，自己经营。

该户雇工情况：常年雇工（雇的是一家人，两口子带5个孩子，有3个孩子劳动，两个孩子上学，1个月给500元工资）。

该户收入情况：牛奶1个月5000多（1年中有4个月是产奶的好季节），今年卖牛40头（1头牛平均1500元）卖羊60只（1只羊卖300元），山羊绒收入2000元，1年大约能剩1万多元。

二、伊敏苏木：建于1948年，因伊敏河而得名，土地总面积4399.65平方公里，苏木人民政府驻地毕鲁图距旗政府所在地约80公里，苏木辖吉登、红花尔基、毕鲁图、巴彦塔拉、阿贵图、维特很、伊敏、永丰8个嘎查，其中，4个鄂温克族聚居的嘎查，交通极其不便，不通邮，不通电话，有3个嘎查不通电。

特别是吉登嘎查41户，全部都是猎民，甚至是好猎手，长期从事单一的狩猎生产，1996年禁猎以来特别是"天保工程"的实施，使猎民1997年开始向畜牧业转产，由于猎民牲畜头数少，且不擅长经营畜牧业，生产能力低下，导致大部分猎民成为贫困户。该苏木有牧业户566户。该苏木有鄂温克族人口1051人，其中贫困人口569人，163户。在该苏木我们抽样调查6户。

个案4：第四户：富裕户。男主人BTGRL，49岁，小学文化；女主人WYQQG46岁，都是猎民的子女。双方自由恋爱，已婚25年。有3个孩子。大女儿20岁，呼和浩特市艺校毕业（学3年花费两万多），现在呼和浩特市实习。二女儿，19岁，初中毕业，三儿子，17岁，初中毕业。男主人在呼伦贝尔盟医院动过胆结石大手术，已有9年。

该户有48头牛，其中奶牛15头，10匹马。有草场1100多亩，放牧场有1万多亩，归集体所有。牧业机械设备有小四轮、打草机1套。家庭财产有摩托车、自行车、电子琴。该户收入情况：牛奶收入8000元，卖牛1万元，1年忙完，几乎不剩什么。当地物价很贵，交通不便，运费贵。如豆油4.5元1斤，砖茶16元1块。女主人觉得打猎和放牧养殖均可，两种生产方式兼营更好。看到汉族邻居会种地，女主人也跟着学，自己也能种白菜、豆角。院内的地是自己种的。目前最大的愿望是想申请到贷款，扩大生产。

本村居住偏远，几乎没有娱乐文化生活（本村3年前曾每天有两、三个小时的电。是林业企业自己发电，林场归红花尔基林业局管，林业局又归呼伦贝尔盟林管局管理）。像"三·八"妇女节等都是自娱自乐举行活动。该村妇女生产时条件好的去镇医院，条件差的在家由有经验的人接生。亲友送些奶油、黄油、尿布等。亲属结婚时近亲也给些牛羊。最多的一次是女主人的弟弟结婚，女主人给了1000元。一般葬礼时送些酒或香，就可以了，本村没有信萨满教的人。

个案5：第五户：富裕户，JD嘎查的男主人：BTGRL，49岁，小学文化；女主人：WYQQG，46岁，夫妻双方都是鄂温克族猎民的子女。已婚25年，生有3个孩子，长女21岁，在呼和浩特市艺校读书（3年支出约2万元），次女19岁，初中毕业，在家劳动，儿子，17岁初中毕业，在家劳动。全家4个壮劳动力。今年全部收入：鲜奶6000元＋出售牛10000元＝18000元，人均年收入3600元。家庭全部财产有牛48头，其中奶牛15头，马10匹，承包1100多亩草场。牧业生产设备有小四轮，打草机、搂草机全套。交通工具除了马之外，还有摩托车和自行车。与其他家不同的是有一架电子琴。土木结构的房子是自己盖的，房前屋后，女主人种一点白菜、豆角之类的蔬菜，她说是向附近的汉族人学习着试种的。

三、巴彦嵯岗苏木：位于鄂温克族自治旗东北部，苏木人民政府驻地莫和尔图距旗政府所在地70公里。苏木总土地面积92011.88平方公里，其中沙漠化面积已达1350平方公里，尚有2000平方公里草牧场正在沙漠化。苏木辖莫和尔图、扎格达木丹、阿拉坦敖希特3个嘎查（其中两个是鄂温克族嘎查，一个是达斡尔族和鄂伦春族混居的嘎查。互相通婚，基本都懂3种语言，即鄂温克语、达斡尔语和蒙古语。）和一个林场。还有卫生院、兽医站、文化站等单位。苏木总人口1371人，其中牧业人口941人，鄂温克族人口583人，116户。我们在该苏木抽样调查7户。

个案6：第六户：富裕户：嘎查书记家。男主人HRBYE，57岁，高中文化；是有名的猎手，（男主人的前妻因突发心脏病于10多年前死亡。）再婚的女主人DLMSR，50岁，小学文化，

(通古斯)鄂温克族。男主人共有6个孩子,已有5个完婚。

(1)大女儿WM,33岁,初中文化,大女儿结婚时陪嫁12头牛,盖了56平方米的砖房;大女婿是牧民,有两个女儿,属于小康户。

(2)二女儿在村学校当老师,1个月收入700多元,其结婚时陪嫁12头牛,2匹马,又给盖了42平方米的砖房;二女婿是牧民,是从兴安盟迁过来的蒙古族。

(3)大儿子EDG,现在是呼和浩特市摔跤队的教练,曾获得过亚运会54公斤级亚军。大儿子结婚给了一万元。大儿媳妇是布里亚特蒙古族。

(4)二儿子也与布里亚特蒙古族女子结婚,二儿子结婚时给了14头牛,5匹马,16只羊,1个价值5000元的新蒙古包和1台小四轮。属于中等户。

(5)三女儿TLG,26岁,其结婚时陪嫁6头牛,2匹马;现在满洲里市做买卖,已经离婚,没有孩子。

现有的住房是嘎查集体盖的,目前只有1个小儿子在家,今年10岁,在苏木中心校上学。小儿子学费1年300元。现在家中的发电机有故障,打算买台风力发电机。目前该户有121头牛,其中奶牛56头,羊310多只,马46匹。常年雇工:1家3口人,放牧牛、羊。1个月给700元(有6个月的干活时间)。照看小牛犊又临时雇工,1人(5个月),吃住全包,外加每月300元。产奶的好季节有4个月。临时雇工:两个人挤奶,每人1个月400元。

该户牧业机械设备有四轮,全套打草设备,两个打草机和两个搂草机,1个大拖拉机,有草场6662亩,放牧场有1558亩。该村是统一放牧,由民间自发组织的,每个月给放牧人一定的工资。

男主人曾于1974年学大寨时去过北京,也去过石家庄。

1991年参加劳模代表大会也去了北京。明天男主人要去旗里参加党代会。针对我们的调查 HRBYE 以嘎查书记的身份提出两个问题：一是放牧场很难承受3700头只牲畜，如果牲畜头增加到7000—8000头，则放牧场会不够用。很担心。二是嘎查困难户有10户左右，小康户有44户。嘎查正积极筹划帮助他们发展。

四、锡尼河东苏木：位于自治旗中东部，苏木总面积为3557.19平方公里。全境为东南——西北走向，呈长方形地带。东南部为中低山区，海拔980—1250米，西北部低山丘陵区，海拔700—980米，境内河流较多，主要有锡尼河，维特很河，维纳河等，苏木政府驻地新宝力格距旗政府所在地60余公里。现辖有布日德、罕乌拉、哈日根那4个嘎查。畜牧业是苏木经济的主体。人口是以布里亚特蒙古族和鄂温克族为主，1990年蒙古族是1048人，鄂温克族是602人。现在鄂温克族人口是573人。在该苏木我们抽样调查6户。另外，锡泥河庙现有19个喇嘛，其中有两个是内蒙古佛教学院毕业的，都是本地人，布里亚特蒙古族居多，贫困户的孩子当喇嘛的多。锡尼河东苏木2000年10月出现了一个年轻萨满，是鄂温克族人，他已得病10年，从陈巴尔虎旗来了一个萨满承认了他。这里也有人信喇嘛教和萨满教。

个案7：第七户：富裕户，男主人 SDB，31岁，初中文化，（通古斯）鄂温克族。副嘎查达（副村长），女主人：SJDM，30岁，初中文化，（通古斯）鄂温克族。现有2个孩子，大儿子送到外婆家，即旗政府所在地巴彦托海镇幼儿园。小女儿在身边。家庭财产：有牛20头，其中奶牛10头，羊145只，马3匹，承包草场1000亩，放牧场1000多亩（承包期30年），还有四轮、打草机、搂草机全套畜牧业机械设备。有井，供人饮用。因居住在锡尼河畔，牲畜饮水，依靠河水。现有住房是自己盖的，价值

3万元左右。今年全部收入约3万元［鲜牛奶7000元＋出售活牛活羊各10头（只）22000元］。

该户支出情况：第一：孩子上幼儿园，交托儿费（每月托儿费是120元×12＝1440元）；第二：更新畜牧业机械设备。（今年购打草机等）；第三：正常的生活支出（比如今年1年自己吃掉10只羊，并准备好了过年吃的羊。）因此富裕户的生活是维持收支平衡。1年辛苦操劳，剩余不足1万元。在这样的富裕户家庭，1年的文化娱乐活动如下：

（1）有"三·八"节，在本嘎查文化室、唱歌、跳舞（一般是由妇联组织召集的活动）。

（2）5月中旬或下旬民间自发庆祝丰收节（接羔活动结束）；

（3）6月1日去镇里看望幼儿园或小学中的孩子，礼物有糖果衣服等（大约花100元左右，表示给孩子过六·一节）。

（4）6月18日是本民族节日——瑟宾节，由旗鄂温克族研究会统一组织。

（5）6—7月有祭敖包活动，一直到春节（7—10月是打草最忙的时期，不搞活动）。

（6）春节的重要活动是大年三十看电视、包饺子，更喜欢吃布里亚特蒙古包子，所谓蒙古包子是由纯肉丁放葱而不是放肉馅而制成的。大年三十晚上几家人一起聚会喝酒、唱歌、吃年夜饭、看春节联欢晚会。有些地方不通电，看不到电视，就玩玩扑克，一般喜欢玩灭苍蝇，但不赌博（牧区的牧民普遍不会玩麻将，麻将在草原牧区不流行）。

以上4个苏木的7户富裕户代表了牧民的发展方向，起到了榜样的作用。富裕户基础条件不同，脱贫致富的手段各异。归纳起来主要有以下几个原因：第一，在富裕户中干部带头致富的典型模范户较为普遍，因为干部文化程度高，对国家的政策较为关注和了解，能及时抓住来自各个方面的信息，享受特殊政策的

"优惠"。这种致富类型多数是村长或村支书。他们见多识广，信息灵通，有交际和沟通的能力，敢于和善于经营。此外，在他们的家庭中至少有一个人有固定的工资收入，以保证日常生活；第二，属于勤劳致富型。这种致富类型是基础好，具体表现在3个方面，首先是劳动能力强，且劳动力身体健康；其次，牲畜多而品种全；第三，拥有较大的打草场和放牧场。由此可见，勤劳致富型现在还是靠"牲畜头数"取胜。

富裕户成功的经验告诉我们，牧民在以畜牧业为主的前提下，必须进行科学养畜、多种经营。虽然勤劳致富是必须肯定的，但是从长远的发展利益看不能单纯强调和追求牲畜头数。

第二节 中等户的访谈

一、阿尔善诺尔苏木：位于鄂温克族自治旗西部，苏木人民政府驻地嘎鲁图，距旗政府所在地100公里，苏木辖嘎鲁图、乌兰托格、伊拉拉塔、阿尔善诺尔、查干诺尔5个嘎查。苏木设有畜牧业技术综合服务站、文化站、卫生院和中心小学等8个单位。苏木土地总面积922.58平方公里，畜牧业为苏木主体经济，2000年苏木牲畜总头数达48595头（只）其中大畜11216头，能繁母畜24822头（只），改良及良种畜42090头（只）。围建草库伦11处11000亩，开发饲料种植场工处5000亩，兴建永久性棚舍23座，总面积2750平方米，搭建简易棚圈240座，总面积28800平方米，打大小机井17眼，购置大型拖拉机8台，小型拖拉机186台，打搂草机178台，并于1998年将103.3576亩草、牧场已彻底划分到户。该苏木总人口1237人，鄂温克族人口760人，其中贫困人口472人，130户。在该苏木我们抽样调查7户。

个案8：第八户：中等户。男主人BTJLG，49岁，小学文化；女主人HH，46岁，小学文化，老家是齐齐哈尔市富拉尔基的达斡尔族。女主人大概是1973年时来到此地，当时只有19岁，其母认为这里是牧区，生活好。经亲戚介绍认识现在的爱人，婚前只见过两次面。等于是父母包办的婚姻（女主人姐弟7个。大姐在黑龙江齐齐哈尔市一带；二姐在南屯；大弟弟在巴彦塔拉民族乡；二弟在伊敏矿；小弟在南屯。）。该户院子非常大，有好几大堆草。居住的房子造价3万元，女主人自己正在粉刷新房。室内有电视，有长电，女主人喜欢看新闻和连续剧等（原来住在花7000元买下来的土房里，此房还在。）。现有4个孩子，大儿子25岁，未婚，小学毕业，在农场（麦点）打工；老二女儿23岁，高中毕业已两年，在南屯打工——看小孩；老三儿子11岁时在伊敏河淹死；老四今年13岁，读到小学四年级，就不愿上学了，现放牧牛羊。4个孩子除了老大是蒙语授课外，其余都是学汉语。

该户有牛21头，其中奶牛9头，羊21只，马1匹。草场有2600多亩，其中集体放牧场里有460多亩。主要是靠牛奶收入，全年都能交奶，1年能挣6000—7000元。今年没杀羊，用羊羔换回母羊，平均1年卖上几头牛。有时急用钱向兄弟们借点现金用。女主人爱抽烟（花溪牌1、3元1盒），两天吸1盒烟。女主人会种地，比当地人种的好，种土豆、豆角、芹菜、黄瓜等，自己很少买菜。而且养鸡、养鸭，还养猪。尽管女主人的心脏、肝、肾都不好，但她性格开朗，好强。见到自己的儿女们和满院子的活物就很幸福。其男人很老实，一辈子都听女主人的话，有时喝酒也不耍脾气。女主人心甘情愿为这个家服务，公婆临死前也委以重托，用女主人自己的话说："我是这个家的一把手，而且是一手遮天。"

个案9：第九户：中等户。男主人BB，50岁，小学三年级文化；女主人SRDLM，48岁，小学文化。正在做缝纫活。家中有浓重的酸奶味道。结婚已24年。有3个孩子：大儿子23岁，在家放牧，呼伦贝尔盟农机学校1998年毕业，不包分配。老二儿子，鄂温克中学高中毕业，21岁，现待在家里。老三女儿17岁，在海拉尔一中读高三，是蒙语授课的学校。

该户有40多头牛，其中奶牛20头，羊170只，其中20多头山羊，马10多匹。有1000多亩草场，其中包括放牧场，不用再买草。打草时要临时雇工1人，1天25元，包吃喝。牧业机械设备：打草机全套都有。有小四轮、摩托，有风力发电机，长电。有电视。

收入情况：今年卖了8头牛，最高1500元一头，最低1000元。羊大约200元一只。1年收入两万多，基本维持收支平衡。

家中敬有佛龛和长明灯。夫妻都有信教。二人身体都很好，孩子素质也高，两口子不吸烟，偶尔喝酒，过年大约花1500元。炸果子，烤面包，乘车直接去海拉尔市买烟、酒、糖（糖买5—6斤，散酒10斤，烟两条）。

个案10：第十户；中等户。男主人DB，26岁，自费从内蒙古蒙医学校毕业，女主人SDGM，26岁，布里亚特蒙古族，自费从呼伦贝尔盟卫校毕业。夫妻曾是同学，自由恋爱。现为牧民。已婚3年多，结婚时陪嫁有10头牛，洗衣机、立柜和衣服。男方家盖了房，买了电视、录音机；现在有一个两岁的儿子。孩子是在南屯医院出生的。孩子1周岁时，在南屯吃饭庆祝。室内挂有两人在海拉尔的婚纱艺术照。夫妻一同去过沈阳。女主人正从外面干活进屋，她婚后自己买了小摩托，4500元。今年买了彩电和1套音响。

该户有24头牛，其中奶牛12头，马6—7匹，羊48只。牧业机械设备：有小四轮及全套设备。房子是2000年刚盖的，最低造价两万元（当地一块砖0.25元），建新房之前和婆婆住在一起。分户时有9头牛，2匹马，30多只羊。收入情况：牛奶1年收入8000元，卖了9头牛，最高2500元，最低750元（此地位于牙克石和海拉尔等三角地带，所以卖的价较高）。卖了15只羊羔，平均180元一只。卖草收入也很多（笔者注：随同我们前来的苏木达是女主人娘家的大姑爷）。

个案11：第十一户：属于中等户。男主人BBS，44岁，初中文化；女主人TLG，42岁，高中文化，村党支部委员，妇联主任。已婚有17年，有5个孩子。大女儿，17岁，在旗中学读高三，住校，一年需花费5000元左右。她学习好，是旗级三好学生，在呼伦贝尔盟作文比赛中获得过二等奖。大儿子15岁，因供不起，初中毕业后就没有再上学。老三13岁，老四11岁，在苏木中心校读初二。老五读小学。为了孩子们上学，支出太多。牲畜也卖的差不多了。大女儿的老师请求让其一定要继续上学，所以只有"牺牲"大儿子，大儿子现在负责给老三和老四做饭。该户有大畜10头，其中3头奶牛，2匹马。（最富时曾有大畜20多头）草场有1300多亩，与别人合伙打草，对半分成，因为用别人的打草设备。男、女主人平时也打工，当挤奶工。男主人也会做些木匠活。每年收入约有1万多元，该户自己盖房子支出5000多元。

个案12：第十二户：中等户，GLT嘎查的男主人QMDZHB，57岁，鄂温克族，小学毕业；女主人，WLQQG，52岁，小学毕业，鄂温克族，现已患肺癌晚期，住旗医院治疗。夫妻二人于1969年结婚，生有两个孩子，女儿1999年出嫁，当时家境良好，女儿出嫁时，陪送牛10头，电视机、洗衣机和四季衣服等。儿子现年27岁，高中毕业回家放牧，已为儿子结婚准备了一座价值3000元的蒙古包。2000年初发现女主人患病，至今已卖出20多头牛（1头牛1000元左右，约2万元）支付女主人的医疗费用。现在家庭全部财产有牛30头，马3匹，羊30余只，承包3000亩草场和放牧场；机器设备有四轮、打草机、搂草机全套。和土木结构住房。今年鲜牛奶收入 8000 元。父子两人滴酒不沾，男主人1 天吸 1 盒烟（当地人喜欢花溪牌香烟：1.30 元 1 盒）。该户基础较好，3 口人中有两个壮劳力，今年人均收入在 2700 元左右，但是女主人继续住院治疗，该户将有可能因病返贫，最终成为贫困户。

个案 13：第十三户：属于中等户。男主人 ZBDEED，43 岁。曾在辽宁当过 3 年兵，女主人 ADGRL，43 岁，是 HQ 嘎查的党支部书记。去年开始患有坐骨神经痛（其家务分工不明确，男人肯主动帮忙。妻子女红很好，男主人自豪地展示自己身穿的蓝色蒙古袍，是妻子给做的。），夫妻都是初中毕业，自由恋爱结婚。现有一个儿子 17 岁，患有癫痫，儿子看病支出很多（他们认为儿子结婚档次不能比别人低，儿子结婚一定要比女儿出嫁花钱多，现在要慢慢积累）。女儿 15 岁，患有先天性脱白，在内蒙古那日松专修学院学英语，学院减免一半学费，学费交 1000 元，管理费 500 元（今年 10—12 月已寄出 1000 元，开学时带走 2400 元。）。

该户有羊 100 来只，牛有 30 多头，马有 5、6 匹。按常规 1 年大约卖掉 30 只羊，自己管理自己经营。牧业机械设备：有打草机、搂草机、四轮各 1 套。草场有 750 亩，放牧场有 2000 多亩，都是 1998 年承包的。5—10 月牛奶定期给南辉乳品厂，1 公斤 1 元。

该户收入情况：1 年人均收入 2700 元，年收入 1 万元左右，家中有记账。

以上 6 户属于中等户，家庭基础较好。基本上是单纯依靠畜牧业生活。表面上看其收入和生活水平比较稳定。主要表现是家庭人口的身体状况比较好。但是我们必须看到中等户比较稳定的生活背后隐藏着一定的不稳定因素。比如，突然发生意外，遇到自然灾害或者像上述的第十二户个案，有人生病等等。生活质量则不能保证。

第三节 贫困户的访谈

根据鄂温克族自治旗政府的统计，2000年有鄂温克族人口9647人，占全旗总人口的6.6%，鄂温克族贫困户有1373户，占全旗鄂温克族总户数的54.9%，鄂温克族贫困人口有5013人，占全旗鄂温克族总人口的52%。（详见表12）

表12： 鄂温克旗鄂温克民族贫困人口情况一览　　2000年统计

所在地	贫困户数	贫困人口
巴彦托海镇	352	1339
伊敏河镇	67	233
红花尔基镇	23	82
大雁镇	53	187
巴彦塔拉达斡尔民族乡	31	107
辉苏木	235	913
阿尔善诺尔苏木	130	472
伊敏苏木	163	569
锡尼河西苏木	20	69
锡尼河东苏木	140	495
孟根楚鲁苏木	43	450
巴彦查岗苏木	116	397
合计	1373	5013

巴彦托海镇是鄂温克族自治旗的政府所在地，距呼伦贝尔盟政府所在地海拉尔市9公里，土地面积为546.82平方公里，全境东西高，中部低，平均海拔613—800米。海伊铁路和公路纵

贯南北。镇政府辖有 12 个居民委员会和胜利、红旗、火星、团结、爱国、雅尔斯 6 个嘎查，1 个牧场。畜牧业是镇 6 个嘎查的经济主体。饲养奶牛历史悠久，并构成家庭收入的主要经济来源。该镇有鄂温克族人口 3203 人，贫困人口 1339 人，贫困户 352 户，在该苏木我们抽样调查 7 户。

个案 14：第十四户：贫困户，TJ 嘎查的男主人 THSH，41 岁，鄂温克族，1978 年高中毕业，原籍托河，1981 年迁入此地时与来自齐齐哈尔地区的达斡尔族女子 ZHXX（现年 42 岁，初中文化）相识并结婚，生有 3 个孩子。长子：TYG，16 岁，2000 年 7 月考入北京中央民族大学附中高一年级三班；次子：15 岁，早在 8 岁时患上肾病综合症，从此休学在家；女儿 12 岁，在河东小学读四年级。现在全家的财产只有一间价值 1500 元的旧土房，1998 年入住至今．还欠房款未交齐。6 头牛，其中 4 头牛，是 2000 年旗扶贫办给的扶贫牛，房前有菜园子，自己种点菜，卖一点土豆。因为男、女主人都是来自农区，会种地。冬天男主人出去割柳条子，自己编土篮，一个土篮在当地卖价为 7 元，1999 年冬曾编 80 个土篮；夏天电网改造时曾去当力工，一天挣 20 元，但这种打工活不好找。而且家里有牛也离不开人，女主人患有轻度心脏病，平时料理家务，干不了重活。现在长子在北京上学，其消费依靠亲友帮忙资助。

个案 15：第十五户：贫困户，男主人 TCS，42 岁，无文化，女主人 GYN，37 岁，初一文化，已婚 18 年，有 3 个孩子。老大 17 岁，上到初二，因为上不起学所以今年春天刚停学；老二 15 岁，在中学读书；老三小学五年级，由希望工程扶助。镇政府每月给该户 60 元，已扶助了两年。

该户无牲畜，草场有 230 亩，现在草场已严重退化。该户收入来源靠男人外出打工（男人有气管炎），男人在锄草站捆草，1 捆 8 角，属于季节性的活，有活就干。女人管理家务，种地，种土豆、白菜，够自己吃，开春时再买点。屋内有地窖，有时买上一、两袋土豆。女主人身体不好，手脚没劲。已有十来年的病史，估计是坐月子落下的病。当时是由私人接生的。该户有长电，有个小黑白电视机。室内养4条小狗，1只活鸡，到处乱窜。卫生条件较差。

个案16：第十六户：贫困户男主人DPZ，54岁，小学二年级未读完，1970年时，从黑龙江嫩江县来此地，是1家3口人一起过来的。女主人HSF，52岁，达斡尔族，初中文化。有风湿病、心脏病和高血压，手不好使。大女儿31岁，初中未读完，丈夫是达斡尔族牧民，有两个女儿，属于中等偏下户，勉强凑合过日子；老二是儿子，儿媳妇是达斡尔族，两口子在南屯打工，在南屯花7000元买了土房（因为当时其他几个孩子都在南屯上学）；老三是儿子27岁，初中未读完，在南屯放羊（雇工），每月300元。曾处两个对象都黄了。老四是儿子25岁，初中毕业，在家待着；老五是儿子23岁，小学毕业，在家待着；老六是女儿17岁，初中没读几天就回家闲待了。几个孩子曾在外打过工，挣不到钱。

该户有3头大牛，1头小牛，5—6只羊。去年丢1头牛，今年牛吃多了又涨死一头。有草场970亩，承包30年，已严重退化，没有钱，也围不起栏。男主人夏天也打几天工，但干完活，很久也领不到工钱。该户无其他收入。男主人回忆说：1987年左右日子还相当可以。

该户目前欠卫生所300多元，欠粮店500—600元。今年买了两汽车的草，花2400元，还欠1900元未还。

当地畜产品价格：鲜牛奶1公斤1元；1只羊约240—250元，当年公羊羔1只约160—180元；山羊绒1公斤360—400元；羊毛1公斤约10—12元，羊皮1张夏季约20元，秋、冬季约50元；羊肠1根约10元，羊肉1公斤约12元。

个案 17：第十七户：贫困户，属于辉苏木所辖的 XGT 嘎查，男主人：JH，28 岁，女主人 ADTY，28 岁，夫妻双方均为鄂温克族，小学文化，1992 年结婚，现有两个孩子，女儿 7 岁，在苏木小学上学，住亲友家，每月交 100 元，包吃住和学费。儿子 4 岁。该户全部财产只有 1 座蒙古包、1 头牛，无犊。承包 400 多亩草场，草场出租，租金 1 亩 2 元，全年收入 800 元；两个孩子依靠民政扶贫补助，1 个孩子 1 年 200 元，（2×200 共 400 元）此外，夫妻二人被雇工给富裕户家养牛（20 多头）已经 3 年，每月工资是 150 元。累计全家 4 口人，1 年全部收入是 3000 元，人均年收入 750 元左右。女儿上小学，1 年需要支出现金 900 元左右。

个案 18：第十八户：为第三户雇工的贫困户。男主人 BLJNM，58 岁，小学文化，在南辉出生。女主人 HM，50 岁，小学文化，二人均为布里亚特蒙古人。已婚有 30 年。（大儿子在孟根朝鲁苏木成家，属于中等户，儿媳妇也是布里亚特蒙古人，现有 1 个两岁的孙子。儿子结婚时给买了 1 座蒙古包，其中一半的钱是舅舅家给出的。因为舅舅把外甥一家调到孟根朝鲁苏木。大儿子自己单过。依靠和照顾舅舅一家。不再赡养父母。女儿嫁给鄂温克族，属贫困户，现有 1 个 1 岁的儿子。女儿结婚陪嫁有行李和衣物等。）目前身边还有 1 个 11 岁的儿子，去年开始有病，心脏和神经都不好，经常头痛。看病已经支出 600 多元。

在儿女们没有成家时该户属于中等户，1983 年时还有 20 多头牛，100 多只羊，1984 年遭受大"白灾"牲畜死亡一半多。损失严重。现在自己有 1 间土房、两头牛，有草场 900 多亩，但已闲置，因为位置不好（在河西）。该户无富亲戚，亲戚之间也不太往来（笔者注：此户访谈是在其雇主家进行的）。

个案 19：第一十九户：贫困户。男主人 SRZB，38 岁，无文化；女主人 QQGM，30 岁，无文化。1986 年结婚（据当地贫责人说：两口子都有点智力不全。男主人兄弟姐妹 7 个，有两个日子过得不错。他排行老六，是民政扶贫对象，每年补助 200元。女主人兄弟 5 个，其母亲智力有些问题，家族遗传），抱养 1 个女儿 11 岁，住亲戚家，1 个月给 120 元。

该户有蒙古包，夏天能用，没有毡子，冬天御寒不行。现在住的是男主人三哥家的破房（其三哥 40 岁，小学文化，有病没有结婚，一直和弟弟、弟媳两口子住在一起。经常出去打工挣钱，比如：被雇工打草、挖草、放羊等，不是民政扶贫对象，但是逢年过节民政给 1 袋面、1 袋米和砖茶等）。

该户有牛两头、牛犊两头。产奶的好季节（3 个月）一天产 5 公斤奶，1 个月能收入 150 元（结婚时曾有 10 多头牛）。草场 400 亩，自己打草。

牧业机械设备有小四轮，女主人夏天通常 4 点起床，挤奶烧奶茶，然后赶牛去吃草，送牛奶，白天看牛犊。下午把牛赶回、牛犊拴上，再挤奶、送奶。晚 8 点钟日落而息。

个案 20：第二十户：为第六户雇工的贫困户：男主人 TMEBT，44 岁，初中文化（抽青城牌的香烟，喝点酒）。女主人 EHTY，42 岁，初中文化。1978 年结婚，有 5 个孩子。大儿子 21 岁，初中肄业，现靠打工求生。二儿子 19 岁，因口齿不行，没有上过学。三儿子 16 岁，小学毕业。四儿子 14 岁，小学五年级，（住在亲戚家，一个月给 130 元）老儿子 12 岁，天生口吃，不上学。家里一直想要个女孩，所以一连生了 5 个儿子，很不甘心地决定不再要孩子了。

现在该户有 4 头牛，10 多只山羊，草场 1000 多亩，自己用。两口子身体都很好（男主人的母亲今年 78 岁，和男主人的弟弟一起过，他们属于中等户），雇主与雇工的关系很融洽，当雇主的儿子结婚时，雇工一家像亲属一样随了 100 元（一般最少 50 元）。该户收入情况：牛奶（4 个月）收入 1200 元，山羊绒

700元。

个案21：第二十一户：重点扶贫户。男主人HYD，45岁，小学没毕业；女主人ALQQG，41岁，读到初一，有气管炎。再婚12年，有4个儿子，1个女儿。大儿子20岁，是其妻与前夫的孩子，在给别人打工放羊。后3个孩子在林场学校上学（林场学校有3个老师，归林业局管理）。

该户有4头牛，1个大乳牛，1个牛犊，1个三岁牛，1个两岁牛。6—8月产奶旺季时，1个月收入200元。房子是政府给盖的扶贫房。室内有沙发和1套组合柜都是别人送的。冬天又卖了1头牛，卖了1700元（最富时曾有30多头牛，300多只羊。男主人的弟弟从马上摔下来，家里为其治病卖掉许多牛羊，弟弟还是去了。从此生活每况愈下）。目前的生活：早晨和中午喝奶茶，吃烙饼。晚上煮面条或大米粥（吉登嘎查交通不便，都是自然路。无电，不通邮），最低生活保障金每人1月60元，由旗民政补助。

该户有草场850亩，放牧场被侵占，所剩不多（笔者注：林业扩大林业实验区占了不少草场。林业和地方有争夺资源的矛盾。此地草场纠纷矛盾突出）。男主人爱喝酒，曾是一位好猎手。本村老猎手有10来个。过去打猎时，通常6月份打鹿茸，11—12月下雪时打狍子、野猪等。1996年刚转产时护林员补助每月36元，现在已经不给了。

个案22：第二十二户贫困户，JD嘎查的男主人：HYD，45岁，小学辍学，再婚。女主人：ALQQG，41岁，初中辍学，夫妻双方均为鄂温克族，已婚12年，生有4个孩子。男主人前妻留有1个儿子，现年20岁，被雇工给富裕户放羊，解决了自身生存。再婚所生4个孩子，1女3男都在林场学校上学。该户的住房是政府给建造的砖瓦结构的扶贫房。家庭全部财产只有4头牛，承包850亩草场。男主人原是一名好猎手，现在养牛无经验。6—9月产奶旺期，鲜奶收入1个月有200元左右。（200×4头牛＝800元）除此之外，旗民政将该户列为重点扶贫户，每月给每人补助60元为最低生活保障金，全家6口人×60元＝360元。该户全家全年收入为：800元＋6×60元×12个月＝5120元，人均年收入854元。本地交通极其不便，物价高：1块砖茶16元，1斤豆油4.5元，1斤盐1.80元。

个案23：第二十三户：贫困户。男主人ADY，56岁；女主人QMD，51岁，布里亚特蒙古族，两人都是小学文化程度。有两个女儿，1个儿子（儿子本是东旗一个蒙古族人家的孩子，在6个月时被收养），现年10岁，小学三年级，学汉语。苏木团委帮助其交学费。大女儿已出嫁，二女儿19岁，只读到初一。在南屯打工——看孩子，包吃住一个月120元。女主人有骨结核，临时被雇工——帮雇主拣牛粪。男主人眼睛不太好，曾被雇工——看羊；每月能挣150—200元。近几个月因眼睛不好，不能打工。

该户有1头牛，两匹马有草场800多亩，自己打草。民政出2000元帮助该户购置了房子（1989年前曾有20多头牛，因女主人治病，卖掉了很多牛。从此开始因病家庭经济急剧滑坡）。

个案24：第二十四户贫困户，WLTG嘎查的男主人：BLG-SR，37岁，小学毕业，鄂温克族。女主人叫WLTY，34岁，鄂温克族，夫妻二人自由恋爱。于1987年结婚，生有4个孩子，3个女儿1个儿子，年龄分别是12岁、11岁、9岁和5岁。女主人于3年前弃家出走，现在下落不明。男主人现在1个人带3个孩子生活（最小的孩子已送给小孩的姑姑家）。3个小孩都在苏木中心校上学。学校承包一个，嘎查承包一个；由男主人自己负担一个。该户家庭全部财产是一个简陋的蒙古包（我们于2000年12月15日上午入户，当时当地气温是零下28度，5—6级风，蒙古包内一贫如洗，而且未生火，蒙古包内温度也是零下

28度,当天早饭吃的是白水煮挂面。剩下的面条汤已冻结成冰),和600亩草场,草场出租,租金一年是1200元,大小牲畜皆无,甚至连一条牧羊犬都没有,男主人在附近给富裕户家起牛粪等干点杂工活,能维持自己的生存,旗民政每年给每个孩子70元困难补助。该户脱贫困难,原因是孩子多,孩子小,男主人不能到离家很远的地方去打工,在附近,又找不到挣钱多的活。且婚姻的不幸,使男主人沉默寡言,失去生活的信心。

个案25:第二十五户:贫困户。女主人AYDLGE,50岁,有严重心脏病和高血压,寡居。男主人患食道癌已于两年前去世。他原先是个好猎手,家中牲畜多,草场也大,为了治病把牲畜全部卖掉,还曾去过北京做手术。目前大儿子27岁(是男主人与前妻所生的孩子,男主人与前妻离婚,女儿归前妻所有)。属于贫困户。现在的女主人所生的二儿子今年18岁,刚参军。三儿子15岁,在苏木中学读初三。四儿子9岁,在苏木小学读书。还有五儿子被别人抱养了。该户只有1200亩草场,距家有35公里,自己经营不了,交给草场改良。改良期为5年,现已是第四年。改良有保障金(先种地,等到5年,后再种草),返还补偿金一年12000元,这是家里唯一的收入。有草场,但是改良到期草场还回给女主人时。就没有12000元的收入了。前景堪忧。该户干净整洁,有电视、VCD、家具和电话(安装花了300元)。据说二儿子喜欢摆设、讲究卫生。该户困难,嘎查把车库装修成住的房子安顿了一家人。

个案26:第二十六户:贫困户,ZGDMD嘎查的男主人:DRZH,52岁,小学文化,现已瘫痪7年,躺在冰冷的房屋小炕上,行动十分困难。女主人,GRL,患肺结核病于1997年,43岁时去世。现有一子TMR,22岁,小学四年辍学,生活和生产能力较弱,更不会照顾瘫痪的父亲。现在该户所住的房屋是嘎查统一盖的专门配给贫困户居住,TMR告诉我们,现在家中承包1019亩草场，有牛和马14头，其中奶牛4头。今年鲜奶收入是2000元，又卖掉2头牛犊，收入1600元，全年共收入3600元，因为自己家没有打草等畜牧业生产工具，所以与人合作打草，5比5分成。这个家庭早在1993年时，是本嘎查的富裕户，自从父母生病，母亲去世后，每况愈下，已因病致贫。1999年冬嘎查已给该户50捆草（喂牛）的扶贫补助。

个案27：第二十七户：贫困户，ALTAXT嘎查的女主人BTH，60岁，小学文化，其丈夫亦因食道癌于1975年去世。女主人现在和28岁的小儿子（未婚）一起生活，家中只有2头牛和800亩草场。女主人60岁依然辛勤地劳动。儿子长年被雇工，给富裕户家放羊。女主人生育7个孩子，大女儿QYTY，今年已40岁，只上到小学二年级，出嫁到红旗嘎查，丈夫因病去世，一个人带4个孩子，家境属于下中等户；二女儿SHYGRL，38岁，有丈夫和3个孩子，家境属于中等户；老三是儿子今年37岁，已离婚，自己带1个女儿过，家境属于下中等户；老四是儿子，有妻子和1个儿子，家境属于中等户；老五是女儿，34岁，现有丈夫和1个儿子，家境属于下中等户；老六是女儿，32岁，有丈夫和两个孩子，亦是贫困户；这样一个大家庭，早在25年前，男主人因癌症去世时，家中最大的女儿15岁，最小的儿子只有3岁，女主人辛苦操劳一生，都没有脱贫致富，而且由于家庭基础不好，牲畜少，儿女结婚时分不到（财产）牲畜，虽然组成了6个小家，几乎家家都无牲畜（财产），最好的两户为中等户，3户为下中等户，妈妈和小女儿都是贫困户，一代一代在贫困线上挣扎。

个案28：第二十八户：贫困户，男主人MSRDEJ，70岁，（通古斯）鄂温克族。初中文化，曾学过4年日语，现在仍然会说常用日语。女主人NM，61岁，小学文化，（通古斯）鄂温克族。老人家一生曾生养5个孩子，（3个儿子在"文革"中被打死，1个孩子送人），现在只有死去的大儿子留下的一个孙子和老人一起生活。老人的家无牲畜，只有480亩草场，打草出售，能收入400元左右，旗民政扶贫一个季度给250元最低保障金（累计一年1000元）。男主人会电焊活和小木匠活，经常做椅子、凳子、修门等杂活贴补家用。但1995年摔断7根肋骨，干不动重活。该户的房子里养了几只鸡（这是我们在草原上看到的第一个养鸡的人），老人唯一活着的3儿子：BYDL，38岁，长年打工，替人打草，养牛等，已结婚，生有3个孩子。现在还无住房，暂时借住在嘎查的旧活动室里，大而冷。其家庭全部财产是两头牛和600亩草场，一辆小四轮，由儿媳妇负责养牛、照顾3个孩子和两位老人。两个家庭都是贫困户。隶属于锡尼河东苏木。

相对于富裕户而言，贫困户的家庭不仅是畜少人多，且主要劳动力身体欠佳，几乎每户都有病人，致使劳动能力减弱，最终因病致贫。另一个因素是贫困户的文化低，靠天游牧的思想较为严重，生产方式单一，普遍缺乏生产技能，达不到规模经营，生活的自救能力较弱，牧民的收入来源完全依靠活畜销售或畜产品销售。

第四节 陈巴尔虎旗的个案访谈

鄂温克苏木成立于1953年10月8日。地方志对历史沿革的记载是1948年鄂温克人创建哈吉嘎查开始，到1949年组建特尼河苏木，1953年5月迁址那吉，同年10月改称"鄂温克苏木"，1958年改称"鄂温克人民公社"，1984年恢复重建鄂温克苏木人民政府，政府所在地阿达盖。如今鄂温克苏木辖阿尔山、毕鲁图、哈吉、恩和、辉屯、孟根诺尔、雅图克7个嘎查和那吉林场，阿达盖居民点（苏木所在地）等单位。总面积为6037平方公里，全境东西窄，南北长，呈长方形。草场面积5540平方公里。在此我们调查了2户。

个案29：第二十九户：中等户，男主人：EEDBT，49岁，初中文化，是巴尔虎蒙古族。女主人：DLM，47岁，初中文化，是（通古斯）鄂温克族。夫妻二人于1979年结婚，现有3个孩子，都报鄂温克族，长子20岁，现在呼伦贝尔学院读大专；长女18岁，毕业于呼伦贝尔盟卫校，现在呼伦贝尔盟医院自费实习（自费每年交1000元实习费）。小女儿16岁，现在陈巴尔虎旗旗所在地读初中四年（小学五年制，初中四年制），租住在老师家，每月房租170元。该户现有6000亩草场，牲畜254头（只），其中牛50头，奶牛20头，1个月鲜奶收入平均3000元左右，一般是5—10月为产奶期，如此累计3000元×6个月＝18000元（当地奶牛是普通改良牛，1年约产奶1吨左右，而当地牛奶价格1公斤约0.80—1.00元人民币）。马4匹（自己骑乘）。羊200多只，其中山羊30只。今年卖山羊绒2000元（一市斤山羊绒价：180—200元人民币，自1999年开始山羊绒价格升高。1999年以前山羊绒价是每斤80元）。收入方面：还出售牛10头（平均每头1600元人民币）、羊50只（平均每只羊200元人民币），因此该户毛收入是18000＋2000＋1600×10＋200×50＝46000元人民币，虽然该户年收入已达5万元人民币左右，但也只是收支平衡，维持最基本的生活。原因如下：

第一是有3个孩子上学读书，支出很大。第二是雇工（南方男孩，已雇其3年，工作是单一的放羊）放羊，雇工工资每月300元，并包吃包住。第三是基本建设投资较大（该户在1998年火灾之后，购置四轮拖拉机、打草机、搂草机全套畜牧业工具；并建有96平方米"木刻楞"住房，造价约3.5万元人民币）。

个案30：第三十户：贫困户，男主人：HBSHL，33岁，小学文化，是（索伦）鄂温克族，女主人：SRDLM，小学文化，是（通古斯）鄂温克族，男主人再婚于1987年，现有长女为前妻所生，再婚后所生3子分别是12岁、7岁、6岁，现有二子在苏木小学住校，两个学生每年需要支出：1400元×2＝2800元人民币。该户现住"地窨子房"（1998年火灾后自己搭建的）。全部家庭财产有5000亩草场，10头牛，其中奶牛5头（今年鲜奶收入约3000元人民币），2匹马和一辆小四轮（1999年购买的）。无井、冬天用冰化水，人畜饮用，因无羊，今年购买1只羊，全家人吃。平时喝奶茶、吃挂面、土豆等，自己不种地。现在欠苏木学校的学费，希望明年能盖一间"木刻楞房"。男主人身体好，是家庭主要劳动力。因无钱喝酒，所以不喝，女主人患有心脏病，甚至有点呆痴状。男主人自己分析说：贫困的原因是孩子太多，今后不再生育。

在入户调查的基础上，我们对陈巴尔虎旗鄂温克苏木的牧民生活状况进行了初步统计，鄂温克苏木总共565户，2346人，其中鄂温克族420户，1560人。主要以畜牧业为生，历来的生产生活、方式是游牧，经营单一，自我发展能力很差，基本处在自然畜牧业阶段。据2000年7月1日统计，鄂温克苏木大、小牲畜共82156头只，其中牛15164头，马2273匹，羊59139只，山羊5580只。而鄂温克族家庭（户）拥有牲畜数量统计如下：（详见表13）

表13： 陈巴尔虎旗鄂温克苏木鄂温克族家庭（户）拥有牲畜统计表

牲畜数（头/只）	0	1至50	51至100	101至150	151至200	201至300	301至400	401至500	501至600	601至700	701至900	901至1000	1001至1500
户数	30	175	68	24	17	36	24	17	9	3	5	1	4

鄂温克苏木牧民中，富裕户极少，中等（偏下）户、贫困户占多数。甚至还有 30 户（特困户）无牲畜户。由此可见，鄂温克牧民的生活水平普遍较低，大部分游牧的牧民依然居住蒙古包，定居牧民普遍居住在"地窨子房"里。交通工具还是畜力，仍然处在靠天游牧的自然生存状态。多数牧畜没有实现棚圈化、打贮饲草机械化，还靠散放或游牧经营。因为，分畜到户以后，以户为单位进行棚圈、水利、饲草料基地等建设项目都很困难，使草原畜牧业的脆弱性更加凸显。1978 年以来牲畜的经营权和所有权逐步归牧民个人，以户为单位从事生产的牧民都面对"小而全"的牲畜结构的挑战。首先是牧户压力很大：劳力不足，技术准备不够。牲畜的疾病防治、配种、改良等等很难进行有效的经营管理。其次，特别是分畜到户以后，牧户抵御自然灾害、保护牲畜的能力大大降低。不下雨成旱灾，雪大成白灾，不下雪成黑灾。各种灾害频繁。例如：1984 年该旗遭受严重的雪灾，损失牲畜 10 万多头（只），占本年度牲畜总头数的一半。由此导致牧户牲畜头数减少，生活水平降低，从而严重制约了经济和社会的发展。

第四章 物质生活

第一节 收入与支出

一、收入

牧民的收入主要依靠出售牲畜及畜产品所得。1958年秋，鄂温克族自治旗实现人民公社化，人民公社除集体从事畜牧业外，还从事种植业、副业等生产，社员收入逐年提高。1958年人均收入129元，1966年人均收入157元，1976年人均收入188元，1981年人均收入提高到380元。1982年以来，随着经济体制的改革，牧民在经营上有了更大的主动权，经营更加灵活，家庭副业生产增多，收入也随之增加。1982年人均收入483元，1985年人均收入601元，1988年人均收入633元，1989年人均收入896元，1990年人均收入1014元，2002年人均收入3685元。

1990年统计，在鄂温克族自治旗3883户牧业户中，人均收入2000元以上的有383户，占总户数的9.86%；1500~2000元的有127户，占总户数的3.27%；1000~1500元的有894户，占总户数的23.02%；800~1000元的有1022户，占总户数的26.32%；600~800元的有1022户，占总户数的26.32%；500~600元的有127户，占总户数的3.27%；300~400元的有255户，占总户数的6.58%；低于300元的有53户，占总户数的1.36%。根据国家统计局1985年确定的贫困（200元以下）、温饱（200~500元）、小康（1000元以上）的标准来看，牧民的温饱问题已经基本解决，牧民整体上已经由缺吃、少穿的贫困状态跨入了既有吃有穿的温饱阶段。

牧民的具体收入来源，主要包括三个部分，即从集体生产中获得的收入、家庭经营收入和其他非生产性收入。其中家庭经营收入主要包括农业（种植业）收入、牧业收入、采集捕猎收入和运输收入等。

举例来说，1985年鄂温克族自治旗牧民总收入是976.7万元，其中牧业收入为772.8万元，占总收入的79.13%；农业收入为1.8万元，占总收入的0.18%；工业收入为2.7万元，占总收入的0.28%；交通运输业收入为27万元，占总收入的2.76%；副业收入为66.2万元，占总收入的6.78%；卖草收入为17.3万元，占总收入的1.77%；服务性行业收入（商业、饮食、旅店、劳务）为24.1万元，占总收入的2.47%；其他收入为29.9万元，占总收入的3.06%；燃料（牛羊粪）收入为34.9万元占总收入的3.57%。从统计局调查显示的数字看，1982~1990年，30户牧民收入情况（详见表14）所示：

表14：　　　　1982～1990年30户牧民收入情况表　　　　单位：元

项目 \ 年份	1982	1983	1984	1985	1986	1987	1988	1989	1990
一、全年总收入	121107	175168	281755	222638	161908	187755	256462	242850	251902
（一）从集体所得	56000	10024	3220	2000		2393	120		608
（二）家庭经营收入	61113	160912	254965	212085	152759	175641	244947	229080	241333
1.农业收入			3307	40	344	615	569	290	2334
2.牧业收入			180246	131528	106319	137450	182929	179533	133516
3.采集捕猎收入			61341	66294	40389	33845	60179	38068	102005
4.运输业收入			5244	695	360			2000	814
5.其他收入			4827	9028	5347	3704	730	9189	2665
（三）其他非生产收入	3994	4232	24470	8553	9147	9748	11395	13770	9961
二、全年纯收入	109419	162019	210419	163629	112562	122013	148874	159750	178415
人均收入	542	783	1002	779	708	753	846	916	1014

另外，我们在鄂温克牧民比较集中的辉苏木调查了解到了关于牧民生活的详细数字，1990年人均收入802元，1996年人均收入2370元，1999年人均收入2750元，2002年人均收入3207元（详见表15）。

表15：1984～1990年鄂温克族30户牧民出售产品情况统计表

项目 \ 数量年份	单位	1984	1985	1986	1987	1988	1989	1990
1. 牛	头					59	72	45
	元					50018	62905	30058
2. 马	匹					2	9	11
	元					1250	7040	6570
3. 绵羊	只					217	79	40
	元					33360	13130	4800
4. 山羊	只					3		2
	元					70		90
5. 绵羊毛	公斤	1415	593	1772.5	1552	1982	589	991
	元	3258	2225	5942	6785	6696	2702	1525
6. 山羊绒	公斤		3.5	4	3	5	7	8
	元		92	145	90	630	622	717
7. 大畜皮	张	78	10	25	15	19	15	10
	元	1490	422	1469	877	2325	1133	623
8. 羊皮	张	1167	151	172	280	154	131	79
	元	4471	702	1650	4441	3050	1796	636
9. 鲜奶及奶食	公斤	111543	113279	130416	55750	127533	141675	146674
	元	36810	47432	45104	41349	58767	64535	63896
10. 饲草	公斤	169738	868022	723802	2125	410026	228571	282896
	元	5930	20550	37496	250	18338	10000	13450
11. 野生植物	公斤					249	203	5
	元					2073	1827	188
12. 其他	元	87210	1020	19894	3503	635	2085	780

1990年以前，电视机、洗衣机、冰箱、收录机等在牧民家庭中很少见，是稀罕物。20世纪90年代后，黑白电视机、收录机开始进入普通牧民家庭中。2000年以来，牧民生活水平迅速提高。随着电力、通讯事业的发展，牧民家庭购置彩色电视机、电冰箱、组合音响和VCD影碟机、手机、摩托车等耐用品逐渐普及起来。生活条件好的牧户还拥有越野车、农用车、地面卫星接收器等等。事实证明牧民的生活越来越好。2002年辉苏木全部1041户，拥有电视机710台、冰箱230台、摩托车523辆、手机500余部、地面卫星接收器420台。与此同时，牧民的居住条件也日益完善，结合3处奶牛村的建设，50户牧民从蒙古包和土坯房中搬进了安全明亮的砖木结构房，到2002年辉苏木牧民的入住率达到了20%。

调查的结果是2002年，这30户牧民家庭的总人口为133人，有劳动能力的75人。总收入1032737元，人均7764.94元。其中可支配收入490041元，人均3684.50元。在总收入中，工资性收入16090元，人均120.98元；家庭经营性收入1000979元，人均7526.16元；财产性收入4326元，人均32.45元；转移性收入11352元，人均85.35元。

二、支出

牧民的支出主要包括生产费用支出、缴纳税款、生活消费支出、非生产性支出等（详见表16）。

根据30户牧民家庭的调查显示，生活消费支出总额97481元，人均553.87元。其中生活消费品支出91190元，占消费支出的93.55%，文化服务生活等非商品支出6291元，占消费支出的6.45%；在生活消费支出中，食品支出占66.33%，衣着支出占12.19%，住房支出占0.21%，燃料支出占11.71%，日用品及其他支出占9.56%。

由此可见，在牧民收入水平逐年大幅度提高的同时，牧民的平均消费水平也在同步提高。消费结构悄然发生了变化。（详见表17）

表16： 1982～1990年30户牧民消费情况表　　　　　单位：元

项目＼年份	1982	1983	1984	1985	1986	1987	1988	1989	1990
全年总支出	107654	115564	234782	152692	109571	158958	222906	184833	160010
一、家庭经营支出			59567	44795	36099	49025	66866	63522	51999
其中：牧业生产支出	11688	13149	55056	43304	34926	37608	65541	58744	51659
二、购置生产性固定资产支出			44490	6667	2630	12805	22620	8700	1137
三、缴纳税金	2658		1502	1888	1106	1307	1674	1814	3873
四、上交集体承包				90			22400	2000	
五、生活消费品支出	89486	81599	128895	96447	69536	95821	106301	103042	97481
其中：1. 生活消费品支出			117594	84616	64802	84158	100083	92826	91190
2. 非商品支出			7921	11831	4734	11663	6218	10216	6291
六、其他非生产性支出	3822	20816	328	2805	200		3045	5755	5520

表17：　　　　　　　　牧民平均消费水平　　　　　　　　单位：元

年　份	按当年价格计算	按1980年不变价格计算
1984	491	446
1985	529	448
1986	538	448
1987	584	448
1988	741	513
1989	816	534
1990	844	547

除上表所显示的数字外，2002年的最新统计，30户牧民生活消费支出总额达到984945元，人均7405.60元。其中家庭经营性支出385836元，人均2901.02元；购置生产性固定资产支出71000元，人均533.83元；税费支出96元，人均0.72元；生活消费支出474684元，人均3569.05元；财产性支出1500元，人均11.28元；转移性支出51829元，人均389.69元。随着生产的发展和物质交流的增强，牧民生活水平在不断地提高。

第二节 日用品和固定资产统计

解放以前，鄂温克族牧民的日常生活用具非常简陋，只有简单的几种。一是木制的盛食具、装衣物的箱柜；二是低矮长条的桌子；三是奶桶，过去都是木桶或桦树皮桶。（20世纪50年代后，除酸奶桶是木桶外，铁桶已经占多数。在各家各户都可看到一种新型奶桶，"毕桶"大的能盛30～40斤牛奶）四是库车，鄂温克语称其为"舍呼"，当作仓库用，不急用的衣着、肉干、乳制品、米面以及重要的东西，都放在里面。

新中国建立以后，随着牧业生产的发展和牧民生活水平的提高，牧民家庭拥有耐用消费品的数量大大增加。从30户牧户1990年家庭主要日用品拥有情况的调查看：鄂温克族自治旗每百户牧民家庭拥有电视机18台，缝纫机80台，洗衣机17台，收录机50台，摩托车13辆，照相机13架，手表300块，自行车70辆。实现家庭用品电器化已经成了广大牧民追求的目标。具体数字（详见表18）。

2002年，30户牧民家庭购置耐用品消费支出10061元，人均75.65元；拥有大型家具33件，比如，洗衣机17台，电风扇5台，电冰箱15台，固定电话5部，移动电话9部，黑白电视机 12 台，彩色电视机 22 台，录放机 2 台，影碟机 9 台，生活用汽车 3 辆，洗衣机 17 台，收录机 16 台，摩托车 23 辆，照相机 1 架，自行车 16 辆。现代化用品逐步进入牧民家庭（详见表 19）。

表 18：　　　　30 户牧区住户主要耐用品拥有量调查表

品 名	单位	1989	1990
1. 自行车	辆	17	23
2. 缝纫	架	15	24
3. 钟台	只	22	25
4. 手表	只	69	90
5. 洗衣机	台	2	5
6. 电冰箱	台		1
7. 大型家具	年	38	52
其中：沙发	个	12	18
大衣柜	个	7	16
写字台	张	10	12
8. 收音机	台	23	27
9. 黑白电视机	台	7	5
10. 彩色电视机	台	2	1
11. 摩托车	辆	2	4
12. 收录机	台	19	15
13. 照相机	架	5	4

表 19：　　　1984~1990 年 30 户牧民生产固定资产统计

项目 \ 年份	单位	1984	1985	1986	1987	1988	1989	1990
一、生产性固定资产	元	134648	167360	159300	193330	222710	226610	239030
1. 役畜、畜产品	元		19500	82600	63200	61400	60400	63400
2. 接羔暖棚和棚圈	元	6000	6350	3100	10500	4500	4500	4500
3. 大中型铁木农具	元		135190	5200		1050	1050	1050
4. 农牧林业机械	元	113643		60000	75820	111950	117850	127270
5. 其他生产性固定资产	元	15005	6300	8400	43810	43810	42810	42810
二、固定资产折旧	元			10693	13490	14848	15374	15935
年末拥有								
1. 汽车	辆	2	1	2		3	3	3
2. 大中型拖拉机	台	4	4	2.3	3	3	3	6
3. 小型手扶拖拉机	台	21.5	23	14	9	12	10	11
4. 割草机	台	28	28	15	10	17	15	13
5. 搂草机	台	24	24	13	8	11	10	10
6. 畜力车	辆	105	50	29		37	27	29
7. 拥有牲畜头数	头只	2543	3369	2251	2761	3006	1838	1540
其中：①牛	头	638	702	520	579	685	120	724
②绵羊	只	1626	2254	1550	2024	2168	1658	705
③山羊	只	61	164	27	14	11	19	17
④马	匹	218	241	154	144	142	41	94
⑤骆驼	峰		8					

第三节　衣食住行及消费

一、服饰

服饰的最初出现是因为它的使用价值。人们穿上衣服可以抵风御寒、防止蚊虫侵袭，保护肌肤。柯斯文曾说过："最普遍的一种意见认为，衣服是基于保护人的身体、防御寒冷侵袭而产生的；因此认为衣服首先出现于北方，或者说，首先出现于气候寒冷的地方。"① 当鄂温克人走出森林来到寒冷而又干旱的草原以游牧为生的时候。普遍是以毛皮为衣，如，大长毛皮衣、短皮衣、羔皮袄、皮裤、皮套裤、皮帽子、皮袜子、皮靴、皮腰带等许多种类。即使现在，至少每个牧民都有本民族的服装。富裕的人讲究四季都备有本民族的服装，在不同季节有长衣、短衣之别。有一种称为"胡儒木"的外套皮上衣，是在结婚办喜事时必须穿的，这种衣服可以称作为礼服。另外还有做客、会亲友和节日穿的服装，称为"浩布策苏翁"的羔皮袄。都十分讲究在衣服的边角缝缀各种花纹图案。过去衣服上曾用银扣、铜扣、杏木扣和玉石扣。

　　陈巴尔虎旗鄂温克牧民妇女无论冬夏都穿连衣裙，上身较窄，下身裙部多褶宽大，连衣裙以青、蓝色为主，镶边多用绿色。近一百多年来，开始使用棉布、绸、缎和织锦缎等新材料做衣服。非常有特点的是从他们的服装上，能够区别出该女子是否婚嫁。未婚女子穿连袖而无马蹄袖的长袍，腰间有分割装饰条，不穿坎肩。头发要梳成若干条小辫子。已婚女子要穿有马蹄袖的长袍，并穿坎肩，梳两条辫子。索伦鄂温克女子的头饰很特别。她们戴额带，两侧垂着的是由一个银圈和若干个珠子和小铃铛组成的流苏，新娘和少妇戴这种额带。妇女们也用黑棉线编两条辫子垂到腰以下。然后，用两个银蝴蝶把两条辫子连起来。未婚女性在胸右侧的衣扣上戴 4 个银链，4 个链子上有抠烟斗灰的小钩子、修眉目的小钳子、放针线的小盒子和放零碎东西的小袋子。项链用各种珠子串起来，中间是半圆形的色勒格。它下面又有许多珠子和小铃铛。鄂温克妇女很喜欢这种项链，戴上它走起路来发出悦耳的声音。另外，鄂温克帽子呈倒圆锥形，帽顶尖端有红缨穗子，帽面多用蓝色或天蓝色布或绸缎缝制。蓝与红相配显得

---

① 柯斯文：《原始文化史纲》，人民出版社，1955 年，第 105 页—106 页。

特别耀眼。帽耳可以下放又可以往上折。冬季洁白的羊羔皮或水獭皮吊里，夏季则衬以蓝色呢绒。

原则上讲牧民们冬春多穿羊皮衣服，夏秋则穿布衣。冬季穿的羊羔皮袄做工很费事。里层羊皮，外层还用布或绸缎做面。右系扣，带大襟，左下边开衩（女的不开衩），领边、衣边有云卷花纹。夏秋季服装款式与冬季的一样。只是用布或绸子做成。鄂温克人喜欢穿的皮靴（温特）用牛皮为底，羊皮、犊皮和马皮为腰，还有一种是用帆布为腰而其他部位用牛皮做的靴子。女子喜欢在靴子和腰部绣上各种花纹，这种鞋即美观又结实。鄂温克族传统服饰实用性很强，这是由他们的放牧生产方式和生活环境所决定的。表现了鄂温克人为适应大自然、适应所处地理环境和生产生活方式而作出的努力，同时又揉进了符合本民族审美的观念。

改革开放以后，青年一代已经很少有人穿自己民族的服装，民族服饰出现了严重"断代"现象。现在牧区的鄂温克族和主流社会的人们一样在服饰方面追求时尚。据统计，1990年牧民衣着类总支出为24.1万元，人均支出为63.10元。发展到2002年，30户牧民家庭用于服装方面的消费支出是45209元，人均为329.92元，追求时尚，讲究品牌。尤其是青年人通过媒体、影视的宣传、引导和影响，正在努力与世界潮流接轨。对此，如果不采取保护措施，也许再过几十年，民族服饰将会彻底消失，取而代之的是"现代装"。在这种思想指导下，从抢救与保护民族文化入手，如今，以鄂温克族牧民为主体的服装表演队已经成立，设计了多种新款的鄂温克族服装、服饰。其中有生活装、舞台装。这些服装在体现鄂温克民族的生产、生活方式、文化、环境和气质的同时又不失时代的气息，迎合了现代人的品味，使鄂温克族服饰紧紧跟随世界服饰新潮流的同时，又尽可能地很好地保留了本民族的服饰文化特点。服饰是民族与民族之间区别的外在形式之一，反映的是该民族的文化价值观念。随着异文化的传播、渗透，民族服饰会自然而然地发生改变。许多鄂温克族有识之士，十分关注民族服饰的文化走向——时装化。随着社会改革开放的深入，牧民与外界的交流也越来越多。鄂温克族牧民在衣着消费方面的要求也会越来越高。

二、食品

过去，鄂温克人不管冬夏，一天只吃两顿饭。以肉类和乳制品、稷子、燕麦和荞麦等为主要食品。冬季肉食较多，以狍子和野猪肉为主要肉食。鹿、熊、犴、野鸡、乌鸡等肉次之。在吃法上一般是把肉煮熟，喜欢吃手把肉，也擅长烤着吃或烧着吃。鄂温克人不吃狼肉和狐肉，更不宰杀牛和马，饲养的羊也很有限。

乳制品在鄂温克人看来是十分珍贵的。牛奶一般是喝鲜的，有时也与稀饭同煮，妇女能做许多食品，如黄油、奶皮子、"依鲁图拉"、酸奶子、"萨噶"、奶干子"阿拉奇"、"希都斯"（乳制品的副产品，可以兑水喝，味酸，具有消毒作用）和奶酒"萨利阿利克"等。鄂温克人从前没有吃干饭的习惯，都习惯吃稀饭，所以通常是把吃饭说成喝茶。所谓"喝茶"，就是水煮稷子米，煮熟后与鲜奶伴着吃。4口人吃饭的量，一顿连一碗米都用不到。如今在牧区以乳、肉、面为主食，讲究喝奶茶。现在肉食普遍以羊肉和牛肉为多，其他有马肉、驼肉和黄羊、狍子肉。食用方法依然是煮手把肉、肉汤煮面等。

随着牧民生活水平的提高，食品消费结构也日益改善，食品种类更加丰富。1984—1990年，人均消费粮食从142.6公斤下降至127公斤，牛羊肉从31.4公斤下降至13.1公斤，牛奶从68.2公斤下降至61.4公斤，烟从28.4盒下降至11.6盒，茶从3.8公斤下降至2.3公斤，而人均消费蔬菜从12.1公斤增至44.3公斤，植物油从2.2公斤增至3.1公斤，猪肉从0.03公斤增至1.4公斤，酒从3.7公斤增至5.6公斤。据资料统计，1990年全旗牧民食品支出达到131.5万元，人均343.70元。其中主食支出31.4万元，人均82.50元；副食支出66.7万元，人均173.90元。发展到2002年，30户牧民家庭，仅食品费一项支出高达134043元，人均消费为1007.84元。食品消费结构也明显地发生了变化：主要有粮食及其制品、蔬菜、豆制品、食用油、食糖、肉禽及制品、蛋类、水产品、调料、干鲜果品、糕点、奶类及制品、罐头食品等，此外，还有烟草类、酒类、饮料等。由此可见，牧区千百年来的传统的乳、肉、面为主食的饮食结构正在向更加合理、科学和有益于人类健康的多样性的趋势发展。

三、居住

鄂温克人称住房为"纠"。60多年前，辉河一带的鄂温克人有过两种类型的住房。一种叫"奥布海"纠，这是一种最简陋的蒙古包式的住房，一般为打猎、拉脚、打草时的临时住房，或者为贫穷人家迫不得已时所居住，只占总住房的3—4%。它是用柳木杆子20—30根，上端用绳子结在一起，下端插进地里而成"纠"架，用苇子搭盖呈伞状的棚房。另一种叫"俄儒格"纠，即现在所称的蒙古包，它是以屋顶圆孔的名字而得名的。50多年前，这一地区才有了土房，但都是少数统治者所专有的，而且数量很少。

新中国建立以后，随着牧区经济的发展，广大牧民的居住条件逐步得到改善，牧民开始定居下来，大部分住进了砖木（或土木）结构的房屋，蒙古包已很少使用。特别是20世纪八十年代中期以来，牧民在基本解决温饱问题后，更加注意住房条件的改善。每年都新建一批住房，人均住房面积和住房间数逐年增加。1984—1990年这7年间，鄂温克族自治旗统计局牧调队对30户牧区住房新建和使用房子情况的抽样调查结果，显示出这一趋势：7

年内新建房屋面积483平方米，使用房屋面积从792平方米增至1372平方米，其中生活用房从574平方米增至1287平方米，砖木结构生活用房从98平方米增至440平方米，房屋使用价值从21100元增至98900元，人均生活用房从2.73平方米增至7.31平方米，蒙古包的使用从35间减至13间。另据调查，1990年全旗共有127户牧民新建房屋，面积6388平方米，总投资82.5万元。

牧区的鄂温克族也曾有过类似于"撮罗子"的住房，外面用苇子或毡子苫盖。过去也有居住土房和俄罗斯式板房的，但多数人家以住蒙古包为主。特别是1978年以来，鄂温克族牧民逐步实现了定居，住上砖瓦结构的房屋，蒙古包一般留作游牧之用。其住房有两间和三间之分，在两间房内，西屋为卧室，东屋为厨房。以西屋为贵。西屋一般有南、西、北三面炕，长者住南炕，开南窗和西窗。院内正房前左右侧建仓房和畜圈，院子用柳编篱笆围成。

1998年牧民人均住房面积为8.8平方米，到2002年，牧民人均住房面积增加到16.74平方米。5年间牧民人均住房面积得到了大幅度增加。例如，在30户牧民中，已经有2户使用暖气设备，28户建设有火炕，7户使用安全饮用水。总体来看，牧区每年都有一批宽敞明亮的新房建成，并且还在日益完善之中。一般情况下，蒙古包留作春、冬游牧时使用。与此同时，另一个重要的因素是结合奶牛村的建设，养牛户逐渐迁居到奶牛村定居饲养奶牛，比如，到2002年，辉苏木已经建设了3处奶牛村，直接使50户牧民从蒙古包和土坯房中搬进了安全明亮的砖木结构的房屋，辉苏木全部1041户牧民的居住条件都在一定程度上发生了变化。

四、交通

鄂温克族的传统运输工具在牧区主要是马和车，其中，大轮车是传统的运输工具。大轮车适于在山林和草原上使用，一般套牛或马拉，原料过去主要为桦木，只是在轴毂摩擦部分有少部分铁。它全长约3.4米，轮高约1.5米，可载重500公斤。在过去这是牧民必备的交通工具。拉柴、拉水、搬家、赶集、送牛奶和拉脚时，都要用到大轮车。而且妇女们在串亲作客时，还可以在大轮车上架起毡子或席子做的篷子，既美观又可遮日晒、避风雨。1920年以来，人们开始使用铁轮外套胶皮、铁辐条、铁轴带轴承、车身其他部分也全部是铁制的大轮车。受其他民族的影响，在牧区生活的鄂温克族还使用四轮车和"米日干"车，其中，四轮车前两轮小，后两轮大。前两轮能起转向作用，四轮都有起减震作用的弓片，车身约3米长。以马拉，其速度要快于大轮车，既可以拉货，也可以坐人。"米日干"车只有两只轮子，也有减震弓片，车轴都有轴承，并有充气轮胎。它只能乘坐2人，既轻便又快速，被人们誉为"草原飞"（在鄂温克族自治旗的"瑟宾节"和蒙古族那达慕大会上，赛"米日干"车成为其中的一项比赛项目。如2002年，在呼伦贝尔撤盟设市[①]举行的那达慕大会上，曾举行了"米日干"车比赛，有不少鄂温克族选手参赛）。冬天下大雪时，鄂温克人还用雪橇拉草和木材等。进入20世纪七十年代，鄂温克族地区的交通运输事业有了很大发展，不但有了较为发达畅通的铁路、公路，而且鄂温克族牧民家里普遍有了小型拖拉机、摩托车等交通运输工具，富裕人家拥有汽车，体现了鄂温克族牧民在衣食住行方面的变化。

生活方式是人类生存的活动方式之一，作为一种文化、随着时代的变迁而不断地推陈出新，变化着的生活模式有其自身发展和复杂的变化规律。马克思和恩格斯认为："我们首先应当确定一切人类生存的第一个前提也就是一切历史的第一个前提，这个

---

① 2002年3月26日内蒙古自治区，呼伦贝尔盟发生行政变更，撤盟设立地级呼伦贝尔市，实行市管县行政管理体制。

前提就是：人们为了能够创造历史，必须能够生活。但是为了生活，首先就需要衣、食、住以及其他东西。因此第一个历史活动就是生产满足这些需要的资料，即生产物质生活本身。"也就是说，生活方式在更广泛的意义上不仅仅是衣食住行的日常生活，它还涵盖了包括生产活动在内的全部生活。

第四节　生活水平和生活质量分析

　　为了使我们更全面地了解鄂温克族牧民。鄂温克族自治旗、旗情调查组将他们对鄂温克族自治旗 500 户家庭（1992 年）进行抽样调查的情况和我们进行了交流[①]。因当时正值打草季节，加上其他原因，外出 24 户，拒绝回答 32 户，并户 4 户，其他情况 15 户，收回有效问卷 425 户，问卷有效率为 85%。有关资料经计算机处理，现将结果汇总并作初步分析。

一、基本情况
（一）家庭人口

　　在被调查 425 户中，共有家庭人口 1743 人，户均 4.1 人，其中：1 口人的家庭 37 户，占 8.71%；2 口人的家庭 44 户，占 10.36%；3 口人的家庭 46 户，占 10.82%；4 口人的家庭 127 户，占 29.88%；5 口人的家庭 93 户，占 21.88%；6 口人的家庭 53 户，占 12.47%；7 口人的家庭 15 户，占 3.53%；8 口人及 8 口人以上的家庭 10 户，占 2.35%。1992 年家庭人口情况（详见表 20）。

---

① 本资料由鄂温克族自治旗政府提供。

表 20:　　　　　　　1992 年 425 户家庭人口情况

项目＼每户人口	1人	2人	3人	4人	5人	6人	7人	8人以上	X=4.1 S=1.682
户数	37	44	46	127	93	53	15	10	
占%	8.71	10.36	10.82	29.88	21.88	12.47	3.53	2.35	

（二）家庭成员情况

在 425 户的 1743 名家庭成员中，男性 889 人，占 51%；女性 854 人，占 49%。年龄在 1～6 岁的 206 人，占 11.8%；7～12 岁的 255 人，占 14.6%；13～17 的 178 人，占 10.2%；18～35 岁的 683 人，占 39.2%；36～60 岁的 345 人，占 19.8%；61～70 岁的有 51 人，占 2.9%；71 岁及以上的 25 人，占 1.4%。从被调查人口的年龄分层来看，35 岁及以下人口最多，占 75.8%，其中又以 18～35 岁的人口所占比重最大，占 39.2%。

在 1743 名家庭成员中，文盲 332 人，占 19%；初小 663 人，占 38%；高小 186 人，占 10.7%，初中 428 人，占 24.6%；高中 112 人，占 6.4%；中专 13 人，占 0.7%；中技 8 人，占 0.5%；大专 1 人，占 0.1%。不同性别和不同年龄的被调查者文化程度状况（详见表 21、表 22）。

表 21:　　　　　不同性别被调查者的文化程度状况

性别 \ 文化程度 人数及%	文盲	初小	高小	初中	高中	中专	中技	大专	合计
男 人数	161	335	97	240	43	7	5	1	889
%	48.49	50.53	52.15	56.07	38.39	53.85	62.50	100	—
女 人数	171	328	89	188	69	6	3	—	854
%	51.51	49.47	47.85	43.93	61.61	46.15	37.50	—	—
合计 人数	332	663	186	428	112	13	8	1	1743
%	100	100	100	100	100	100	100	100	—

表22: 不同年龄被调查者的文化程度　　　　　单位：人

年龄 \ 文化程度 \ 人数及%		文盲	初小	高小	初中	高中	中专	中技	大专	合计
20岁及以下	人数	233	309	93	213	52	6	7	—	913
	占%	70.2	46.6	50.0	49.8	46.4	46.2	87.5	—	—
25～34岁	人数	11	129	36	154	43	3	1	1	378
	占%	3.3	19.5	19.4	36.0	38.4	23.1	12.5	100.0	—
35～54岁	人数	22	175	53	53	15	4	—	—	322
	占%	6.6	26.4	28.5	12.4	13.4	30.8	—	—	—
55～64岁	人数	31	40	4	8	2	—	—	—	85
	占%	9.3	6.0	2.2	1.9	1.8	—	—	—	—
65岁及以上	人数	35	10	—	—	—	—	—	—	—
	占%	10.5	1.5	—	—	—	—	—	—	—
合计	人数	332	663	186	428	112	13	8	1	1743
	占%	100.0	100.0	100.0	100.0	100.0	100.0	100.0	100.0	—

鄂温克族自治旗有18个民族，其中鄂温克族是主体民族。在被调查的425户1743人中，汉族18人，占1%；回族8人，占0.5%；蒙古族384人，占22%；朝鲜族4人，占0.2%；满族4人，占0.2%；壮族2人，占0.1%；其他民族（其中主要是鄂温克族、达斡尔族）1323人，占75.9%。

在1743人中，中共党员43人，占2.5%；共青团员161人，占9.2%；民主党派2人，占0.1%；无党派1537人，占88.2%。

（三）家庭结构

在425户家庭中，平均每个家庭为1.948代，标准差为0.488。其中：一代人家庭62户，占14.6%；二代人家庭323户，占76%；三代家庭40户，占9.4%。二代人家庭占绝大多数。从夫妻对数来看，平均每个家庭有0.793对夫妻，标准差为

0.465。其中：没有一对夫妻的99户，占23.3%；有一对夫妻的315户，占74.1%；有两对夫妻的11户，占2.6%。有一对夫妻的占绝大多数。

家庭结构可以分为8种类型：①夫妇家庭（只有夫妇二人的家庭）；②单亲家庭（特指由离婚的父亲或母亲与未婚子女组成的家庭）；③核心家庭（由父母与其未婚子女组成的家庭或夫妇中一方死亡但有未婚子女的家庭）；④隔代家庭（由3代以上人组成，中间有断代的家庭）；⑤主干家庭（由两代或以上已婚家庭成员组成，每代最多不超过一对夫妻且中间无断代的家庭）；⑥联合家庭（家庭中任何一代含有两对以上夫妻的家庭）；⑦单身家庭（只有一个人的家庭）；⑧其他家庭。425户家庭结构情况（详见表23）。

表23：　　　　　　　425户家庭结构情况　　　　　　单位：户

家庭结构	1	2	3	4	5	6	7	8
户数	20	20	270	3	24	0	37	51
占%	4.7	4.7	63.5	0.7	5.6	0	8.7	12.0

从表中可以看出在425户家庭中，以核心家庭为主，占63.5%；联合家庭已经不存在，其他各类家庭所占比例大体相同。家庭成员与户主的关系（详见表24）。

表24：　　　　　　　家庭成员与户主的关系　　　　　　单位：人

与户主的关系	户主	配偶	父母	祖父母	公婆	子女	儿媳	女婿	孙子女	外孙子女	兄弟姐妹
人数	425	305	40	4	4	854	11	3	15	10	72
占%	24.4	17.5	2.3	0.2	0.2	49.0	0.6	0.2	0.9	0.6	4.1

（四）婚姻与生育

在被调查的425户即1743人中，20岁以上的男性535人，

18 岁以上的女性 537 人。未婚 960 人，占 55.1%；已婚 666 人，占 38.2%；离婚未再婚 13 人，占 0.7%；离婚再婚 5 人，占 0.3%；丧偶未婚 75 人，占 4.3%；丧偶再婚 5 人，占 0.3%；分居（特指法律上仍保持和存在着婚姻关系，但由于各种原因婚姻关系实际上已经破裂，即各种名存实亡的婚姻状况）19 人，占 1.1%。有关婚姻状况（详见表 25、表 26）。

表 25：　　　　　　　不同性别被调查的婚姻状况

性别	婚姻状况 人数及%	未婚	已婚	离婚未再婚	离婚再婚	丧偶未婚	丧偶再婚	分居	合计
男	人数 占%	162 30.3	333 62.2	3 0.6	3 0.6	24 4.5	2 0.4	8 1.5	535 100
女	人数 占%	137 25.5	325 60.5	10 1.9	— —	51 9.5	3 0.6	11 2.0	537 100

说明：此表中男性年龄为 20 岁及以上，女性年龄为 18 岁及以上。在 1743 人中，有育龄妇女（14—49）岁 505 人。育龄妇女存活子女数情况。

表 26：　　　　　　　育龄妇女存活子女数

育龄妇女数 存活子女数	没有	1 个	2 个	3 个	4 个	5 个	6 个	合计
人数 占%	227 45.0	60 11.9	90 17.8	70 13.9	32 6.3	17 3.4	9 1.8	505 100

平均每一育龄妇女的存活子女 1.420 人，标准差为 1.602。

（五）就业与职业构成

在被调查的 425 户即 1743 人中，无业人口 754 人，占 43.3%；在业人口 989 人，占 56.7%；其中：正常工作的 986 人，占 56.6%，其他 3 人，占 0.2%。在 960 名（其中 29 人资料空缺）在业人口中，从就业行看，92.4% 的人从事牧业；从职业看，96.3%的从业人员是工人、农民及其他体力劳动者（主要是牧民）。在业人员从业的行业和职业情况（详见表27、表28）。

表27： 在业人员从业的行业情况

人数及占% \ 行业	农业	林业	牧业	工业	运输业	商业	服务业	乡村管理	教育文化	科技卫生	食品卫生	其他	合计
人数	11	2	887	10	2	2	2	6	10	1	1	26	960
占%	1.1	0.2	92.4	1.0	0.2	0.2	0.2	0.6	1.0	0.1	0.1	2.7	100

表28： 在业人员的职业构成情况

人数及占% \ 职业	党政机关领导干部	群众团体领导干部	企事业单位领导干部	村民委员会干部	专业技术人员	办事人员	工人农民及其他体力劳动者	军人	合计
人数	4	1	1	1	15	5	924	9	960
占%	0.4	0.1	0.1	0.1	1.6	0.5	96.3	0.9	100.

二、家庭生产经营和经济状况

（一）生产经营情况

鄂温克族自治旗地处呼伦贝尔草原东南部，是一个自然条件非常好的天然畜牧业生产基地。在被调查的425户即960名在业人口中，92.4%的人从业于畜牧业。在回答："您家的主要经营类别"这一问题的407户中，389户主要经营牧业，占95.6%；主要经营粮食种植、其他种植和商业的各2户，分别占0.5%；主要经营服务业的1户，占0.2%；其他11户，占2.7%。从主要经营方式来看，在回答这一问题的407户中，家庭承包经营383户，占94.1%；个人承包经营7户，占1.7%；集体承包经营、合作经营、请帮工经营各1户，分别占0.2%；其他14户，占3.4%。

（二）家庭经济收入

家庭经济收入包括从集体统一经营得到的收入、从经济联合体得到的收入、家庭经营收入和其他非生产经营性收入。调查结果表明，1991年户均总收入为7707.47元。从人均收入分组情况来看，人均年收入在300元以下的，占1.6%；300~400元的占3.5%；400~500元的占7%；500~600元的占4.3%；600~800元的占13.7%；800~1000元的占13.7%；1000~1500元的占18.1%；1500~2000元的占14%；2000~3000元的占12.9%；3000~4000元的占1.1%；4000元以上的占5.9%；可见，人均年收入在600~3000元的占多数。家庭经济收入情况（详见表29、表30、表31和表32）。

表29： 家庭人员年收入情况

收入 户数及%	无收入	300以下	300~ 400元	400~ 500元	500~ 600元	600~ 800元	800~ 1000元
户数 占%	15 4.0	6 1.6	13 3.5	26 7.0	16 4.3	51 13.7	51 13.7

收入 户数及%	1000~ 1500元	1500~ 2000元	2000~ 3000元	3000~ 4000元	4000元 以上	合计
户数 占%	67 18.1	52 14.0	48 12.9	4 1.1	22 5.9	371 100

（三）家庭经济支出

家庭经济支出包括生产经营性支出、生活消费支出、缴纳税款、集体留成和上交以及其他社会负担等等。调查结果表明，1991年户均总支出为5188.07元，标准差为5291.16元；户均现金总支出为4399.53元，标准差为2856.91元。1991年家庭支出情况（详见表32）。

表30：　　　　　　　　1991年家庭收入情况　　　　　　单位：元

收入项目	从集体统一经营得到的收入	从经济联合体得到的收入	家庭经营收入	农业收入	林业收入	牧业收入
样本数（户）	396	396	396	396	396	396
最小值	0.00	0.00	0.00	0.00	0.00	0.00
最大值	5000.00	7500.00	71100.00	750.00	600.00	18000.00
均值（X）	78.18	37.88	6204.48	16.05	6.67	3815.52
标准差（S）	436.75	532.33	5583.90	75.73	54.00	3032.42

收入项目	渔业收入	副业收入	工业收入	运输业收入	建筑业收入	商业服务业收入
样本数（户）	396	396	396	396	396	396
最小值	0.00	0.00	0.00	0.00	0.00	0.00
最大值	2150.00	3000.00	0.00	5000.00	0.00	42000.00
均值（X）	18.21	207.81	0.00	90.41	0.00	224.75
标准差（S）	170.32	448.44	0.00	399.65	0.00	2985.62

收入项目	其他经营收入	其他非生产性经营收入	1991年全家总收入	1991年全家纯收入
样本数（户）	396	396	396	396
最小值	0.00	0.00	0.00	0.00
最大值	8910.00	8000.00	43000.00	20600.00
均值（X）	657.01	1400.51	7707.47	—
标准差（S）	1075.88	1517.60	4637.50	—

表 31： 1991 年家庭现金收支情况

收支项目	年初存款余额	年初现金余额	1991年现金总收入	出售产品现金收入	非农经营现金收入	借贷等现金收入
样本数（户）	377	380	380	378	378	378
最小值	0.00	0.00	0.00	0.00	0.00	0.00
最大值	2000.00	8000.0	20000.00	15000.00	12600.00	13400.00
均值（X）	78.52	107.31	7245.41	1410.47	532.10	92.25
标准差（S）	321.22	629.35	4264.96	2508.43	1543.74	750.46

收支项目	其他现金收入	1991年现金总支出	生产费用现金支出	生活费用现金余额	1991年末现金余额	1991年末存款余额
样本数（户）	378	378	373	376	378	374
最小值	0.00	0.00	0.00	0.00	0.00	0.00
最大值	18690.00	20000.00	40005.00	10000.00	40007.00	9730.00
均值（X）	775.23	4399.53	1147.56	1981.26	2957.64	613.60
标准差（S）	2269.25	2856.91	3254.76	1787.63	3589.46	1431.80

表 32： 1991 年家庭支出情况

收支项目	家庭经营支出	购买生产性固定资产	其他生产性支出	缴纳税款	集体留成和上交	其他社会负担
样本数（户）	399	399	399	399	399	399
最小值	0.00	0.00	0.00	0.00	0.00	0.00
最大值	40000.00	10000.00	7000.00	1000.00	—	106.00
均值（X）	1214.02	677.72	390.24	112.84	—	0.81
标准差（S）	3006.01	1409.85	697.77	113.96	—	8.29

续表

收支项目	生活消费总支出	食品支出	衣着支出	购买耐用消费品	建房支出	交通支出
样本数（户）	399	399	399	399	399	399
最小值	0.00	0.00	0.00	0.00	0.00	0.00
最大值	42700.00	5400.00	1700.00	1100.00	40000.00	1000.00
均值（X）	2841.83	1062.81	425.73	162.36	315.37	74.86
标准差（S）	3174.12	744.97	303.30	259.73	2844.65	118.15

收支项目	医疗支出	教育支出	娱乐支出	人情往来支出	其他生活支出	1991年家庭总支出
样本数（户）	399	399	399	399	399	399
最小值	0.00	0.00	0.00	0.00	0.00	0.00
最大值	6000.00	2500.00	240.00	3500.00	3512.00	52735.00
均值（X）	157.31	202.51	4.27	79.79	386.19	5188.07
标准差（S）	403.35	371.39	24.32	210.72	464.83	5291.16

（四）生产资料的拥有情况

家庭的生产资料拥有情况反映着家庭经济水平和生产水平。与城镇居民家庭不同，牧民家庭的很大一部分收入必须用于购买和维修生产资料。牧民家庭拥有的生产资料主要是小型拖拉机、机引打搂草机、畜力车等。调查结果表明，平均每户家庭拥有2.132种生产资料。平均每户拥有生产资料总值为5612.78元。家庭生产资料拥有情况（详见表33）。

表33： 家庭生产资料拥有情况 单位：种

种数	没有	1	2	3	4	5	6
户数	91	57	81	141	41	6	2
占%	21.4	13.4	19.1	33.2	9.6	1.4	0.5
种数	7	8	9	10	11	合计	$X=2.132$
户数	1	—	1	2	2	425	$S=1.660$
占%	0.2	—	0.2	0.5	0.5	100	

三、牧民生活

（一）消费开支序列

调查结果表明，家庭生活消费支出的序列依次为：食品支出（户均1062.81元）、衣着支出（户均425.73元）、建房支出（户均315.37元）、教育支出（户均202.51元）、购买耐用消费品支出（户均162.36元）、医疗支出（户均157.31元）、人情往来支出（户均79.79元）、交通支出（户均74.86元）、娱乐支出（户均4.27元）。

（二）住房情况

牧民家庭的住房情况主要通过住房面积、间数、房屋类型、房屋结构和房屋设施情况等指标来反映。调查结果表明，户均拥有住房面积57.31平方米，户均拥有庭院面积448.69平方米，户均拥有宅基地120.12平方米。在422户家庭（其他3户资料空缺）中，只有1间住房的11户，占2.6%；有2间住房的104户，占24.6%；有3间住房的133户，占31.5%；有4间住房的114户，占27%；有5间住房的35户，占8.3%；有6间住房的17户，占4%；有7间及以上住房的8户，占1.9%。有2—4间住房的家庭占大多数。从住房类型看，普通平房占多数，占68.6%；其次是独门独院平房，占27.7%。从住房结构看，81.3%家庭居住的是土坯草木结构房屋。家庭住房类型和住房结构情况（详见表34）。

房屋设施情况可以从使用水源种类、生活用电情况、使用厕所情况、有无自用浴室等方面考察。从使用水源种类看，大部分家庭（占84.7%）使用独用井水；从生活用电情况看，还有41.5%的家庭无生活用电，30.3%的家庭有电但无保障，只有28.2%的家庭有经常性供电；从使用厕所的情况看，71.4%的家庭使用房外独用厕所，使用公用厕所的占26.2%；从自用浴室情况看,仅有0.7%的家庭有自用浴室。家庭住房设施情况(详见表35)。

表34: 家庭住房类型和结构情况

住房类型	户数	占%	住房类型	户数	占%
普通平房	290	68.6%	竹木草结构	11	2.6
独门独院平房	117	27.7	土坯草结构	344	81.3
筒楼合居单元房	5	1.2	土坯砖木结构	24	5.7
独居封闭单元房	0	0.0	砖石瓦木结构	24	5.7
独居楼房	0	0.0	砖瓦水泥预制件结构	12	2.8
其他	11	2.6	其他	8	1.9
合计	423	100.0	合计	423	100.0

表35: 家庭住房设施情况

使用水源种类	户数	占%	生活用电情况	户数	占%
独用自来水	17	4.1	无生活用电	174	41.5
公用自来水	10	2.4	有电但无保障	127	30.3
独用井水	354	84.7	有经常性供电	118	28.2
公用井水	12	2.9			
其他	25	6.0			
合计	418	100.0	合计	419	100.0

使用厕所情况	户数	占%	有无自用浴室	户数	占%
房内厕所	8	2.5	有	3	0.7
房外独用厕所	232	71.4	无	415	99.3
公用厕所	85	26.2			
合计	325	100.0		418	100.0

(三)家庭耐用消费品拥有情况

从调查结果和入户访问情况看,牧民家庭拥有的耐用消费品数量还很小,而且品种也非常集中,主要是手表、缝纫机、自行车和收音机。只有极少数家庭拥有彩色电视机、洗衣机、摩托车、音响、电冰箱、照相机、组合家具、电饭煲。录像机、电话、轿车、电风扇、煤气灶等耐用消费品还没有进入牧民家庭中。425户家庭耐用消费品拥有情况（详见表36）。

表36：　　　　　　　　家庭拥有耐用消费品

品名 \ 数量(件) 户数及%	无 户数	无 占%	1 户数	1 占%	2 户数	2 占%	3及以上 户数	3及以上 占%	样本数（户）
手表	57	13.4	150	35.3	160	37.6	58	13.6	425
自行车	122	28.4	261	61.4	36	8.5	6	1.4	425
收音机	186	43.8	236	55.5	2	0.5	1	0.2	425
缝纫机	97	22.8	325	76.5	2	0.5	1	0.2	425
录音机	239	56.2	186	43.8	—	—	—	—	425
黑白电视机	305	71.8	119	28.0	—	—	1	0.2	425
彩色电视机	380	89.4	45	10.6	—	—	—	—	425
洗衣机	352	82.8	72	16.9	1	0.2	—	—	425
摩托车	396	93.4	28	6.6	—	—	—	—	425
音响	422	99.3	2	0.5	1	0.2	—	—	425
电冰箱	423	99.5	2	0.5	—	—	—	—	425
照相机	410	96.5	15	3.5	—	—	—	—	425
组合家具	387	91.5	37	8.7	—	—	—	—	425
电饭煲	394	92.7	31	7.3	—	—	—	—	425

（四）生活时间分配和业余生活

问卷调查能够用来反映牧民生活时间分配的指标主要有3个：一是在业人员年工作天数，二是在业人员年兼业（包括第一兼业和第二兼业，从调查结果来看，尚没有第二兼业的情况）工作天数，三是一年中不从事生产劳动天数（包括节假日、外出探亲访友、旅游、农闲无活干等）。在被调查的425户即1743人中，有在业人员960人，调查结果表明，他们在一年中从事主业工作的时间，人均为342.42天，从事兼业工作的时间，人均为5.92天。两项合计，人均年工作时间为348.34天。被调查的425人（问卷回答人，既有在业人员，又有不在业人员）年人均不从事生产劳动的时间为 17.79 天。居民人均年生活时间分配情况（详见表 37）。

表 37：　　　　　　　　牧民年生活时间分配情况

	主业年工作天数	兼业年工作	年人均不从事生产劳动天数
最小值	0.00	0.00	0.00
最大值	365.00	365.00	365.00
均值（X）	342.42	5.92	17.79
标准差（S）	59.40	33.91	43.34
样本数（人）	960	956	425

在空闲时间里，牧民第一从事的主要活动，前 4 位依次为：看电视（占 36.2%）、听广播（占 24.1%）、继续做主业工作（占 22.9%）、读书报（占 8.9%）。第二从事的主要活动，前 4 位依次为：听广播（占 18.8%）、读书报（占 18.3%）、继续做主业工作（占 16.2%）、串门聊天（占 13.4%）。第三从事的主要活动，前 4 位依次为：串门聊天（占 23.6%）、其他（占 20.1%）、无事可做（占 19.5%）、继续做主业工作（占 6.6%）。牧民的业余生活情况（详见表 38）。

被调查的 406 人（其余 19 人资料空缺）中，在空闲时间里听广播的人最多，达 184 人，占 45.3%；其中，将听广播作为第一活动的 98 人，占 53.3%，作为第二活动的 73 人，占 39.7%，作为第三活动的 13 人，占 7.1%。第二是继续做主业工作的 180 人，占 44.3%。第三是看电视的 177 人，占 43.6%。第四是串门聊天的 147 人，占 36.2%。第五是读书报的 120 人，占 29.6%。第六是无事可作的 104 人，占 25.6%。牧民在空闲时间里从事的最主要活动及其重要程度的情况（详见表 39）。

第四章 物质生活

表38：　　　　　牧民在空闲时间里从事主要活动情况

活动内容	第一从事的活动		第二从事的活动		第三从事的活动		总人数
	人数	占％	人数	占％	人数	占％	
无	—	—	11	2.8	33	9.1	44
看电视	147	36.2	22	5.7	8	2.2	177
去影剧院或舞厅	—	—	10	2.6	4	1.1	14
体育活动	3	0.7	5	1.3	3	0.8	11
搓麻将、打扑克	1	0.2	7	1.8	11	3.0	19
听广播	98	24.1	73	18.8	13	3.6	184
继续做主业工作	93	22.9	63	16.2	24	6.6	180
读书报	36	8.9	71	18.3	13	3.6	120
学习文化和技术	2	0.5	8	2.1	12	3.3	22
从事兼业活动	7	1.7	5	1.3	1	0.3	13
教育辅导子女	1	0.2	16	4.1	5	1.4	22
村镇文艺队活动	—	—	—	—	7	1.9	7
看戏、听说书	2	0.5	2	0.5	—	—	4
串门聊天	9	2.2	52	13.4	86	23.6	147
无事可做	6	1.5	27	7.0	71	19.5	104
其他	1	0.2	16	4.1	73	20.1	90
合计	406	100.0	388	100.0	364	100.0	1158

表39：　　　　　牧民在空闲时间里从事的最主要活动情况

活动内容	听广播		继续做主业工作		看电视	
活动重要程度　　人数活动及％	人数	占％	人数	占％	人数	占％
第一从事的活动	98	53.3	93	51.7	147	83.1
第二从事的活动	73	39.7	63	35.0	22	12.4
第三从事的活动	13	7.0	24	13.3	8	4.5
合计	184	100.0	180	100.0	177	100.0

续表

活动重要程度 \ 活动内容	串门聊天 人数	串门聊天 占%	读书报 人数	读书报 占%	无事可做 人数	无事可做 占%
第一从事的活动	9	6.1	36	30.0	6	5.8
第二从事的活动	52	35.4	71	59.2	27	26.0
第三从事的活动	86	58.5	13	10.8	104	68.2
合计	147	100.0	120	100.0	104	100.0

（五）对家庭和个人生活状况的评价

被调查者对生活状况的评价情况（详见表40）。

表40：　　　　　　对家庭和个人生活状况的评价

生活状况 \ 评价		很满意	还算满意	一般	不满意	很不满意	无此项内容	合计
家庭生活	人数 占%	269 63.3	54 12.7	47 11.1	40 9.4	15 3.5	— —	425 100.0
家庭成员间的关系	人数 占%	275 64.7	98 23.1	29 6.8	9 2.1	—	14 3.3	425 100.0
邻居间的关系	人数 占%	235 55.3	100 23.5	84 19.8	1 0.2	2 0.5	3 0.7	425 100.0
与同事的关系	人数 占%	223 52.5	83 19.5	94 22.1	14 3.3	2 0.05	9 2.1	425 100.0
工作或劳动条件	人数 占%	31 7.3	102 24.0	183 43.1	68 16	36 8.5	5 1.2	425 100.0
工作或劳动的收入	人数 占%	24 5.6	64 15.1	159 37.4	110 25.9	59 13.9	9 2.1	425 100.0

续表

评价\生活状况		很满意	还算满意	一般	不满意	很不满意	无此项内容	合计
职业的社会地位	人数	19	49	145	145	54	13	425
	占%	4.5	11.5	34.1	34.1	12.7	3.1	100.0
居住地交通条件	人数	21	80	99	123	100	2	425
	占%	4.9	18.8	23.3	28.9	23.5	0.5	100.0
住房	人数	35	109	109	111	61	—	425
	占%	8.2	25.6	25.6	26.1	14.4	—	100.0
业余生活	人数	16	59	100	96	135	19	425
	占%	3.8	13.9	23.5	22.6	31.8	4.5	100.0
购物的方便程度	人数	16	66	122	93	121	7	425
	占%	3.8	15.5	28.7	21.9	28.5	1.6	100.0
孩子上学的方便程度	人数	12	54	69	51	130	109	425
	占%	2.8	12.7	16.2	12.0	30.6	25.6	100.0
自己的健康状况	人数	165	158	51	29	20	2	425
	占%	38.8	37.2	12.0	6.8	4.7	0.5	100.0

从表40可以看出，被调查者对自己的家庭生活、家庭成员间的关系、邻居间的关系、与同事的关系、自己的健康状况等的评价相当高。对自己的家庭生活很满意的占63.3%，还算满意的占12.7%，两者合计达87.8%。对邻居间的关系很满意的占55.3%，还算满意的占23.5%，两者合计为78.8%。对与同事的关系很满意的占52.5%，还算满意的占19.5%，两者合计为72%。对自己的健康状况很满意的占38.8%，还算满意的占37.2%，两者合计为76%。被调查对劳动收入、职业的社会地位、居住地交通条件、住房、业余生活、购物的方便程度、孩子上学的方便程度的评价则相当低，不满意和很不满意的两项之和

都在40%以上。尤其是对居住地交通条件、业余生活、购物的方便程度的评价更低,不满意或很不满意的都在50%以上,很满意的均不到5%。

(六)政治参与情况

问卷调查能够反映牧民政治参与情况的指标主要有3个:一是否曾当过村干部,二是知道不知道各级有关领导人的姓名,三是参加人民代表选举情况。

在被调查的425户即1743人中,从未担任过村干部的有1683人,占96.6%;1992年是村干部的41人,占2.4%;过去曾担任过村干部的有19人,占1.1%;1992年是村干部的41人,占2.4%;过去担任过村干部的19人,占1.1%。后两者合计占3.5%。在被调查的425人中,知道中共中央总书记姓名的占80.2%,知道国家主席姓名的占68.7%,知道国务院总理姓名的占79.5%,知道苏木达姓名的占85.9%。

被调查者是否知道各级有关领导人姓名的情况详。在被调查者中,66.4%的人参加了人民代表的选举,32%的人知道本选区有几名人民代表,33.4%的人知道这些人民代表的姓名。被调查者参加人民代表选举的情况(详见表41、表42)。

表41: 被调查者是否知道各级有关领导人姓名的情况

项目	人数		占%
是否知道中共中央总书记的姓名	知道	341	80.2
	不知道	84	19.8
	合计	425	100.0
是否知道国家主席的姓名	知道	292	68.7
	不知道	133	31.3
	合计	425	100.0
是否知道国务院总理的姓名	知道	338	79.5
	不知道	87	20.5
	合计	425	100.0

续表

项目		人数	占%
是否知道人大常委会委员长的姓名	知道 不知道 合计	185 240 425	43.5 56.5 100.0
是否知道自治区委书记的姓名	知道 不知道 合计	197 228 425	46.4 53.6 100.0
是否知道自治区主席的姓名	知道 不知道 合计	291 134 425	68.5 31.5 100.0
是否知道自治旗旗委书记的姓名	知道 不知道 合计	193 232 425	45.4 54.6 100.0
是否知道自治旗旗长的姓名	知道 不知道 合计	343 81 425	80.9 19.1 100.0
是否知道苏木党委书记的名字	知道 不知道 合计	360 65 425	84.7 15.3 100.0
是否知道苏木达的姓名	知道 不知道 合计	365 60 425	85.9 14.1 100.0

表42: 被调查者参加人民代表选举情况

项目	人数	占%
是否参加了人民代表的选举 参加了 未参加 合计	282 143 425	66.4 33.6 100.0

续表

项目		人数	占%
未参加选举的原因	不感兴趣	34	23.8
	外出	61	42.7
	因病	1	0.7
	其他	47	32.9
	合计	143	100.0
是否知道本区有几名人民代表	知道	136	32.0
	不知道	289	68.0
	合计	425	100.0
是否知道这些人民代表的姓名	知道	142	33.4
	不知道	283	66.6
	合计	425	100.0

（七）社会交往

被调查者的社会交往情况（详见表43、表44、表45），在生产活动中对被调查者帮助最大的人和1991年被调查者拜望过的最重要的人。居前3位的依次是亲属、朋友和邻居。1991年与被调查者往来最多的人，居前3位的则依次是朋友、亲属和邻居。

表43： 在生产活动中对被调查者帮助最大的人

与被调查者的关系	亲属	上级	同事	同行	邻居	朋友	同乡	战友	同学	其他	合计
人数	518	28	33	2	118	302	58	2	70	3	1134
占%	45.7	2.5	2.9	0.2	10.4	26.6	5.1	0.2	6.2	0.3	100.0

表44： 1991年被调查者拜望过的最重要的人

与被调查者的关系	亲属	上级	同事	邻居	朋友	同乡	同学	合计
人数	674	8	25	105	116	27	36	991
占%	68.0	0.8	2.5	10.6	11.7	2.7	3.6	100.0

表45： 1991年与被调查者往来最多的人

与被调查者的关系	亲属	上级	同事	同行	邻居	朋友	同乡	战友	同学	信仰同一宗教	其他	合计
人数	363	18	30	1	122	402	64	1	87	2	5	1095
占%	33.2	1.6	2.7	0.1	11.1	36.7	5.8	0.1	7.9	0.2	0.5	100.0

四、思想观念

（一）职业观

对职业观的调查，包括两部分：一是被调查者初次参加工作或劳动前对职业的期望。调查者结果从（表46、表47）中可以看出，被调查者在初次参加工作或劳动前，大部分人没有考虑过自己将来的职业问题。其中：对自己未来就业的行业没有考虑的260人，占61.2%；没有考虑自己未来从事何种职业的287人，占67.5%；没有考虑自己未来就业于何种所有制的269人，占63.3%；没有考虑自己未来的就业形态的271人，占63.8%；对可能影响自己选择职业的几种主要因素均未考虑的278人，占65.4%。可见，被调查者的职业观念是比较淡薄的。在众多的职业中，考虑过自己未来从事何种职业的被调查者只选择了专业技术人员、工农及其他体力劳动者和军人3种职业。

表 46： 被调查者初次参加工作对职业的期望情况

项目		人数	占％
希望的行业	从未参加工作	85	20.0
	农林牧渔业	25	5.9
	工业	4	0.9
	交通运输与邮电通讯业	8	1.9
	商业	5	1.2
	卫生、体育和社会福利事业	3	0.7
	教育、文化艺术	21	4.9
	科学研究、综合技术服务	3	0.7
	国家机关、政党机关、社会团体	9	2.1
	其他	2	0.5
	未考虑	260	61.2
	合计	425	100.0
希望的职业	从未参加工作	85	20.0
	专业技术人员	25	5.9
	工人、农民及其他体力劳动者	25	5.9
	军人	3	0.7
	未考虑	287	67.5
	合计	425	100.0
希望的所有制	从未参加工作	85	20.0
	全民	38	8.9
	大集体	8	1.9
	农村集体	3	0.7
	个体	16	3.8
	私营	6	1.4
	未考虑	269	63.3
	合计	425	100.0

续表

项目		人数	占%
希望的就业形态	从未参加工作	85	20.0
	企事业单位职工	37	8.7
	家庭经营（农牧民）	11	2.6
	家庭从业人员	6	1.4
	个体私营企业业主	4	0.9
	合作企业合伙人	6	1.4
	其他	5	1.2
	未考虑	271	63.8
	合计	425	100.0
当时考虑的主要因素	从未参加工作	85	20.0
	单位性质	5	1.2
	工作地点	4	0.9
	对社会的贡献	14	3.3
	通勤距离	2	0.5
	劳动条件	7	1.6
	个人兴趣与专业	12	2.8
	收入	7	1.6
	其他	11	2.6
	未考虑	278	65.4
	合计	425	100.0

表 47： 被调查者对目前工作的考虑

项目	人数	占%
是否考虑过改换自己目前的工作	没有此项内容①	85	20.0
	想改变目前工作的	38	8.9
	不想改变目前工的	34	8.0
	未考虑过此问题	268	63.1
	合计	425	100.0

① 指从未参加工作或不想改变目前工作以及未考虑过这一问题的人。

续表

项目	人数		占%
想改变工作的主要目的	没有此项内容①	387	91.1
	增加收入	19	4.5
	改善工作条件	4	0.9
	提高社会地位	2	0.5
	做符合本人兴趣的工作	3	0.7
	发挥本人的能力和专长	3	0.7
	增长见识	2	0.5
	学习技能	3	0.7
	其他	2	0.5
	合计	425	100.0
没有改变目前工作的主要原因	没有此项内容①	387	91.1
	缺乏资金	15	3.5
	缺乏技术	1	0.2
	学历不足	11	2.6
	没有关系介绍	3	0.7
	尚未找到新的就业机会	4	0.9
	其他	4	0.9
	合计	425	100.0

对职业观调查的另一部分是进一步了解被调查者对目前工作的考虑，在被调查的425人中，想改变目前工作的有38人，占8.9%；不想改变目前工作的有34人，占8.0%；未考虑过这一问题的有268人，占63.1%。在想改变目前工作的38人中，改变的主要目的依次是增加收入、改善工作条件、做符合本人兴趣的工作、发挥本人的能力和专长、提高社会地位、增长见识等。

---

① 指从未参加工作或不想改变目前工作以及未考虑过这一问题的人。

其所以没有改变目前的工作，主要原因依次是缺乏资金、学历不足、尚未找到新的就业机会或可供改变的职业、没有关系介绍、缺乏技术等。

（二）消费观

问卷调查，没有设立能够直接反映被调查者消费观念的指标，而购物意向能够从一个侧面间接地反映被调查者的消费观念（详见表48）。在被调查者近一二年打算购买的物品中，把手表、自行车、录音机、黑白电视机、彩色电视机、电风扇、摩托车、房屋（包括建房）排在第一想购物品的位置上的人数，明显多于排在第二特别是第三想购物品的位置上的人数。这说明，被调查者首先想购买的是那些与自己的经济条件相适合的，对满足物质文化生活基本需要相对重要的物品，然后才是购买那些满足更高物质文化生活需要的物品。

表48：　　　　　被调查者近一二年内打算购物情况

品名	第一想购物品 人数	第一想购物品 占%	第二想购物品 人数	第二想购物品 占%	第三想购物品 人数	第三想购物品 占%	总人数
手表	16	3.8	2	0.5	3	0.7	21
自行车	25	5.9	9	2.1	4	0.9	38
收音机	4	0.9	—	—	1	0.2	5
缝纫机	3	0.7	9	2.1	5	1.2	17
录音机	34	8.0	22	5.2	9	2.1	65
黑白电视机	34	8.0	20	4.7	7	1.6	61
彩色电视机	28	6.6	13	3.1	17	4.0	58
洗衣机	28	6.6	47	11.1	21	4.9	96
电冰箱	4	0.9	4	0.9	5	1.2	13
照相机	2	0.5	14	3.3	8	1.9	24
音响	—	—	1	0.2	2	0.5	3
录像机	3	0.7	5	1.2	1	0.2	9

续表

品名	第一想购物品 人数	第一想购物品 占%	第二想购物品 人数	第二想购物品 占%	第三想购物品 人数	第三想购物品 占%	总人数
电子琴	—	—	2	0.5	2	0.5	4
电话	—	—	—	—	1	0.2	1
电风扇	2	0.5	1	0.2	—	—	3
摩托车	36	8.5	17	4.0	12	2.8	65
组合家具	15	3.5	33	7.8	16	3.8	64
热水器	—	—	—	—	2	0.5	2
贵重首饰	—	—	—	—	3	0.7	3
高档服装	—	—	1	0.2	5	1.2	6
轿车	1	—0.2	—	—	—	—	1
房屋（包括建房）	22	5.2	—	—	9	2.1	31
无	168	39.5	225	52.9	292	68.7	685
合计	425	100.0	425	100.0	425	100.00	1275

（三）生育观

理想的生育子女数是反映被调查者的生育观的一个重要指标。调查结果（详见表49）。在422名回答者中，除134位未婚者外，理想的生育子女数依次是两个，最好是一男一女；两个以上，男女无所谓；一个，男女无所谓；没有孩子；两个，男女无所谓；一个要男孩；一个要女孩；两个女孩；两个男孩。总之，希望有两个孩子，并且希望生育一男一女的人数最多，占全部回答者的34.6%。

表49： 被调查者理想的生育子女数

理想的子女数	没有孩子	一男	一女	一个，男女无所谓	两个，一男一女
人数	20	12	7	26	146
占%	4.7	2.8	1.7	6.2	34.6

二男	二女	两个，男女无所谓	两个以上	无此项内容①	合计
2	3	14	58	134	422
0.5	0.7	3.3	13.7	31.8	100.0

---

① 指未结婚者。

生儿育女的目的是反映被调查者的生育观的另一重要指标。调查结果（详见表50）。传宗接代仍然是人们生育的首要目的，其他依次是增加生活乐趣、养儿防老、稳定家庭、多子多福、天经地义和增加劳动力。

表50：　　　　　　　　生儿育女的主要目的

目的	人数	占％	目的	人数	占％
传宗接代	151	35.9	不受人欺负	—	—
养儿防老	18	4.3	天经地义	5	1.2
增加劳力	1	0.2	稳定家庭	13	3.1
多子多福	9	2.1	其他	61	14.5
增加生活乐趣	29	6.9	没有此项内容	134	31.8
不被人笑话	—	—	合计	421	100.0

（四）教育观

关于子女的教育，共选择了两个问题，一个是希望子女受教育程度，二是对孩子未来职业的期望（详见表51、表52）

表51：　　　　　　　　希望子女教育程度

受教育程度	男孩 人数	男孩 占％	女孩 人数	女孩 占％
小学	2	0.5	—	—
初中	5	1.2	2	0.5
高中	3	0.7	5	1.2
大学（包括大专）	39	9.2	50	11.8
研究生	—	—	—	—
出国留学	—	—	1	0.2
能上到什么程度算什么程度	71	16.7	85	20.0
其他	5	1.2	3	0.7
无此项内容①	299	70.5	278	65.6
合计	424	100.0	424	100.0

---

① 指无学龄儿童户回答者

表52:　　　　　　　　　对子女职业的期望

	对子女职业的期望	男孩 人数	男孩 占%	女孩 人数	女孩 占%
希望的行业	农牧渔业	6	1.4	5	1.2
	交通运输与邮电讯业	3	0.7	—	—
	商业	7	1.6	1	0.2
	卫生、体育、社会福利事业	3	0.7	10	2.4
	教育、文化艺术	9	2.1	7	1.6
	科学研综合技术服务	8	1.9	7	1.6
	金融、保险业	5	1.2	2	0.5
	国家机关、政党机关、社会团体	3	0.7	4	0.9
	其他	2	0.5	2	0.5
	未考虑	144	33.9	124	29.2
	无此项内容①	235	55.3	252	59.3
	合计	425	100.0	425	100.0
希望的职业	党政机关领导干部	2	0.5	3	0.7
	企事业单位领导干部	2	0.5	3	0.7
	专业技术人员	15	3.5	27	6.4
	工农及其他体力劳动者	8	1.9	3	0.7
	未考虑	163	38.4	137	32.2
	无此项内容④	235	55.3	252	59.3
	合计	425	100.0	425	100.0
希望的所有制	全民	42	9.9	40	9.4
	个体	3	0.7	3	0.7
	私营	—	—	—	—
	未考虑	145	34.1	130	30.6
	无此项内容④	235	55.3	252	59.3
	合计	425	100.0	425	100.0

① 指无学龄儿童或学龄以下儿童户回答者。

续表

对子女职业的期望		男孩		女孩	
		人数	占%	人数	占%
希望的就业形态	企事业单位	19	4.5	26	6.1
	家庭经营农民	2	0.5	1	0.2
	家庭从业人员	2	0.5	—	—
	个体私营企业业主	4	0.9	—	—
	其他	8	1.9	10	2.4
	未考虑	155	36.5	136	32.0
	无此项内容④	235	55.3	252	59.3
	合计	425	100.0	425	100.0

本章由我们的个案访谈和鄂温克族自治旗政府提供的500户家庭（1992年）抽样调查两部分的内容组成。我们的调查以鄂温克族牧民为主要对象，针对性很强。而500户家庭（1992年）抽样调查。系统宏观，内容全面，从而可以帮助我们进一地客观地分析和了解草原牧民的真实生活。

第五章　精神文化

第一节　喇嘛教与萨满教

鄂温克族自治旗信教群众近万人，主要信仰藏传佛教（俗称喇嘛教）、汉传佛教、基督教和伊斯兰教。另外，还有少部分人信仰萨满教。

一、藏传佛教（俗称喇嘛教）

鄂温克族的宗教信仰比较复杂，除大部分人信仰萨满教，相信万物有灵、多神崇拜外，陈巴尔虎旗和敖鲁古雅的鄂温克族还有人信仰东正教。牧区的鄂温克族人在信仰萨满教的同时也信仰喇嘛教。

（一）喇嘛教的传入　喇嘛教被传播到蒙古（含布里亚特）地区，始于1577年。蒙古俺答汗在青海察布齐雅勒地方建庙，请西藏宗喀巴的大弟子三世达赖索南嘉措（此后被称为三世达赖）来此会面。索南嘉措宣传戒杀行善，并与蒙古统治者达成一致。自此，喇嘛教开始传入蒙古族地区。1676年，大批喀尔喀蒙古喇嘛进入布里亚特蒙古地区传播喇嘛教。清朝为了巩固对蒙古族的统治，大力推行喇嘛教。在"喇嘛无国籍"的宣教下，藏族、蒙古族喇嘛大批涌入布里亚特蒙古人居住的地区。1741年起，布里亚特蒙古人中开始有了喇嘛。1775年，在称为浩腾河的地方建寺庙，1816年建成，被称为楚格勒庙，该庙在布里亚特蒙古地区享有盛名,佛事兴盛。

(二)喇嘛教的寺庙 寺庙是喇嘛教传播和发展的基本场所,也是喇嘛教主要的文化符号。喇嘛教传入蒙古地区后,喇嘛就立志于修建寺庙,传播宗教。其中锡尼河庙的修建与发展最具代表性。1926年夏天,以喇嘛那音太等人为主向呼伦贝尔副都统衙门请示,决定在锡尼河右岸原已破损的弥勒佛庙旧址重新修建庙宇。1927年夏完成维修。为庆祝庙的修成举办了那达慕大会,借机向布里亚特旗群众宣告计划,集资新建庙堂。建庙之事得到呼伦贝尔副都统的认可,开始兴建。1928年夏季完工。庙名为达西敦都不灵,民间称其为"锡尼河庙"。

1931年,九世班禅受邀到锡尼河庙,将原庙名达西敦都布灵(福寿成祥)改为丹巴达尔扎灵(佛教发展)。制定了庙的法规,赠给金字扎丹巴和他幼年穿过的衣服作为锡尼河庙的神祇。1943年秋,多伦诺尔的甘珠尔巴葛根来锡尼河庙念诵阿必德佛经,同行的还有奈曼的查干葛根。班禅额尔敦经师哈木布,(前苏联)布里亚特蒙古人道勒吉葛根也被邀请来锡尼河庙,唐灵葛根长期生活在锡尼河庙,多次出席庙会,成为信教者的偶像。西藏的塔格利葛根、前苏联布里亚特共和国的詹博道勒吉(萨伯力)、察哈尔的多伦诺尔活佛、奈曼太音葛根等先后来过锡尼河庙传教。"文革"后有3个活佛来过此庙,即内蒙古自治区的乌兰葛根(1990年)、甘肃拉卜楞寺的宁达格森活佛(1993年)和青海塔尔寺的夏荣·洛桑次成活佛(2003年7月)。

锡尼河庙的喇嘛注重蒙、藏医学的医理经典和技术知识的传承,目前依然有懂医学的喇嘛,甚至还出现了不少有名望的蒙医人才。锡尼河庙历史上曾创办过蒙医诊所。"文革"时停业,至今又继续坚持开办蒙医诊所。

(三)喇嘛教的寺院教育 喇嘛教的寺院教育是宗教文化传承的主要形式和文化教育的主要方面。在信仰喇嘛教的鄂温克族牧区，男孩子到8岁时，信教者自愿将自己的男孩送到庙里，找有知识者或有亲属关系的喇嘛受戒，学习藏文、蒙文和戒律。掌握了一定的知识，学有所成。一般到二十岁时可以得到格斯（执法、掌堂师）学位。学得好的人还可以得到格伯西学位。现在，锡尼河庙内喇嘛学位有3种：苏恩吉克、格伯西、嘎布吉。

（四）喇嘛访谈个案

个案1. 格里格尼玛：1928年生人。74岁。已获得格伯西学位。现在是庙中的确来·奥木吉德。负责确来会的诵经工作，同时，他还是一个蒙医医生。1935年，他7岁时来到锡尼河庙。因为当时附近没有学校，父母想让他当喇嘛，而且，他自己也想当喇嘛，于是，他就来到庙里当了喇嘛，还可以在庙里学习。他刚来锡尼河庙时，庙里有300多名喇嘛，文化程度都很高。庙的主殿和现在的差不多。房舍很多，但是，那时喇嘛住宿条件比现在要差得多。因为当时社会发展水平低。虽然现在佛像的数量与过去差不多，可是以前锡尼河庙里佛像很大，做工很细致，而且质地也很好。而现在，佛像没有那时的大，质量也不如以前的好了。以前，牧民信仰藏传佛教非常虔诚，拜佛时都自觉排队，非常有秩序，尊敬佛教寺庙。他们认为寺庙是一个神圣的地方。牧民也不在锡尼河庙周围抽烟。如果有人要上厕所，也要去很远的地方。现在情况则不同了。有的人在主殿前面抽烟，在庙的周围上厕所。格里格尼玛喇嘛认为牧民的信仰程度不如以前了。以前锡尼河庙的喇嘛每天基本上都看书、念经，老师教徒弟学习等，一年有152天的辩论会（庙会）。现在，不仅每年庙会的时间缩短了，而且，现有喇嘛也不愿意潜心学习。当时锡尼河庙的主要收入是来自庙会时牧民的捐赠。那时庙里自养牛100多头（1958年），遇有大型活动时，宰杀牛羊款待信教群众（自养羊记不清楚是多少）。吃住方式也与现在相同。但是，由于当时庙里喇嘛多，每个人分得的钱很少。现在，如果被请去祭敖包，每次至少能得到100元钱的报酬，如果被牧民请去念经，每次收入20元、40元、100元不等，视情况而定。以前喇嘛生病了，主要靠自己。如果自己有钱就去看病，没钱，也没有什么办法了。现在，喇嘛生病，有政府帮助治疗。

1966年"文化大革命"开始了。锡尼河庙大量经书被烧毁，佛像也都被烧、被砸坏了。当时的口号是3日内将所有的喇嘛赶走。于是，所有的喇嘛都被赶出去了。老喇嘛都被打倒了，甚至有被折磨致死的。就格里格尼玛而言，他被赶走后，还了俗，还娶妻生子了（当年他38岁）。由于他原来是蒙医医生，因而逃出庙门以后，他可以四处游走行医。正是因为他有这一技之长，才侥幸逃过"文革"这场灾难。

1984年，重新建立锡尼河庙时有30多个喇嘛，他也是其中之一。他们积极呼吁、奔走、要求重新建庙。1983年，他也随同喇嘛们一起前去请示班禅建庙一事。他记得重建后庙里供奉5个佛像，大多是从北京等地请来的。还从拉萨请来甘珠尔经一部，从承德请回来了丹珠尔经。

格里格尼玛喇嘛现在庙中担任确来·奥木吉德一职，自己还是一个蒙医医生。可以给牧民看病。只收药费。药材有些是自己买的，有些是自己采摘加工的。他对现在生活很满意，衣食无忧。对于将来，他也能够以一颗平常心坦然处之。只是现在学生（愿意当喇嘛的人）生源越来越少，恐怕不能将自己的事业传承下去了。谈到对未来的希望时，他希望学生能够好好学习，把事业继承下去。因为（喇嘛）多了，才兴旺。

个案2. 次成·扎木苏：31岁。获得格伯西学位，现在称尼日巴，是庙务会选举产生的寺庙经济财务总管。他1987年9月8日来到锡尼河庙，当时他14岁。他的舅舅原是本庙的喇嘛，现已去世。当年次成·扎木苏来庙里当喇嘛之前，只知道自己有一个舅舅是喇嘛。但不知道刚好就是这个庙里的。他的家在辉苏木查嘎努尔嘎查。因家里兄弟姐妹多，生活贫困，自己也喜欢当喇嘛。另外，他小的时候，奶奶总是说，不知道自己的孙子以后能不能当喇嘛。他说，奶奶的话多少对他有些影响。1988年冬天，他很幸运被派去甘肃拉卜楞寺学习。2001年12月返回锡尼河庙。在这13年中，他只于1996年回庙里一次。现在他依然钻研经文，教导徒弟等。

收入方面，每年发两次工资，夏天的六月十六，冬天的一月十六（农历）。他觉得现在的生活很好。他回忆说，他刚来锡尼河庙时，庙里有30多名喇嘛，主殿是砖木结构的，上有铁皮。喇嘛们住的是土房。现在已经是砖房了。至于将来，他就是想一辈子当喇嘛。不过，他希望如果可能，把寺庙发展壮大。只可惜他个人的能力有限。

个案3. 苏达那木·森格：1978年出生。现在26岁。1991年来到锡尼河庙，当时他14岁。他从小一直体弱多病。初一时（14岁），因病经常缺课，学习跟不上，他就不愿意再上学了。他听邻居或亲戚说，他总是得病，可能当喇嘛后，病就会自然好了。他还听喇嘛说：世上有404种病，分为4类，每101种病是一类。有101种病必须做手术，有101种病需要吃药，有101种病需要做法术，最后，还有101种病无法治疗，只能等死了。森格认为自己的病属于后两种。他的父母也不在乎他是否当喇嘛（因他兄弟姐妹也多，生活贫困）。他本人上学也跟不上，自己也愿意当喇嘛。所以，1991年他来到锡尼河庙，当了喇嘛。从此，他的病也好了。1997年，森格去呼和浩特市内蒙古佛教学校学习，3年后，返回庙里。2002年，他陪同大喇嘛丹毕·扎拉松到北京参加中国佛教协会第七届代表会议。他给大喇嘛当翻译。现在，森格在庙里主要从事整理文字资料，担任翻译等职务。他懂藏文，能看懂藏文经书。他原不打算学蒙医，但是考虑到应该继承老师的事业，所以，他正在学蒙医，要将这一事业传承下去。

个案 4. 道尔吉尼玛：现年 17 岁，1995 年来到锡尼河庙，到目前为止，他已经来到该庙 8 年了。他家住锡尼河西苏木，有姐姐和哥哥。7 岁时，他的腿被拖拉机压伤。治好后，一个萨满说，如果他不当喇嘛，腿还会再受伤。于是，他就当了喇嘛。刚开始时，他真的很相信萨满的说法，这 8 年间，他的腿的确没有再伤过，身体一直很健康。道尔吉尼玛说，他父亲的干爹是喇嘛，萨满认为他的干"爷爷"是喇嘛，他也应该来庙里当喇嘛，他们的命运是有联系的。但是目前他还没有喇嘛证，还不是正式喇嘛。现在，他还处在学习期。因此，他每天的活动就是学习藏文、读藏经，还负责做饭，打扫卫生等等。生活来源主要靠每年发的两次工资，大约有 2000 元左右，基本能够维持生活。谈到将来的打算，他就想一辈子当喇嘛。

二、萨满教

牧区的鄂温克族，有的人家供奉佛，在办理丧事时又都会请喇嘛念经。陈巴尔虎旗的鄂温克族牧民，在婚、丧事宜上，则保留有东正教的内容。尽管如此，鄂温克族长期以来一直把萨满教作为主要的宗教信仰。

萨满一词在我国史书上最早见于南宋徐梦莘著的《三朝北盟汇编》，称"珊满"（萨满），距今近 900 年。经俄国人传入西欧，成为国际通用术语。随着对民族学与宗教学的深入研究，学者们对鄂温克族的原始宗教萨满教产生了极大的兴趣，如秋浦的《萨满教研究》（上海人民出版社，1985 年）、乌丙安的《神秘的萨满世界》（上海三联书店，1989 年）、色音的《东北亚的萨满教》（辽宁民族出版社，1992 年）等，都用大量篇幅阐述了鄂温克族的萨满教，并与其他民族的萨满教信仰进行了比较研究，引起了国内、外学术界对萨满教文化的关注。

（一）萨满的产生　这一称谓来源于古代鄂温克语，意为"狂欢、激动、不安"的人，又称"先知者"（沙曼）、"神通者"、"通晓者"，意思是什么都知道的人。一般从得了重病或突然得疯癫病，后来好起来的人中物色，老萨满教授新萨满。至少需要3年时间，萨满的"舍温"（神灵）才能附体，新萨满才有资格为人治病和从事宗教活动，祭神驱鬼，为本哈拉消除祸害，祈求神灵保护狩猎运气好。

（二）萨满的威望　萨满在群众中享有很高的威信，鄂温克族萨满，不仅是氏族的巫师，主管一切宗教活动，解释一切生、老、病、死、神、鬼，而且一般还是氏族的头人（酋长），社会地位较高。但是，鄂温克族自治旗鄂温克人中还没有职业萨满，跳神驱鬼也没有什么报酬。其他地区鄂温克族萨满就不同了，萨满不仅有威信，无论到谁家，都坐在最尊贵的位置上，而且当萨满举行"奥米那仁"（即萨满五月祭神会）祭祀时，凡请过萨满或请萨满治过病的人，都赶来参加。他们带来献给萨满的礼物，有酒、哈达、布匹、牛、羊、砖茶、衣物之类。

（三）萨满的诸神　萨满教是一种多神教，也是原始多神教的一种。鄂温克族信仰的神种类多达10余种，如"霍卓热"（祖先神）、"那恩纳"（天神）、"阿格迪博如坎"（雷神）、"希温博如坎"（太阳神）、"玛鲁"（总神）、"托博如坎"（火神）、"白那查"（山神）、"额特肯"或"阿米坎"（熊神）、"呼莫哈博如坎"（鹿神）、"胡连博如坎"（蛇神）、"舍沃克"（娘家神）、"奥米博如坎"（保护婴儿神）、"吉雅奇"（保护牲畜神）、"阿巴格勒岱"（面具神）、"卓勒神"（原为奴仆）、"阿隆神"（驯鹿保护神）等。萨满还举行自然崇拜祭祀仪式，以"万物有灵"的宗教观念进行宗教活动。

（四）萨满的服饰　神衣：鄂温克语称"萨满西克"或"扎

瓦"，用鹿皮等精致绣花紧身对襟长袍；"托列"（铜镜）：分"纳贺热托列"（护心镜）1个，"阿日坎托列"（护背镜）5个，"尼什昆托列"（小铜镜）20个，"黑日塔"（小贝壳）胸部360个，"霍额特"（铜铃）膝下部54个，另有串珠等。

"优热日阿温"（头盔神帽）：用铁条或铜打制做帽架，用大绒做帽头，帽上部有铜制鹿角，角杈三至九杈不等，角杈越多，表明萨满的品级、资历和威望越高。

"扎呼屯"（护肩）：护肩上部左右两侧有"德给神"（格库鸟神）传播神灵信息，下身配有各种五颜六色的"哈日班库"或叫"塔克"（后飘带），绘各种神偶像，如日、月、树木、鹿、蛇等。

神具上多有自然崇拜物，飘带，共12条组成，象征12个属相；腰间左右两侧垂下皮绊带各1条，用双手晃动，显示威风；神帽，鹿角杈上悬挂数条彩色飘带，象征"斜仁"，即彩虹。神帽前面帽檐垂有红色丝条，遮住双眼，但不超过鼻尖，显示出萨满的神奇色彩；"阿什"（护身带，两侧有野猪獠牙）、"温屯"神鼓，是显示萨满威力的器具，使妖魔鬼怪闻声而逃。神鼓，用狼皮或山羊皮制作，毛朝外，敲打轻松自如。

（五）萨满仪式 萨满的主要宗教仪式是跳神和求神。鄂温克人有病就请萨满跳神治病、驱鬼。萨满到病人家之后，先为诸神烧"刚嘎"或"申克日"（蒿草），然后烧神鼓，穿神衣，左手持神鼓，右手持槌，双眼紧闭诵咒，祈祷请神，鼓声逐渐增快。首先颂扬氏族起源，其次询问病因病根。第三萨满神灵附体后，大声呼喊驱逐病魔，具体做法是到门外用弓箭射鬼（草扎的）。赶鬼仪式告终，病人精神振作，感觉病情好转或已愈。另一种是"奥米那仁"（即五月祭神会），这是一项重要的宗教活动，是比较隆重的集会。"奥米那仁"有两个内容：一个是老萨满领教新萨满，另一个是祈求全莫昆（大家族）、哈拉（氏族）平安。"奥米那仁"一般进行3天，但必须在萨满家举行。"托如"为祭神树，即在院内立1棵桦树、屋内立一棵柳树，两棵树之间拉上一条"松那热"围绳，树枝上挂许多五颜六色的绸布条。"奥米那仁"必须有两个萨满跳神，一个是本莫昆萨满，另一个是请来的外族萨满，被请来的萨满为师。祭神会时将全莫昆的男女老幼都在两棵树的中间集合起来，用狍脖皮制成的皮绳子把人们紧紧围起来，如果皮绳比原来短了，即预示将发生疾病或人口减少。"奥米那仁"一般每年举行一次。

（六）萨满的丧葬 鄂温克萨满死后装进木棺，装棺时，要从门运出尸体。运到葬地就放在地上，不埋进土里。当棺村和尸体腐化只剩骨架之后，他的信徒，要在所葬的位置堆积一些石头，已备祭祀。

萨满死后，要请别的萨满跳神送葬。其留在家里的法具，要用木架撑起来存放，有时对法具也进行祭祀。待继位的新萨满出现后，先由萨满跳神，向山神求得安葬之地。安葬后，供羊肉、酒、乳制品等物，并把萨满的神器及其他所有法器都挂在爬犁篷的西侧。

继位的新萨满死后，可以安放在前萨满的墓旁。如继位者为前萨满的女儿，虽已出嫁，死后也要放在她娘家父亲的墓旁。

萨满在世时所乘用的马匹和鞍具等物要留在墓旁，主要的神衣"扎瓦"要留在家里，给将来继位的萨满穿用。跳神用的鼓（"温屯"），如有两个，其中的一个要陪葬于墓旁，另一个留到家里待继位人使用。至于献给死去萨满的马匹，跑回家以后，不能像对待一般马那样对待，可使用，但不能卖掉。马老死后，要祭献1皮，意味着不让死者徒步行走，始终有马骑。萨满死后，其子弟带半孝，即把一小块白布缝在帽子或衣服上，孝期一般是90天。但萨满的妻子要带全孝，孝期为3年。

（七）萨满文化 鄂温克族萨满文化，尤其萨满传说"伊诺"的唱词和曲调，具有口头文学形式，在本民族内部广为流传。如尼桑萨满的传说、族源的传说、萨满歌词、萨满舞蹈、萨满服饰、神鼓、法具等，是具有鄂温克族民族特色的文化遗产，具有很高的历史文化价值，不仅在本民族世代相传，被视为珍宝，而且是国内、外专家学者研究的热门课题。

鄂温克族的萨满（鄂温克语叫"萨满额黑仁"）一般在萨满盛会或治病时进行表演，萨满穿上神衣"萨满稀客"，戴上神帽，手持"温屯"神鼓，步法为前进、后退、蹦跳、回旋4种类型，并伴有一定技巧动作，边击神鼓、边唱祈祷词，鼓法上主要有挡脸鼓、碎打鼓、飞鼓和煽鼓，每个鼓法伴有和谐的咒语音律，听起来节奏感非常强，萨满的"托列"铜镜、铜铃、铜片等装饰品，叮当作响，吟诵声令人胆战心惊，颇有神秘色彩。萨满舞反映了鄂温克族狩猎游牧生活的特点，具有森林和草原气息，现代流行的《鄂温克彩虹舞》就是由著名舞蹈家贾作光先生根据萨满舞蹈的基本动作创作出来的，在国内外享有盛誉。

第二节　节庆婚丧礼仪

一、节日

节日是人们为适应生产和生活的需要而共同创造的一种民俗文化，在人们的生活中发挥着娱乐、教化、凝聚民族情感等重要的文化功能。在漫长的历史文化发展中，鄂温克人在生产、生活实践的过程中，逐渐形成了能够深刻反映草原文化类型特征的节日。这些节日与鄂温克族狩猎和游牧的生计方式有着密切的联系。

鄂温克族的传统节日有"阿涅"（春节）、正月十五、正月十六（"抹黑灰日"）、二月初二、"罕希"（清明）、五月初五、瑟宾节、祭火日（腊月二十三）、敖包会等。在这些节日里，他们举行祭神、祭祖、歌舞等娱乐活动，处处洋溢着祥和、祝福的气氛。

(一) 瑟宾节

鄂温克族历史上曾有本民族的节日——"瑟宾"节，意为"吉祥如意、欢乐祥和"。"瑟宾"节既是民族节日，也是民间节日。鄂温克族的先人生活在森林中，以打猎为生，生存条件极其严酷。于是，他们努力创造欢乐祥和、安居乐业的生活环境，在民族的集会中他们互相鼓励、欢歌起舞，于是产生了"瑟宾节"这一狂欢节。每逢"瑟宾节"，部落里的男女老少都来参加，集会的整个过程由部落首领主持，纯朴的鄂温克猎民在点燃的篝火周围边歌边舞、祭祀神灵、举行宴会。宴会结束后，猎人继续欢歌起舞，直到第二天黎明。然而由于频繁迁徙，居住分散，"瑟宾"节在中国鄂温克族中曾一度失传。1994年6月18日重新确定恢复，并组织举办了第一届节日活动。同时确定，每年的节日时间为公历6月18日，节日歌舞为"彩虹"，象征吉祥、幸福、和睦、进取。

节日既来源于生活，又为生活丰富和补充了新的内容。同时节日对宗教信仰和风俗习惯的传承也起到了一定的作用。"瑟宾节"即体现了鄂温克人以"万物有灵"为核心的萨满信仰的意识。如：古时的"瑟宾节"上，鄂温克人既要祭祀"白那查"山神，又要对熊骨进行树葬，这表现了鄂温克人对图腾的崇拜。

1994年6月18日，首届"瑟宾节"庆祝活动在鄂温克族自治旗巴彦呼硕敖包山下举行，此后每年6月18日的"瑟宾节"，各地鄂温克族都会举办那达慕大会，主要内容有：经济洽谈、民族服饰表演等活动，以歌舞、游戏、民族体育等方式欢庆。目前，在鄂温克族的瑟宾节上，主要有抢"枢"、赛马、摔跤、射箭、腕力、"米日干"车夺宝、拉棍、劲力等比赛项目。其中，抢"枢"这一项目来源于鄂温克族的一个民间传说。传说在很早很早以前的一个傍晚，一个子孙满堂的大家庭在迁徙的过程中，第一辆车的轴销"枢"丢失，因此车队停止了前进。于是家里的老人让两个儿子各自带领一队人马去寻找，并提出要奖赏第一个找到"枢"并把车修好的人。于是就有了两队人马之间为了寻"枢"立功，抢"枢"的游戏。后来，极具民族特色的表演节目"抢银碗"以及作为畜牧业发展成就展示的"赛牛会"等也都被相继纳入到"瑟宾节"的活动中来。2001年6月，"瑟宾节"增添了"高产奶牛大赛"内容，2004年"瑟宾节"又增添了一项新的内容——长距离赛马创世界吉尼斯之最——20公里赛马，成为"瑟宾节"的又一个新的亮点。

（二）"米阔鲁"节

"米阔鲁"节，又称"伊木讷"，是锡尼河流域、陈巴尔虎旗通古斯鄂温克族的丰收节，农历五月下旬举行。节日当天，人们身着美丽的民族服装，与亲朋好友汇集在一起，由青年们逐户给马烙印、除坏牙、剪耳记、剪鬃尾和给羊去势等。老人们在这一天会送给儿女、外甥、侄子母羊羔，祝福他们今后羊群兴旺。另外，各家要依次举行宴会，宴会上主人会向割势人致谢，同时郑重向大家说明新的一年幼畜繁殖数，大家则向主人道喜。祝他"牲畜旺盛，烙印割势的数字与岁剧增……"。宴会一般按照鄂温克人先茶后酒的习惯进行。敬酒从首席开始，由男女主人依次敬让。敬完一圈后，主人献哈达，以示感谢。这家宴会结束后，人们又会到另一家，当各家宴会都结束后，所有参加宴席的人都去赴"尼莫尔"的欢庆，载歌载舞庆丰收。

（三）祭"敖包"

"敖包"，蒙古语是"堆"的意思。原来是道路与土地的界标，后来加进宗教内容，成为祭祀山神、路神的活动场所。"敖包"有旗敖包、苏木敖包，也有姓氏敖包和一家所祭的敖包。而且每个敖包都有固定的祭祀日期。鄂温克族过去每个氏族都有自己的敖包。现在鄂温克族自治旗每年农历五月间选择吉日祭敖包。其中，"胡硕（旗）敖包"，在伊敏河镇西、特莫胡珠嘎查的"胡硕敖包"山上，每年农历 5 月 23 日为祭日。

历史上祭敖包由长官主持。新中国成立后，群众多自行组织，所需物品由集资的形式获得。祭敖包活动分为 3 个过程：一大早先是喇嘛集体诵经，诵经完毕，人们在主持引领下按顺时针方向从左至右绕行敖包 3 圈。绕行中，人们在敖包上放石头或在柳枝上系哈达或绸条。绕行之后，人们坐北朝南虔诚跪拜、祈佑赐福。祭敖包时，杀牛宰羊作为祭品。鄂温克人认为祭敖包就是祭山神、河神，目的是祈求风调雨顺、人畜兴旺。敖包会上还举行赛马、摔跤、射箭等娱乐活动。

（四）祭火日

鄂温克族牧民非常敬重火，他们认为火是主人的神。在牧区的鄂温克族牧民把农历十二月二十三日看作是火神回天的日子，日落之后，要祭火神。祭火神时，主祭火神的妇女跪在火前，口中念"呼日耶"、"呼日耶"，请火神宽恕人们在这一年中的失礼之处，并祈求火神保佑来年的平安。然后，大家都向火神磕头，不论男女都要参加。从祭火那天起，3 天内禁止用铁器、木棍拨火，禁止掏灰。

此外，森林狩猎时代鄂温克人还信奉"白那查"神，即山神。"白那查"的形象是在大树上绘制的长须老人。一切野兽都是"白那查"饲养的，猎获野兽是"白那查"恩赐的。所以，遇绘有"白那查"神的大树，要用兽肉献祭，在饮酒用餐时先敬"白那查"，以求狩猎平安并有收获。

鄂温克牧民还信仰"吉雅奇"神，即牲畜之神。鄂温克牧人认为，牲畜是"吉雅奇"神赐给的，它是运气之神。每年正月十五或六月牲畜膘情好时，要祭"吉雅奇"神，供物是"阿木苏"，即稷子米或大米粥。献祭的奶粥必须先由本氏族未出嫁的姑娘先吃，然后大家共同吃。

至于春节、二月二、清明、五月初五和在夏秋季节举行的"那达慕"大会等节日，是受其他民族的影响、共同欢度的节日。这也说明鄂温民族和周围民族在文化上的联系日益密切。此外，自2000年起，鄂温克族自治旗每年还举办"冬季那达慕冰雪旅游节"。

二、婚丧

（一）婚姻

鄂温克族实行一夫一妻的氏族外婚制，即同一姓氏的鄂温克人只能寻找其他姓氏的异性为婚配对象，严禁同一氏族内通婚。如同姓之间婚配，将会受到社会舆论的强烈谴责。婚姻多由父母包办。解放前婚姻主要是以民间形式，即双方家庭的老人或当时的佐领、苏木达通过，即为合法婚姻。通常是男女双方在很小的时候，父母就为其做主订婚了，甚至有指腹为婚或摇篮订婚的。早婚很普遍。订婚之后要过彩礼，彩礼在各地有所不同，有的是马、乳牛、羊，有的是驯鹿等，彩礼多少根据经济情况而定。结婚的方式亦有所不同。

1950年5月《中华人民共和国婚姻法》正式实施，政府积极宣传、贯彻、落实此法。并从1953年6月开始大力推行婚姻登记制度。在男女双方自愿的基础上，必须由男女双方亲自到对方的户口所在地申请婚姻关系登记后，其婚姻关系才能合法生效。直到1980年国家第二次颁布《中华人民共和国婚姻法》后，牧民才开始使用新式的婚姻登记证书，证书上有男女双方的照片并加盖专用钢印，从法律上保障了婚姻的合法权益。民间对婚姻仪式的重视，完全超过了对依法登记的重视。

鄂温克族牧民结婚时特别讲究，男方要提前把蒙古包搬到女方的蒙古包旁。结婚当日,新郎须带 1 只羊、30~40 斤酒去女方家。女方家长要给新郎换一身新衣服,经济条件好的,给新郎一匹马和全套鞍具,并宰羊,以酒肉招待。随后新娘骑马或坐上车,由同姓几位已婚妇女陪送到新郎家。在一番喜庆酒宴之后,婚礼结束。

在陈巴尔虎旗的鄂温克族牧民中,至今还保留有"逃婚"式的自由婚姻习俗。即青年男女定情后,由男方父母新建一座蒙古包,包旁搭一新"撮罗子",结婚之日,男女双方约好时间、地点,一起骑马逃跑到新"撮罗子"里。由守候在此的老太太将姑娘的 8 根小辫改梳成两根大辫,以示结婚。新人再共同到男方父母家一拜祖先,二拜火神,三拜父母。同时,男方家必须派两人到女方娘家敬酒献哈达。他们想尽办法讨女方父母高兴,并唱道:

马的蹄子可以缩短距离,
青年男女,
可以让不相识的两家变成亲戚。
我们手捧洁白的哈达,
来请求父母的祝福!
满杯的酒,
还是请你们喝了吧!

如果女方父母喝了酒,就算表示同意这门婚事。

(二) 丧葬

鄂温克族牧民的葬俗,过去比较简单,曾流行过风葬和火葬的习俗。后来受到其他各民族的影响普遍实行土葬,并且有氏族或莫昆墓地。一般情况下,对老人的葬仪很重视。过去请萨满跳神发葬,信奉喇嘛教后,请喇嘛念经送葬。搭建灵棚,停尸数日。要给死者换上寿衣,在死者的铺位上搭一蓝布帐篷,头前供桌上放煮熟的羊肉和乳食品等。在停灵期间,要通知亲属来吊唁。装殓入棺后，用牛车送葬，儿子牵牛在前。埋葬时，用金银箔纸做成日、月形，埋进死者头顶稍前的地方。葬后第三天，要烧纸、烧金银箔，再请喇嘛在黄纸上写死者的姓名、日期和祭者的姓名，在朝着埋葬死者方向几十米处烧掉。之后，将原住蒙古包向前迁移，在原包址死者的铺位上放一块石头，撒一些稷子，认为这样对子孙吉利。如住的是土房，也要请喇嘛念经除污。此后，每年清明节要烧纸。

陈巴尔虎旗的鄂温克族牧民，丧葬习俗受到东正教的影响，在为死者停灵时，死者头向西北，脚向东南，身旁立耶稣像。入殓时，按季节为死者穿衣戴帽，如是女人要戴头巾，要铺白布，蒙白布。送葬时由牧师念经引路。在不信东正教的人家，则请萨满跳神引路送葬。

三、礼仪

鄂温克族恪守着长幼有序的规矩，讲究礼节。年轻人见到长辈，要敬烟并屈膝、侧身、拱手作揖表示问安。如果骑在马上也要下马施礼。平辈人之间和睦相处，关爱儿童，邻里互相帮助，对于有困难的人给予照顾，牧民历来就有互助合作、互相帮助的生产习俗，讲究互助精神。至今在全国各地没有发现一例鄂温克族乞讨者，团结互助是鄂温克人的传统美德。

鄂温克族牧人不但勤劳、勇敢、纯朴、爽直，而且具有诚实的美德。他们不知道什么叫做偷窃。牧民在草原上设有仓库，存放食品、衣物、工具等，从不上锁，如果有人途中断粮、缺衣，可以到任何一个仓库去取。他们说："外来的人不会背着自己的房子，你出去同样不能背走你的家，如果不招待外来的客人，你出门也无人照顾。"所以，总是热情地招待客人，认为家中来客人是喜事，在牧区最通常的礼节是敬奶茶；这一习俗直到今天还保留着。但是这种传统美德与市场经济的价值观也有不和谐的一面。比如，改革开放以来，鄂温克族自治旗得天独厚的地理位置和民族风情、自然风光促进了旅游业的发展。红花尔基森林公园已被批准为国家级森林公园。20户牧民家庭旅游示范户基本成型，共接待游客6000人次。伊敏河宾馆晋升为三星级酒店，2005年旅游业基础设施建设投入1000多万元，实施了巴彦胡硕旅游区40座太阳能客房（包括一座双层圆顶大型蒙古包餐厅）、红花尔基森林公园零点餐厅、文化广场和森林博物馆、愉景湾观光牧场5幢别墅、民俗风情园等基础设施建设，提高了旅游景区的接待能力和接待水平，2005年接待国内、外游客17.6万人次。然而旅游收入却偏低。牧民自嘲地说：热情好客、白吃白喝，传统的重情重义淡化了科学的理财观念，使市场经济下的旅游收入目标不能得以实现，或者不能实现最大利润。所以今后必须引进先进的经营理念和运营机制。让热情好客、重义轻利、团结互助的传统美德在新的市场经济体制下找到有机的结合点。

第三节　民间文学与艺术

一、民间文学

鄂温克族文学绚丽多姿，民间文学样式有神话、传说、故事、寓言、民歌、叙事歌、谚语、谜语、笑话等，代表作有《创世萨满》、《尼桑萨满》、《鄂温克人的根子在撮罗子里》、《维纳河的传说》、《海兰察的传说》、《大兴安岭的故事》和《白桦树的故事》等，从开天辟地、人类的起源、民族的起源一直讲到历史人物海兰察以及地方风物，内容十分丰富。对他们的迁徙历史、古代生活和自然景象都作了朴素的描绘和解释。特别是以《尼桑萨满》为代表的鄂温克族萨满文化，尤其萨满传说"伊诺"的唱词和曲调，以口头文学形式在本民族内部广为流传，具有很高的历史、文化价值，也是国内外专家、学者研究的热门课题。

新中国成立后，众多学者对鄂温克族的民间文学进行了搜集、整理和研究，并先后出版了《鄂温克族民间故事》（吕光天搜集整理）、《鄂温克族民间故事》（杜梅搜集整理）、《鄂温克族民间故事》（朝克、敖嫩、耐登、莫日根布和搜集整理）、《鄂温克民歌》（莫日根布和、巴图苏热搜集整理）、《鄂温克族民间故事选》（马名超整理）和《达斡尔鄂温克鄂伦春民歌》等。

1.《〈尼桑萨满〉》[①]

传说很久以前在黑龙江上游有一个富人叫巴拉图巴音，他有一个独生子叫舍热古代偏库。有一天，舍热古代偏库骑着花走马，带着猎犬和猎鹰到山上打猎时不幸突然猝死。儿子死后的一天，有一个穷老头来家里要饭，巴拉图巴音说"我儿子都死去了，你需要什么就随便拿吧"。穷老头为了感谢巴拉图巴音的好意，告诉他说："你只要能请到尼桑萨满，就能救活你的儿子。他住在离这东南方向60里外的尼斯盖河上游。"巴拉图巴音欣喜万分，立即骑上花走马亲自请尼桑萨满去了。第二天，尼桑萨满把自己的神派去，在9天之内将舍热古代偏库的灵魂从阎王爷那里夺了回来，舍热古代偏库复活了。此后，尼桑萨满也变成了举世闻名的萨满。后来这个消息被皇帝知道了，请尼桑萨满给皇亲国戚治病，结果没治好，皇帝认为尼桑萨满欺骗了他，于是把尼桑萨满扔到了井里。但尼桑萨满的神灵并没有消失，后来的鄂温克萨满都是尼桑萨满神灵的继承者。

[①] 乌热尔图：《鄂温克风情》，内蒙古文化出版社，1993年，第209页。

2. 《大兴安岭的故事》①

传说在古代，美丽的兴安岭里有个名叫乌和奈的猎人。他不但勇敢，而且英俊，被人们称之为最勇敢的猎手。兴安岭的姑娘们都爱慕他，并希望能嫁给他。乌和奈在山上打猎时，听到一男一女的对话。

女：你说世界上有比我更聪明和漂亮的女人吗？

男：你的确聪明漂亮，但比起太阳落下的地方奚卧吐汗的小女儿还差一点。

男的又反问女的：你说世界上还有比我更聪明、英俊的男人吗？

女：你的确聪明英俊，但比起太阳升起的地方住的乌和奈还差一些。

乌和奈一听有人提到自己的名字，抬头一看，说话的原来是两只鹿（一公一母）。他本打算猎获它们，但被它们提到的奚卧吐汗的女儿吸引住了，于是产生了去找这个姑娘的念头。他骑上马，飞奔至太阳落下的地方，果然见到了奚卧吐汗。他说："你的小女儿是世界上最美丽的女人，我要你女儿做我的妻子，我是来求婚的。"

汗看到这位小伙子如此英俊、魁梧，慨然应允。并宴请亲友，为小女儿准备婚礼。汗的大女儿听说此事，产生了对乌和奈的爱慕之情，自己想嫁给乌和奈，于是设法破坏乌和奈和妹妹的婚事。回去对妹妹说："宴会是为你举行，但真不明白为什么父亲给你找了一个鼻涕很长，胡须长达腰间的80岁老人为夫。"妹妹听完后，心中有疑，于是让侍女去探个究竟，侍女看到乌和奈后，十分高兴，但回去的途中被大女儿挡住了去路，大女儿威胁

---

① 鄂温克族历史资料集（第三辑），1998年，第308页和内蒙古自治区编辑组：《鄂温克社会历史调查》，内蒙古人民出版社，1986年，第123页。

侍女不准向妹妹说实话,就说是个鼻涕长长、80岁的老头。胆小的侍女因为害怕只好做了假报告。妹妹听了很失望,不愿嫁给这个老头,就连夜逃出了家门。

当婚礼快要进行时,汗的小女儿不见了,汗非常着急。这时,大女儿提议由自己代替妹妹嫁给乌和奈。汗无奈,只好答应。与汗的大女儿举行完婚礼后,乌和奈发现此女很丑,很难相信这就是世界上第一美女。但事已至此,只好忍耐。

于是乌和奈带上新娘子往回走。在回家的途中,离家出走的小女儿在山林中偷偷地看到了乌和奈,看到他如此英俊,知道自己受骗了。她在乌和奈要走的路上放了自己亲手做的一支烟口袋。乌和奈发现后,捡了起来,非常喜欢,于是就送给了自己的新娘子。新娘一看便认出是小妹的东西,于是顺手将烟口袋扔掉了。小妹于是又在他们经过的路上扔了一把刀子,乌和奈看到后又捡起来给了新娘子。新娘子又把它给扔了。小女儿心里非常难过,只好含着眼泪走掉了,给一个无依无靠的老人做了义女。

回到家乡后,乌和奈的乡亲们为迎接乌和奈和他美丽的新娘子,张灯结彩准备欢庆。但当大家看到新娘子后,都非常纳闷,乌和奈怎么娶了一个这么丑陋的女人。

按着风俗,一个月后乌和奈领着新娘子回丈人家。途中因天晚在一个老人家里住宿。这户人家正好是收养奚卧吐汗小女儿为义女的人家。新娘子进屋后,不知为什么不敢抬起头来,而这时候,奚卧吐汗的小女儿也早就认出了她,乌和奈发现主人家的女儿如此漂亮,而小女儿也老看乌和奈,他们就这样被相互吸引着。奚卧吐汗的小女儿终于忍不住把事情的经过倾诉了出来,而坐在炕上的新娘子因为羞愧,跑出门跳井了。于是乌和奈和奚卧吐汗的小女儿一起回了家。

3.《莱莫尔根的传说》①

传说很早以前有个人叫莱莫尔根,他是黑龙江发源地附近的一个部落酋长。开始那里的人们靠吃苔藓和野菜过日子,后来开始打猎、吃兽肉。黑龙江一带的野兽少了,莱莫尔根便骑上枣红马,渡江到对岸找猎场。他在山上发现一匹巨马,马上坐着一个巨人,马和人都是一只眼睛。巨人令他用烟袋给他敬烟,莱莫尔根刚要将烟袋交给巨人,他的马却因受惊掉头往回跑,于是,那巨人也从后面追。莱莫尔根的马很快就过江来到南岸,莱莫尔根对巨人说:"你有能耐过来比一比。"巨人没有过来。莱莫尔根回到部落后,对大家说:"江那边打猎有困难,我们到别处去吧"。部落中有的人不同意,莱莫尔根说:"愿意跟我走的,睡觉时头朝西南"。第二天他领着愿意跟他走的人往黑龙江西南方向走了。传说随莱莫尔根沿河住下来的便是鄂温克人,留在山上的是鄂伦春人。

4.《海兰察的传说》②

海兰察出生在索伦左翼扎拉玛泰尼日霍勒特浩嘎新一个贫苦牧民家里。从小丧父,由母亲辛勤操劳,抚养长大。对于海兰察的出生,有一个神奇的民间传说。传说有一年,清政府派一名钦差到呼伦贝尔巡视。副都统衙门为这个钦差建了一栋楼房,钦差来到呼伦贝尔城后就下榻在这栋楼房中。深夜,突然从南面传来了婴儿的啼哭声,使得钦差久久不能入睡。于是,第二天钦差派人去查看,发现在这座房子3里之外的地方,有一位鄂温克妇女生了一个男孩,这个男孩就是海兰察。对于一个初生的婴孩哭啼声竟能传到3里外的地方,钦差非常惊讶,于是便亲自去看。看

---

① 乌热尔图:《鄂温克风情》,内蒙古文化出版社,1993年,第7页;呼伦贝尔盟民族事务局编:《呼伦贝尔盟民族志》,内蒙古人民出版社,1997年,第243页。

② 乌热尔图:《鄂温克风情》,内蒙古文化出版社,1993年,第16页。

到后,他发现男婴长得确实非同一般,并且他的哭声如熊咆虎啸,竟使得钦差不得入睡。但海兰察的初生哭声确实非同其他的婴儿,足以见得他的出生是如此的不平凡。

二、民间歌舞

鄂温克族民歌内容涉及民族历史、生产劳动、社会交往、爱情婚姻、思念家乡、歌颂生活、抨击邪恶等内容。这些民歌有的有固定词曲,有的根据场景和心境的不同即兴填词。同时,鄂温克民歌讲究押头韵,咏唱起来朗朗上口。

如《美丽的辉河,我的家乡》中唱到:

金波闪光的辉河啊,
水流清澈的雅鲁河,
这是鄂温克人美丽的家乡,
是我生长的地方,
我放开嗓音歌唱,
鄂温克人可爱的家乡,
我放开嗓音歌唱,用乳汁哺育了我的故乡。

这首民歌歌颂了家乡的山水风光,唱出了对故土的深深眷恋,同时表达了热爱故乡的情感。

再如歌颂爱情的民歌《为什么把我嫁给他》中唱到:

光秃秃的地上,
白脖鸭怎能落下?
素不相识的人,
为什么把我嫁给他?
不长草木的地方,
黄鹂鸟怎能落下?
连一点情谊都没有的人,
为什么把我嫁给他?

民歌《心上的人哪,代苏哥哥》中唱到:
> 心上的人哪,代苏哥哥,
> 只有你和我情投意合。
> 站在高处,才能望得远,
> 相爱的生活,比蜜还甜。
> 意中的人哪,代苏哥哥,
> 我们相爱,是因为生前有缘。
> 最好的烤烟,留给你卷,
> 美满的日子,要你我相伴。

这两首民歌分别表达了对不幸婚姻的痛恨和对于自由、爱情的歌颂。

鄂温克族民歌的突出特色是歌与诗、舞浑然一体。许多有名的猎手和牧人,同时又是著名的歌手。民歌的曲调豪放,富有草原和森林生活的气息,其特点是触景生情、即兴填词。如:
> 银白色的雅鲁河,
> 泛起了鱼鳞般的银波。
> 如镜子一样明净的辉河,
> 闪着金黄色的光芒。
> 提起这条河啊!
> 是我们鄂温克人的家乡……

伴着歌声,男女老幼翩翩起舞。

民间最著名的舞蹈是"努给勒",又称"伊堪",是鄂温克族的传统舞蹈形式。每逢节庆、丰收日或宴请客人时,人们就会跳起欢快的"努给勒",表达其喜悦的心情。该舞蹈多由妇女集体表演。舞步独特,刚健有力,节奏性强,以"跟靠步"和"踱步"为舞蹈特点。此外,还有"天鹅舞"、"跳虎"、"猎人舞"、"篝火舞"等,节奏明快,旋律奔放,表现了鄂温克族能歌善舞的特点。现代流行的《鄂温克彩虹舞》就是由著名舞蹈家贾作光先生根据萨满舞蹈的基本动作创作出来的,在国内外享有盛誉。

2005年成功举办"中国鄂温克敖包相会国际情歌节"大赛。鄂温克族自治旗乌兰牧骑在第三届内蒙古自治区乌兰牧骑艺术节和第七届中国民间文艺节比赛中分别获得集体金奖和山花奖的好成绩。鄂温克、布里亚特蒙古族服饰表演队和乌兰牧骑等已成为弘扬、展示民族文化的重要载体。

三、桦树皮手工艺

桦树皮制品是鄂温克族人狩猎生产、生活中的基本用品,使用的年代久远,形成了独具特色的桦树皮文化,充分体现了鄂温克族人民的聪明才智和精巧的手工艺水平。

鄂温克人的桦树皮器皿(具)种类繁多、形式多样、艺术表现手法十分丰富,主要有针线包、桶、摇篮、碗、驮箱、刀鞘、火柴盒、神龛等。

鄂温克人制作桦树皮制品技术特点鲜明、工艺技术高,压花凸显了花纹的立体感。鄂温克人在桦树皮制品上雕刻的花纹和图案具有本民族独特的技艺和方法。在鄂温克桦树皮制品中,最能体现雕刻艺术文化的就是桦树皮箱。在箱盖的边缘和箱子的四周刻压上六卷形花纹,象征着夫妻偕老,永不变心;在箱子的前面雕刻上驯鹿,象征着鄂温克人对大自然的向往和崇拜以及对幸福的追求。桦树皮箱子是鄂温克族雕刻艺术文化与宗教信仰思想的集中体现。它不仅是一个生活用品,而且是一件精美的艺术品,蕴涵着鄂温克人古朴的宗教文化色彩,同时又具有时尚性和实用性。过去鄂温克族姑娘出嫁时,女方家的嫁妆就是精心制作的桦树皮箱子及其桦树皮制作的生活用具,妇女们用它来装珍贵的首饰及衣物等,并把它作为具有神灵的圣物加以保护。

第四节　文化的传承、保护与创新

我国是一个统一的多民族国家，56个民族及多语言、多文字的状况决定了中华文明具有鲜明的多元一体特征。当前我国民族民间文化正面临着强烈的冲击，民族文化的多样性和丰富性亦受到威胁。

一、保护和抢救民族文化[①]

鄂温克族作为一个有语言、无文字、人口较少的民族，鄂温克族口头文学、舞蹈、音乐、工艺美术、绘画、雕刻等非常丰富，是鄂温克社会结构、生产生活方式、意识形态、信仰等方面的综合表现形式。例如，鄂温克族舞蹈动作优美、节奏感强；民歌曲调悠扬动听，富有草原和森林气息，独具风格等。这些优秀的文化遗产，经过历史的积淀，成为维系鄂温克族的精神纽带。其所表现的原生态特点，具有浓重的人性化、情感化及民族文化多样性特征。如何保持其民族文化的多样性，是构建和谐社会的重要内容。

因为民族文化是一个民族赖以生存和发展的精神动力，是根脉相传的精神支柱。尽管在全球经济一体化的今天，"文化趋同"现象越来越显著，鄂温克族的民族文化也正面临着危机和挑战。目前，联合国教科文组织正在开展"人类口头与非物质文化遗产"的申报工作，我国已启动"民族民间文化保护工程"。因此，保护和弘扬民族文化是一项紧迫的任务，必须抓紧时间抢救、挖掘、整理。

---

① 祁惠君：《民族文学研究》2006年，第1期，第166页。

联合国教科文组织关于世界文化多样性的宣言里说，文化多样性是"人类共同的遗产"，"对人类来讲就像生物多样性对维持生物平衡那样必不可少。"费孝通先生曾经说过中华民族是多元一体的格局。每个民族的文化都是灿烂悠久的中国文化之一。每一种文化都是独立的体系，不同文化的传统和价值体系是无法比较的，文化价值没有共同的一般等价物，对不同文化价值及其所造成的文化背景的估价，应该是相对的。因此，强调各种生活方式都有存在的价值，是对各个文化价值的肯定和尊重，人类应该以寻求了解和协调为目的，而不是损坏与自己不相吻合的东西。所以我们不能忽视人口较少民族的文化，而是积极保护、弘扬和扶持人口较少民族的发展，切实把各民族的根本利益实现好、维护好、发展好，使民族之间和睦相处、和衷共济、和谐发展。只有这样才能把各民族的智慧凝聚起来，为构建和谐社会共同努力，共同奋斗。

二、文化传承与思考

鄂温克族多种经济文化类型的生态环境培育了鄂温克族多元的文化，比如民族节日、音乐舞蹈、桦树皮制品、兽皮制品等民族艺术；手把肉、奶干、肉干等民族饮食；风格独特的婚丧嫁娶等民族习俗依然在鄂温克族牧区现实生活中以纯正的民族意识与情感深深地保留着，并以本民族独有的传统形态在日常生活中每时每刻地传承与展演，它们与现代文明有碰撞和冲突的一面，也有相当和谐的一面，从而构成了中华民族整体文化的重要一页。

针对这些多彩多姿、潜力巨大而又十分脆弱的鄂温克族民间文化，尤其是那些年事已高的民间艺人，随着时光的飞逝，人数越来越少。所以从鄂温克族民间文化的现状来看，其保护工作可以在两个方面进行：

第一、用影视的形式记载鄂温克族文化的整体面貌，将原汁原味的鄂温克族民间文化搬上银幕、荧屏,用现代高科技手段保留鄂温克族声、像、图、文并茂的原生态民族民间文化,以艺术、立体、生动的银幕、荧屏为载体,保留、记载鄂温克族非物质文化遗产的全貌,以供后人欣赏、学习和研究。

　　第二,用完善的教育机制保护鄂温克族的文化。鄂温克族非物质文化遗产保护的最终目的是为了有效地将其传承下去,而不是仅仅停留在保护这个阶段。而要真正使非物质文化遗产能够世代传承,并发挥社会作用,根本性的问题是把非物质文化遗产纳入教育体系。教育是人类社会文化传承的重要途径和手段。教育是传承鄂温克族传统文化最为有效的途径和方法。为此,完全有必要把鄂温克族传统文化纳入家庭、社会、学校等多种教育机制,使鄂温克族丰富而独特的精神文化得以进行有效的、系统的、科学的传播。

第六章 畜牧业生产的基本特征

第一节 四季的生产方式

牧业生产活动和农业生产活动有很大的不同，草原牧民见面时，第一句问候语经常使用"今天天气好啊！"、"今年雨水好！草好，牲畜好！"之类的句型。由此可见气候和牧业生产活动关系极为密切。

呼伦贝尔草原处于中、高纬度，属中温带大陆性气候。冬季漫长寒冷，夏季温和短促。春秋两季降水少、多大风。牧民在长期的生产实践中，积累了丰富的放牧经验，往往是根据四季的气候变化，地形、地貌的不同特点，选择适宜的牧场，放牧饲养各类牲畜。一般情况下，会把放牧场与打草场结合起来利用，具体地按草地类型划分为冷季和暖季营地，暖季时进行游牧，冷季时要半舍饲半游牧。或者划分为夏营地、春、秋营地和冬营地。四季游牧的牲畜有绵羊、山羊、肉牛、育成牛和马。在此，我们对鄂温克族牧民一年四季的生产活动情况作如下归纳和描述：

一、春季（3—5月）的气候特点是：气温回暖快，天气变化无常，风大，降水少，昼夜温差大，季平均气温为5—6度。平均降水量为26—34毫米，占全年降水量的9%。其间盛行西北风，偶然会刮西南风，大风日数平均26天。下雪日一般终止在4月下旬，终霜日平均在5月下旬至6月上旬。通常情况下，春季自然灾害较多，主要有干旱、暴风雪、冷雨和雨夹雪等。

(一)干旱：春季干旱与前一年的秋季和冬季雨（雪）量有关，主要取决于当年春季降水量之大小。春季发生干旱，会影响牧草返青及生长发育和后期产量。一般4—5月份的降水量只及历年同期平均值的60—70%为春旱，60%以下为严重春旱。

(二)暴风雪（俗语叫 白毛雪）：风力7级以上，伴有中等以上降雪，能见度小于1000米，持续4小时以上，形成（大）暴风雪灾害。强白毛风一般集中在4—5月份，持续时间可达48小时以上。10—11月也时有出现，但持续时间较短。根据气象资料的记载，强白毛风共发生过4次，分别出现在1971年3月、1973年3月和5月、1982年5月。强风雪天气对农业和牧业生产都会产生影响，带来损失。相对而言，给畜牧业生产带来的危害更为严重。

(三)冷雨：在春、秋季节降水量大于5毫米，日均气温小于5℃，24小时降温6℃以上，定向风速≥8米/秒；夏季24小时降温6℃以上，日降水量大于20毫米，降水时数15小时以上，日均风速≥5米/秒，便形成冷雨灾。据资料记载，1979年7月发生过一次冷雨，此时因羊毛已剪，新毛尚未长出，突然下冷雨，造成鄂温克族自治旗损失羊达到7495只。

(四)雨夹雪：一般在春末秋初多见雨夹雪的天气现象，鄂温克族自治旗1959—1981年（1961—1969年缺数字统计）间共出现41天，年均2.9天。雨夹雪天气直接危害牲畜，严重时会导致牲畜大量死亡。

春季放牧，因为牲畜刚刚渡过了漫长的冬季后，一般来说，牲畜膘情普遍都会呈现下降的状态，这时的牲畜体力较弱。因此，开春之际，牧民通常是将怀胎的母畜和已经产畜的母畜及体弱的牲畜编成一组，选择阳坡、背风、暖和的、离住地较近的、好的草场放牧；膘情和体力相对较好的牲畜编成另外一组，在距离住地较远的草场放牧。由于春季风大，特别是冷风和暴风雪、雨夹雪的天气较多，放牧时牲畜易顺风跑失，所以既要顶风放牧，顺风归，还要注意"跑青"。所谓跑青，即青草萌发时期，要先放牧阴坡，后放阳坡或平地。逐步由枯草过渡到青草，以保证牲畜恢复体力。

春季是牧民最忙的季节，在牧区，春季有两项重要大事。一是牲畜产仔；二是要给马、牛、羊割势、剪耳和烙印。比如：3—4月开始产小马驹。一般情况下，马到4岁需要割势，多在春季进行，也有早的则选在正月初或在农历2月进行。因早春二月气候寒冷，牲畜不会因割势发炎而死亡。给马割势的工具有刀、木夹子和木刺针。牧民对割势的人很尊敬，通常情况下，每个家庭在割势后都要举行简单的或小型的宴会以示答谢。马的剪耳和烙印多在农历4月上旬举行，每一家的马都有特殊的烙印和独特的剪耳记号，以标明其私家所有。马的烙印部位多在其左后腿上，印纹形状各异，传统的有海螺形和鱼形印，现在则普遍流行数字印和文字印。对于养马的牧民来说，评价一匹马的价值时，很讲究看马鬃，马的精神面貌和形体的美观大方是通过马的鬃毛得以展现的。鬃毛不剪就长不出好的鬃毛，所以马到2岁要全部剪鬃，尤其是乘马。一般不剪尾（3岁以后的马只是稍稍剪一点尾梢，普遍的审美观念认为短尾马不好看），种马也不剪鬃尾，这既是为了外观威风，也是为了能与普通的马有所区别。传统上讲，献过祭的马一律不剪鬃尾（在生产实践中，用马鬃或鬃尾打成的鬃绳，相当结实耐用）。

3月，同时也是生产小牛犊的时候，当母牛有产犊预兆时，通常在蒙古包附近放牧。如果来不及赶回牛圈，就让母牛就地产犊。产犊后必须让牛犊及时吃上初乳，并要及时地将牛犊身体擦干或让母牛舔干。产犊母牛一般每天要挤两次奶，牛犊一天也要吃两次奶。初产牛犊成长到3个月龄之后，才能在较近的牧场放牧。牛是常年发情、需要配种的牲畜。牛在2岁时可割势（公牛则在割势的同时剪耳和烙印，牛的烙印部位比马的烙印部位稍高一些，基本上每家的马、牛、羊和骆驼的标记都是一样的，以此为标记进行区别）。割势工具用刀子即可，其伤口一周左右能愈合。给牛割势之后，按当地的风俗习惯，牧主人要将牛的睾丸和奶、米煮成粥（但是这种粥里一定不能放盐和菜，据说放盐和菜的话，牛的伤口会疼且难以愈合），请割势的人一起食用，以表示答谢。

4月初到4月中旬是接羊羔期。这一时期，要把待产母羊单独组群，由专人负责，必须日夜守护管理。母羊多在夜间生产，有时产下的个别小羊羔体弱多病还需要特别护理，因此产羔期需要大量人力，同时还要防止幼羔被大羊挤踏，必须及时分圈。总之，接羔的工作十分艰苦，相当紧张。产羔不久的母羊，特别是初产母羊，每天要保证给羔羊喂奶3—4次，这样就加重了羊倌（牧羊人）的工作量。现在普遍采用的方法是由羊倌将母子一一逐对找出，赶出羊群。这样连续训练几天后，母羊就学会了带自己的羔羊离群喂奶。母羊认初生的羔羊时，主要是靠羊羔身上的气味和叫声，所以羊群不易过大，若羊群大而拥挤，很多羔羊混在一起，母羊则无法辨认其羔羊。遇到不认羔的母羊还要耐心的调理（营养不良或初产的母羊，母性不强，经常有弃羔的可能）。

引导母羊认羔的方法主要有三：

1. 将母羊留下，一般是由牧羊人家的"老妇人"怀抱小羊羔，唱哀调歌曲。鄂温克牧人只唱曲，如："陶依格""陶依格"，婉转悲哀的曲调，没有歌词（而蒙古族的牧人即唱曲也唱词。）。希望唤醒母羊的母性，有时要连续唱几个小时，才能促使母羊认自己的羔。现在年轻的牧羊人，普遍缺少这样的耐心。于是就将老人们唱的曲录下来，遇到不认羔的母羊时，就将小羊羔放在母羊身旁，长时间地播放录制好的曲，也有的牧羊人选择现代版的很时尚的流行歌曲和轻音乐等给母羊播放，也能促使母羊认羔。

2. 将产羔时的羊水涂在小羊羔身上，使母羊通过闻味认羔。

3. 将母羊的奶掺上盐，涂在羔羊的尾部，母羊喜吃盐。当它舔羔羊的尾部时，闻到自己的奶味而认羔。

羊的剪耳记号种类繁多，有双耳和单耳之分（鄂温克牧民历史上习惯将羊耳剪下的部分，用线穿起来，悬挂在"吉雅奇"牲畜之神旁，作为献祭，以求保佑牲畜的繁衍兴旺）。羊的割势多在5月下旬进行，再迟的话，因天气热，蚊蝇多，易生蛆。通常也是将羊割势后的睾丸和奶、稷子米煮成粥，敬献给割势的人品尝（奶粥中放稷子米意味着羊繁殖的快），同时还要杀羊，煮手把肉庆贺，意味着新的一年牲畜繁衍兴旺，生活更加富裕。这就是牧区的"丰收节"，也叫丰收会。举办规模不一，主要是由当年的年景来决定的。比如，风调雨顺，没有遇到自然灾害，割势后都举办丰收节，相应的还要进行赛马、摔跤和歌舞晚会。

二、夏季（6—8月）的气候特点是：气温较高，风小，降水集中，日照时数长，季平均气温为17—18度。降水量为200—229毫米，占全年降水量的72%。季平均风速小于4m/s。

夏季放牧主要是各类牲畜抓水膘的关键季节。夏季由于气候炎热，蚊、蝇、虻等虫活动猖獗。必须选择有野韭菜、野葱、野蒜的高岗地草牧场或集中在河流、湖泊、井泉等饮水点周围放牧；或在较远的林间操场上放牧，以躲避酷暑和蚊虫的叮咬，并能解渴、驱虫。通常6月中旬开始转场放牧，既由春营地转场到夏营地放牧。鄂温克牧民的夏营地主要分布在伊敏河、辉河、锡尼河、莫尔格勒河两岸。这种转场放牧，被牧民称为走"敖特尔"。

走"敖特尔"的场面很壮观，牧民骑着马，赶着马、牛、羊群，在蓝天白云下，牲畜边走、边吃草。在畜群的后面有一条长龙似的勒勒车，勒勒车多由牛来牵拉，车上载有蒙古包、日常生活用品和生产工具等等。妇女和儿童坐在有棚的车内，后面便是一辆接一辆彼此连接在一起的勒勒车。日落时分，如果此地无牧民居住，便只好停止前进，就地埋锅，煮肉做饭。妇女和儿童住在勒勒车内过夜，男人睡在勒勒车下。如果此地有牧民居住，走"敖特尔"的人都很方便地暂时借住在任何一户牧民家中（即使没有任何亲属关系的牧民也都会慷慨帮忙），次日饭后启程，每日行程约15—25公里。现在牧户有汽车的越来越多，转场时，一般是用汽车来回往返运送蒙古包和日常生活用品。通常先牲畜到达之前就搭建好蒙古包，妇女料理好日常生活，等待放牧的主人和牲畜群归来。

夏季也是奶牛产奶量最旺盛的季节，在人类饲养家畜的历史进程中，最初的饲养对象是绵羊、山羊等小型家畜，根据推测远在八千年[①]以前人类已经掌握了"挤奶"这个生活技术。由此，奶汁作为人类丰富营养源的摄取得到了保障，人类依赖家畜的生活也因此发生了质的变化。挤奶是女性的专职（挤马奶除外，因马的出奶量较低，每隔两小时就要挤一次，1天共挤8次左右。挤马奶时，需要用专门的缰绳拴住小马驹，这样，以马驹为"人质"，使母马一直在其周围走动，不会跑远。达到现场挤奶之目的。挤奶时，为了照看好马驹，还需要一个人来帮忙。这个照看马驹的人，往往由男性来担任）。牧民妇女大约是凌晨3点左右起来，开始一天的忙碌。在鄂温克草原主要是挤牛奶，每天需要挤两次。挤奶是讲究技术熟练的，常态的情况下挤奶工都是女工，她们双手灵活，技术娴熟。同样是挤奶，出奶率的高低会因为季节不同而各异，奶质也会有微妙的不同。一般情况下，挤完奶后当日早晨就将鲜奶送到收奶站。像鄂温克族自治旗离海拉尔

---

① ［日本］小长谷有纪：《世界的饮食文化—蒙古》，祁惠君翻译《蒙古"白食"的民俗学调查与探讨》《满语研究》2008年，第1期，第123页。

市较近，有的养牛户与城里的私人或者单位签订了供鲜奶的服务业务，凡是这种类型的奶户，必须风雨无阻地每天清晨将鲜奶送到订户家中。

当妇女完成第1次挤奶任务后，女主人要为一家人熬奶茶做早饭。一般是从6月中旬开始，不分男女老幼都要到营地剪羊毛，到7月中旬基本结束。夏营地真是一派繁忙，如果你在这个季节去各个嘎查（村）几乎见不到人。下午营地的活暂告一段后，妇女和挤奶工又忙着返回来挤第2次牛奶。此外，家庭主妇们还要洗衣、做饭、缝补、浆洗，这就是夏季牧民生活的常态。构成了牧业生产的基本模式。

比较而言7—8月算是牧闲时节，由于羊毛已经剪完。距离打草还有一个月的时间。这时的主要任务是每日要挤牛奶2次，早晚饮牛2次。所以7—8月是草原的黄金季节。一般情况下，当地政府会积极开展"草原旅游节"、"草原文化节"等活动，牧民也往往选择这个季节举行"那达慕大会"、婚礼或祭敖包等大型的活动。7—8月又刚好是我国学生们放暑假的日子，牧民在外地求学的孩子们也都回到了草原的家，这批年轻人十分活跃，走亲访友，频频交往。

三、秋季（9—10月）的气候特点是：气温明显下降，风速增大，降水较少，季平均气温为4—5度，初霜日在9月上旬末。平均降水量为39—44毫米，占全年降水量的13%。季平均风速大于4m/s，风向多西风或西北风。通常情况下，秋季也是多事之秋，自然灾害频频发生，主要有冷雨和雨夹雪两种灾害。

这时的牧业生产活动主要是打草、打井、交配、作圈。打草、拉草是繁重的体力劳动，也是牧业生产中比较关键的一个环节。一般是8月中旬开始，到10月初基本结束。男劳力都在打草场，通常需要雇工来帮忙完成。秋天必须备足了充足的饲草，才能保障牲畜安全过冬。牧户都有打草场，有的牧户因为没有牲畜或牲畜较少的，采取出租打草场的办法生活。在牧区虽然男女分工比较明确。但是打草、拉草的忙季，妇女尤其是年轻和身体好的妇女也都积极从事这一强体力的劳动。现在随着机械化打草的普及，打草效率迅速提高。专业分工也越来越细，出现了专门的饲草公司，进行饲草专卖和饲草出口业务。

四、冬季（11—3月）的气候特点是：气温低，天气寒冷，降水少，晴天日多，季平均气温为−20度，最低温度小于−40度的日数为20天。降水量为14毫米，占全年降水量的6%。季平均风速小于4m/s，平均积雪深达26cm，个别年份可达60—70cm。通常情况下，冬季也是自然灾害频频发生的季节，主要有白灾、黑灾和寒潮3种：

（一）白灾：所谓白灾是指雪量过多，积雪过深而影响牲畜放牧和正常采食的雪灾。

白灾的发生主要与降雪量、积雪深度、积雪时间长短、冬雪形成的早晚及草场状况等多种因素有关。根据鄂温克族自治旗历年出现白灾的情况看，一般白灾出现日期都集中在11月末，个别年份也有例外。

（二）黑灾：所谓黑灾是指连续无积雪而影响牲畜生存的情况。河湖封冻后，牲畜在15—20天吃不上雪而受到影响，一个月吃不上雪，牲畜普遍掉膘；两个月以上无积雪，牲畜瘦弱，疫病流行。在鄂温克族自治旗，1960年、1961年、1966年出现黑灾且灾情较重，1962年、1974年、1975年也出现过轻度灾情。

（三）寒潮：所谓寒潮是指24小时气温下降8℃以上，日最低气温在零下5℃以下即为寒潮，有时伴有大风、降雪等天气现象。在鄂温克草原上，寒潮天气平均每年6次，最多年10次，出现在1961年、1972年、1977年；最少年2次，出现在1968年、1980年。寒潮天气不利于牲畜生产，特别是冬季后期和春季的寒潮天气会给牲畜保膘、母畜怀胎及接羔保育带来一定危害。

冬季放牧的主要方式是先放远坡，后放近坡；先放高处，后放低处。冬季气候寒冷，风雪频繁。一般选择低洼地或山间盆地等为冬季放牧场和冬营地。每当风雪袭击的时候，畜群不愿离棚舍，尤其是牛，这个季节奶牛的产奶量比较低，由夏季的一天挤 2 次变为一、两天挤 1 次。因为冬天有雪，不用频繁地饮牛羊。这时的牛羊基本上是圈养。牧民平时凌晨 4 至 5 点钟起来起牛粪、给牛、羊喂草。部分母畜和体弱的幼畜等要在冬营地补饲，少部分体质好的牲畜可以在沙地、河套地、灌木丛和芦苇地等背风处的草场上半补饲、半游牧。而采食能力较强的马和羊依靠降雪为饮用水，游牧于缺水草场或较远的牧场。

从牧民的四季生产活动中可以看出，由于是"头数畜牧业"劳动强度很大。承包以后，一家一户的小型牧业经济生产活动必须依靠雇工来补充劳力的不足，最突出的是夏季必须雇工挤奶，秋季则必须雇工打草。另外，在牧业生产活动中，气候条件构成牧业生产中很重要的一环。千百年来呼伦贝尔草原被誉为是天然草原，这里的牧业生产活动属于靠天游牧类型。或者换句话说，草原畜牧业的基本经济特征是依赖于大自然。举例来说，在自然灾害方面，1980 年春，遭受"白灾"，受灾面积达 1 万多平方公里，涉及 6 个苏木，34 户重灾户，损失大小牲畜 2 万头（只），给牧民生产和生活带来严重困难。1982 年 4 月 24—25 日，鄂温克族自治旗发生了有史以来损失最惨重的一场草原大火，共死亡 9 人，重伤 21 人；烧死牲畜 4582 头（只），其中牛 182 头、马 46 匹、骆驼 2 峰、羊 4352 只；烧毁生产用具 270 台（件），其中车 198 辆、马鞍 39 个、拖拉机 1 台、牛奶分离器 32 台、蒙古包 43 顶、土房 2 所、缝纫机和收音机、录音机等 123 台（件）、服装等生活用品 80 多种。当时各级政府为 49 个重灾户发放 110003 元救灾款，用以购置蒙古包 49 顶、碗架子 46 个、白铁皮 180 张、蒙古包毡子 70 条、被褥 180 套、服装 320 套、马鞍

46个，另外还有一批生产工具。

1983—1984年冬春季节，辉苏木等7个苏木出现了严重的"白灾"，损失牲畜30552头（只），其中大畜266头（匹）、小畜27886只。到4月14日，气温又突然上升，积雪融化，使巴彦托海镇、伊敏、巴彦塔拉、巴彦嵯岗等苏木再次遭受特大雪水袭击，且持续时间之长。使鄂温克族自治旗被雪水淹288户（栋），其中倒塌房屋77户（其中私房47户、94间）。受灾人口达到1467人。

1986年4月，锡尼河西苏木发生草原火灾，过火牧场面积4万公顷，烧死2人，烧伤18人，烧死大小牲畜1078头（只），烧毁蒙古包32座、板夹泥房2座、铁皮房1座、直接经济损失60多万元。

1987年4月，辉苏木巴彦乌拉嘎查发生草原火灾，烧毁23座蒙古包及全部财产，烧死羊121只、牛11头，过火草原面积达到17667公顷。凡此种种，自然灾害频繁发生。几乎一至两年内就会发生一次小有规模的自然灾害。所以，在人烟稀少的茫茫草原上，对于个体牧民而言，大自然的确具有神奇的威力。

第二节 畜牧业经济的内在结构

牧民根据其生活的地域特点饲养五畜（绵羊、山羊、牛、马、骆驼）中的几种，这种称之为复合型饲养的方式较为普遍。牧民在实践中总结出要饲养多种家畜，既有家畜食物链方面的必然联系，又有很多我们意想不到的益处。比如说各种家畜所喜好的草是不同的，牧民可以根据草场的不同草种和植物结构进行放牧。这样便可以轻松愉快地实现天然草场的有效利用，大大提高牲畜在天然草原上的自然生长力。一般来说绵羊是饲养最多的家畜。但是鄂温克牧民主要以养奶牛为主。甚至有的牧户完全靠出售鲜奶生活。关于山羊还要多谈几句，山羊喜欢吃鲜草，常常走在羊群之首或者羊群外围，通常被认为是勇敢的牲畜。如果能利用好山羊的这种特性，如渡河放牧等，会得到较多的方便。但是直到现在为止，一般放牧的羊群中还是绵羊居多，山羊只占二成左右。近年来，羊绒作为现金收入的主要来源，引起了牧民的极大关注和兴趣。故山羊的饲养量急剧增加。但是，山羊吃草时会将草连根拔起，对植被具有较大破坏性（增加草地负荷量）。考虑到草原的承载量，所以从保护环境的角度出发，对过度饲养山羊的现象，要进行批评和谴责。相对而言，马和骆驼则越来越少了。总之，牲畜为人类提供了丰富的经济资源。

一、畜种结构

1946年6月30日（牧业年度），索伦旗牲畜总头数37 612头（只）。在牲畜总数中，大畜占44.5%，其中牛占30.4%、马占13.6%、骆驼占0.5%；小畜占55.5%，其中绵羊占47.8%、山羊占7.7%。1949年，索伦旗牲畜增加到66061头（只），大畜比重下降2.4%。此后大畜比重逐年下降。1978年，鄂温克族自治旗牲畜发展到历史最高点，达到450,474头（只），而大畜比重降至最低点，仅占16.6%。中共中央十一届三中全会以后，鄂温克族自治旗政府号召牧民发展奶牛业，大畜比重迅速回升。1985年，鄂温克族自治旗牲畜头数为177 782头（只），大畜比重占39.9%，其中牛占31.6%，突破历史最高比重。1990年，牲畜总头数回升为280 464头（只），大畜比重达到40.8%，其中牛的比重达到35%，马占5.5%，骆驼占0.3%。绵羊的比重由1978年的78.3%降到51.4%，山羊由1978年的5.1%上升到7.8%（详见表53）。

表53: 畜 种 结 构 表

项目 数量 年份	牲畜总头数 （头只）	各种畜所占比重（%）			
		牛	马	骆驼	绵羊	山羊
1732	118528	8.0	13.1		78.9	
1906	436904	7.4	15.1	0.2	74.3	3.0
1946	37612	30.4	13.6	0.5	47.8	7.7
1949	66061	30.3	11.3	0.5	49.0	8.9
1958	140202	26.7	8.4	0.5	56.3	8.1
1968	43822	14.2	4.8	0.3	71.6	9.1
1978	450474	11.7	4.6	0.3	78.3	5.1
1985	177782	31.6	7.8	0.5	55.2	4.9
1990	280464	35.0	5.5	0.3	51.4	7.8

与此同时，鄂温克族自治旗畜群消耗以牧业年度计算，即上年6月30日（期初数）到本年6月30日，出售、牧民自食和死亡牲畜数构成本年畜群消耗。从《畜群消耗结构表》中看出，1949年出售商品只占5%，而后逐年增多，1990年达到12.6%的商品率。自食率和死亡率相对降低。1949年牧民自食率12.5%，牲畜死亡率8%，1990年分别降到6.5%和3.2%（详见表54）。

表54: 畜群消耗结构表（牧业年度）

项目 数量 年份	畜群		合计	牲畜消耗（%）				
	总头数	消耗数		出售		自食		死亡	
				大畜	小畜	大畜	小畜	大畜	小畜
1949	61 287	15 584	25.5	3.1	1.9	2.5	10.0	1.8	6.2
1953	116 242	21 565	18.7	3.1	3.9	0.8	8.3	0.6	2.0
1958	137 070	32 681	13.8	3.3	3.2	1.3	11.1	1.5	3.4
1965	318 296	63 750	20.1	1.7	6.8	0.7	6.6	1.3	3.0
1975	952 058	87 805	24.9	0.8	5.5	0.7	11.4	1.1	5.4
1980	433 297	117 410	27.1	0.6	6.8	0.7	9.7	1.3	2.0
1985	200 572	76 198	38.0	6.0	14.7	0.9	10.6	1.2	4.6
1990	250 668	55 793	22.3	4.6	8.0	1.4	5.1	1.4	1.8

（一）大小畜合群结构

1990年鄂温克族自治旗大小畜合计280，464头（只），其中能繁殖母畜占40.7％，种公畜比重1.36％，当年成活仔畜29.54％，育成畜比重28.4％，分别比1949年减少2.3％、0.03％、1.47％，增加3.8％（详见表55）。

表55：　　　　　　　　大小畜合群结构表

数量年份 \ 项目	大小畜总数（头 只）	能繁殖母畜	种公畜	当年成活仔畜	育成畜
1949	66 061	43.0	1.39	31.01	24.6
1953	143 937	39.3	0.93	30.27	29.5
1958	140 202	39.4	1.3	30.8	28.5
1965	358 776	42.4	1.8	28.5	27.3
1975	376 281	39.4	1.38	33.02	26.2
1980	413 669	42.9	1.8	29.4	25.9
1985	177 782	39.4	1.5	28.4	30.8
1990	280 464	40.7	1.36	29.54	28.4

（结构比重（％）包含：能繁殖母畜、种公畜、当年成活仔畜、育成畜）

（二）牛群结构

1990年，鄂温克族自治旗有牛98280头，其中能繁殖乳牛占38％、种公牛1％、当年犊牛25.7％、育成牛35.3％，分别比1949年增减6％、－0.3％、3.9％、－9.6％。

从牛群结构看，20世纪90年代以来鄂温克族自治旗制订保护母畜的政策和发展奶牛业的策略取得了成绩。同时因人工冷配技术的应用，种公牛的比例下降；因经营管理的加强，犊牛的比重上升。育成牛比例下降是因牛的商品周转期缩短，役畜大部分为拖拉机替代，从而使牛群结构发生变化（详见表56）。

表56： 牛群结构表

年份 数量 项目	总头数	能繁殖乳牛	种公牛	当年成活牛犊	育成牛
		\multicolumn{4}{c}{畜群构成比例（%）}
1949	20242	32.0	1.3	21.8	44.9
1953	32489	30.1	1.2	19.2	49.5
1958	37475	35.5	1.5	18.3	44.7
1965	71087	37.4	1.9	20.5	40.2
1975	45087	33.4	1.8	17.5	47.3
1980	49235	33.1	1.7	18.6	46.7
1985	56321	35.5	1.5	22.7	40.3
1990	98280	38.0	1.0	25.7	35.3

（三）马群结构

1990年，鄂温克族自治旗有马15533匹，其中骒马比重由1949年的37.6%降到29.4%，育成马（含役马）比重上升到54%（详见表57）。

表57： 马群结构表

年份 数量 项目	总匹数	能繁殖骒马	种马	当年成活驹	育成马
		\multicolumn{4}{c}{畜群构成比例（%）}
1949	7450	37.6	2.6	13.4	16.4
1953	9227	41.8	1.8	14.7	41.7
1958	11706	32.7	3.1	10.6	53.6
1965	17404	33.8	2.7	16.2	47.3
1975	22657	34.6	3.5	16.4	45.8
1980	19162	29.1	3.4	11.1	56.4
1985	13784	31.2	3.0	14.2	51.6
1990	15533	29.4	2.7	13.9	54.0

（四）绵羊群结构

绵羊群结构多年来比较稳定，1990年，鄂温克族自治旗有绵羊144199只，其中母羊占44%，种公羊1.3%，羔羊34.3%，育成羊占20.4%，分别比1953年增减0.6%、

0.6%、-0.7%和-0.5%。1949年母畜所占比重较高,主要因贷款购买所至(详见表58)。

表58: 绵羊结构表

年份 \ 项目	总头数	能繁殖母羊	种公羊	当年成活羔羊	育成羊
		畜群构成比例(%)			
1949	32388	51	1.1	39.4	8.5
1953	87472	43.4	0.7	35	20.9
1958	78964	41.9	0.96	32.3	24.9
1965	234632	44.3	1.7	31.7	22.3
1975	285337	44.3	1.5	33.1	21.1
1980	324330	45.3	1.6	32.3	20.7
1985	98135	42.4	1.2	33.4	23
1990	144199	44	1.3	34.3	20.4

(五)山羊群结构

1990年,鄂温克族自治旗山羊21767只,其中母山羊占39.5%、种公羊1.9%、山羊羔33.9%、育成羊占24.7%,分别比1953年增减6.3%、0.8%、-4%和-3.1%(详见表59)。

表59: 山羊群结构表

年份 \ 项目	总头数(只)	能繁殖母山羊	种公山羊	当年成活山羊羔	育成山羊
		畜群构成比例(%)			
1949	5867	43	1.5	40	15.5
1953	14167	33.2	1.1	37.9	27.8
1958	11427	43.4	1.2	33.6	22.9
1965	34721	43.6	2	30.4	24
1975	21847	39	3.3	31.2	26.6
1980	19448	45	3.5	27.4	24.2
1985	8736	42.9	2.8	32.8	21.6
1990	21767	39.5	1.9	33.9	24.7

（六）骆驼群结构

1990年，鄂温克族自治旗有骆驼491峰，比最多时的1980年下降65.4%。在总数中母驼比重31.2%，比1949年下降10.1%；种公驼4.5%，上升0.9%；羔驼11%，下降0.6%；育成驼（役驼）63.4%，上升9.8%（详见表60）。

表60：　　　　　　　　　骆驼群结构表

年份 \ 项目（数量）	总数（峰）	母驼	种公驼	驼羔	育成驼
1949	303	41.3	3.6	11.6	43.6
1953	582	35.2	2.4	14.3	48.1
1958	624	28.7	3.2	11.2	56.9
1965	923	30.8	2.7	12.7	53.8
1975	1331	31	1.7	14.6	52.7
1980	1419	21.5	1.3	9.9	67.3
1985	654	28.9	2.4	11.8	56.9
1990	491	31.2	4.5	11	53.4

第三节　牲畜品种结构与改良

牲畜改良在鄂温克草原上至少有六七十年的历史。按地方志的记载，布里亚特蒙古族于1920年代前后迁居到锡尼河畔，他们从俄罗斯迁移过来时，带来一些品种优良的牲畜，到达此地后与本地蒙古马、蒙古牛、蒙古羊进行杂交，产生了第一批改良畜。东北沦陷时期，也曾引进过少量的荷兰牛改良当地蒙古牛。

新中国成立后，1952年索伦旗畜牧工作站开始对基层牧民的母牛免费进行人工配种，当时主要是开展鲜精人工配种技术。改革开放以后，首先是政府方面严格执行"行政技术双承包"的经济责任制，调动畜牧干部、牧民、技术人员的冷配积极性，连续6

年超额完成了牛冷配任务。比如，1985年冷配2220头；1986年冷配2721头；1987年冷配4647头；1988年冷配4512头；1989年冷配4676头；而且1989—1990年受胎率均在85%以上，1990年实现冷配5207头。使家畜改良率有了较大提高。1990年（牧业年度），鄂温克族自治旗有马15533匹，其中良种及改良种马11887匹；牛98280头，其中良种及改良种85832头；绵羊144199只，其中改良羊60060只。其次是市场流通渠道更加畅通，国内外优良品种以多种方式被积极引进，如，牧民主动采取撒群本交、人工辅助配种、冻精配种、同期发情等不同方法，杂交改良各类畜种和品种，使马、牛、羊等牲畜质量有了明显的提高。

一、牛的品种结构及改良

1990年良种牛比1980年下降4%；蒙古牛站12.7%，比1958年下降48.2%；改良牛占5.5%，比1958年增加46.4%（详见表61）。

表61： 牛品种结构表

年份 \ 数量 项目	总头数	良种牛	改良牛	蒙古牛
1958	37475		39.1	60.9
1965	71087		68.9	30.1
1975	45087		52.1	47.9
1980	49235	5.8	49.9	44.2
1985	56321	3.6	80.7	15.7
1990	98280	1.8	85.5	12.7

二、改良牛

鄂温克族牧民有悠久的养牛历史。新中国成立前这里有西门塔尔牛、后贝加尔土种牛、滨洲黑白花牛、荷兰牛等十几个品种的种牛，这些种牛在同蒙古牛长期相互杂交后形成血缘关系非常复杂的改良牛。1956年，在此设立了第一个配种站，开始推广鲜精配种新技术，推动了牛的改良工作进程，1958年完成改良杂种牛14645头，占当年牛总数的39.1%；1966年达到39755头，占当年牛总数的63.87%；1978年改良牛31401头，占当年牛总数的59.6%。同年还从谢尔塔拉国营种牛场引进三河种公牛250头，用以改良当地牛。另外，还采用西门塔尔、三河、北京黑白花、利木赞、夏洛来等优良品种的精粒，运用冻精配种和同期发情新技术，提高牛的受配率、受胎率和繁殖成活率，使良杂种牛的数量有了明显提高。具体数字是1978—1988年，黄牛冷配30299头，受胎率达到84%。随着品种改良工作的推进，"奶业要发展，良种必先行"的观念得以强化。而且牛品种资源调查的数据也进一步显示和证明：三河牛杂交一代犍牛比地方良种锡尼河牛体尺高4.8厘米，体长增加1.95厘米，体重增加70.33公斤；产肉性能平均提高5.5公斤，净肉重提高4.4公斤；产奶性能，在春夏秋以放牧为主、冬季舍饲干草和适当补饲精料的情况下，产奶旺季100天第一胎提高65.18公斤，第三胎提高229.46公斤，第五胎提高304.09公斤。

由于不断加大实施奶牛品种改良，发展到1990年鄂温克族自治旗有良种和改良牛85832头，占牛总数的87.3%，其中三河牛与当地牛的杂交后代有45242头，占良种和改良牛的59.8%；西门塔尔杂交后代有12128头，占16%；黑白花杂交后代有15296头，占20.2%。1998年开始引进加拿大荷斯坦冻精细管进行奶牛冷配改良。特别是全面实施"八十公里奶牛带"奶源基地建设以来，在奶牛带内实施荷斯坦冻精细管冷配改良。至2002年引用荷斯坦冻精细管9万多支，累计冷配奶牛47755头，受胎率达到93.5%，有力地推动了奶源基地建设步伐。从而可见，奶牛品种改良工作取得了瞩目成就，第一，1990—2002年间，鄂温克族自治旗累计进行牛改良 402040 头，其中奶牛冷配改良 90988 头。2002 年牧业年度统计，牛头数 97017 头，其中良种改良牛 96829 头，良改率达到 99%，奶牛个体单产由 1998 年的 1.4 吨提高到 2.1 吨。第二，胚胎移植是目前畜牧业生产中应用最有效的一种繁殖技术。此项技术不仅能充分发挥优良公、母牛的繁殖潜力，提高繁殖率，扩大良种畜群，还能引进理想型纯种优良品种。2002 年鄂温克族自治旗积极抓住呼伦贝尔市建立 1000 头牛胚胎移植项目工程这样一个契机，选择了 100 头奶牛进行胚胎移植试验。经过对受体牛进行严格挑选，同期发情处理及发情鉴定，结果是为 10 头受体牛实施了胚胎移植。通过这项实验，填补了鄂温克族自治旗畜牧业在胚胎移植技术上的空白，为畜牧业发展和科技进步奠定了基础，进一步推动了草原畜牧业向科学技术型牧业发展的方向。

三、马的品种结构

20 世纪 50～70 年代，鄂温克族自治旗重视马的品种改良工作。1985 年蒙古马的比重降到 3.8%，良种马和改良马分别为 5.7% 和 90.5%；1990 年，蒙古马比重又回升到 23.5%，而良种马和改良马的比重分别降到 3.3% 和 73.2%（详见表 62）。

表 62：　　　　　　　　　马品种结构表

年份 数量 项目	总头数	构成比例（%） 良种马	改良马	蒙古马
1958	11706		50.4	49.6
1965	17406		61.5	38.5
1975	22657		55.6	44.4
1980	19162	4.6	50.6	44.8
1985	13784	5.7	90.5	3.8
1990	15533	3.3	73.2	23.5

四、改良马

马的人工授精改良工作也是随着人工配种站的成立而发展的起来的。当时的改良方向是培育乘挽兼用马,以满足需要量较大的乘用、役用马,故先后引进的种公马有顿河、苏高血、阿尔罗夫、铁林挽马等。1958—1978年间,改良马逐年增多,1966年有改良马10427匹,占54.2%;1978年有改良马12867匹,占61.56%。1978年以后,随着农牧业机械化水平的提高和交通运输业的发展,马匹滞销,马的人工配种改良工作基本处于停滞状态。尽管如此,热爱马的牧民,尤其是布里亚特蒙古人仍然坚持用优良种马进行选种选配,使马的品种质量明显提高。到1990年鄂温克族自治旗还有良种马15533匹。

五、绵羊品种结构

绵羊改良工作起步较晚。1958年开始重视并购进一批中国美丽奴种公羊,开展人工授精和杂交改良蒙古羊。近几年,又从锡林郭勒盟、哲里木盟购进一批敖汗细毛羊,继续从事改良工作。1990年,在鄂温克族自治旗14.4万只羊中,良种羊占5.1%,改良羊37.1%,蒙古羊57.8%(详见表63)。

表63:　　　　　　　　绵羊品种结构表

年份 项目 数量	总头数	构成比例(%) 良种羊	改良羊	蒙古羊
1958	78964		0.3	99.7
1965	234632		20.7	79.3
1975	28337		10.1	89.9
1980	324330	1.1	19.3	79.7
1985	98135	1.9	40.5	57.6
1990	144199	5.1	37.1	57.8

六、改良绵羊

本地羊主要是指蒙古羊，由于本地气候寒冷，冬春风雪自然灾害频繁，饲草料不足，加之饲养管理条件差，土生土长的蒙古羊经过长期驯化，较为适应。良种羊和改良羊，因为不适应本地的气候，繁殖成活率较低，质量不高，数量发展也不快。

1958年鄂温克族自治旗成立时，有202只改良绵羊，仅占绵羊总数的0.3％。当年，内蒙古自治区开展绵羊改良大会战，提出"大发展、大改良"的口号，各个地方政府积极组织成立了绵羊工作队，深入各基层帮助开展羊的人工授精改良工作。在这种情况下，先后引进了高加索、新疆细毛羊和沙力斯克、阿斯卡尼、茨盖等优良品种羊，用来改良当地蒙古羊，培育适宜当地自然气候条件的毛肉兼用型绵羊。锡尼河西苏木率先组建了绵羊育种核心群。经过几年的改良，到1966年，有改良羊53126只，占总数的20.85％。然而受"文化大革命"影响，绵羊改良出现了回交、滥配及大屠宰现象，尤其是在改良羊群中撒进本地公羊，使改良羊群出现了严重的质量退化。为改变这一局面，1975年先从新疆引进细毛种公羊300只，1979年再从新疆巩乃斯种羊场又引进细毛种羊50只；1983年，由哲里木盟嘎达苏种羊场引进430只中国美丽奴细毛羊；1985年从敖汉旗和吉林省通榆县引进敖汉细毛羊和东北细毛母羊5950只。1986年，从锡林郭勒盟东乌珠穆沁旗购进1120只母羊和3360只改良羊。从而彻底扭转了良种、改良种羊的数量下降、质量退化的倾向。1990年，鄂温克族自治旗有细毛羊及改良羊7317只、半细毛羊及改良羊52743只，占绵羊总数的41.65％。

绵羊的改良是应用常温人工授精方法和自然本交方法进行的。1987年，经过鄂温克族自治旗畜牧部门的调查测定，改良后的母羊周岁体重比当地蒙古羊提高了8.74公斤。蒙古羊平均体重26.06公斤，改良羊平均体重34.80公斤。成年改良母羊的体尺均有所提高，体重提高4.59公斤。

改良羊产毛性能、产肉性能、繁殖性能均有所提高。其中剪毛量改良一代比蒙古羊提高28.46％，改良二代提高36.92％，改良三代提高90.77％，平均达到2.48公斤；而且毛质量的同质细度、长度、密度、弯曲度、油汗等各项指标均比蒙古羊有明显的提高。但是与纯种新疆细毛羊、中国美丽奴羊相比，剪毛量和毛质都还比较低（详见表64、65）。

表64：　　　　　　　　剪毛量比较表

年份＼品种	年 龄	调查只数	平均数（公斤）
新疆细毛羊	成	17	4.57
新疆细毛羊	1岁	16	3.45
中国美丽奴	不分	165	4.80
改一代	不分	16	1.67
改二代	不分	18	1.78
改三代	不分	9	2.48
蒙古羊	不分	28	1.30

表65：　　　　牛羊良种和改良畜的发展情况统计表

年份	大小畜合计	牛 总数	牛 良杂牛	牛 占总数（％）	绵羊 总数	绵羊 良杂羊	绵羊 占总数（％）
1958	140202	37475	14654	39.1	78964	202	0.26
1985	177782	56321	45466	80.7	98135	39765	40.5
1986	200062	66421	62912	94.7	108175	36700	33.9
1987	233241	76957	68922	89.7	127471	41428	32.5
1988	220931	81223	75647	93.1	106895	50835	46.3
1989	250668	91247	77195	84.6	126208	61196	48.5
1990	280464	98280	85832	87.3	144199	60060	41.65

第四节 地方良种

由于加大了培育优良品种的工作力度，经过多年努力，培育出了被内蒙古自治区誉为优良品种的锡尼河牛和锡尼河马。

一、锡尼河牛

（一）锡尼河牛的形成

布里亚特蒙古人移居锡尼河畔时，带进来一些土种牛、改良牛、霍尔莫哥牛，这些牛与当地蒙古牛相互杂交，又经过长期的人工选育提高之后，逐渐地形成了布里亚特牛。新中国成立后，在布里亚特牛的基础上，又有计划地导入三河牛的血液，经过近40年的杂交改良和精心选育，使原来的布里亚特牛在体尺、体重、体形外貌、生产性能等方面都有了较大提高。1982年被内蒙古自治区正式审定确认为是呼伦贝尔草原的地方良种——锡尼河牛。

锡尼河牛主要分布在布里亚特蒙古族聚居的锡尼河苏木，其他苏木也有少量分布。

（二）外貌特征

锡尼河牛毛色以红、黄白花为主，并有红黑、褐色；个体较大，头大小适中，公牛角粗短，向外前方伸展，略弯曲，成八字形；母牛角细长，向斜上方相对应弯曲；背腰平直，荐部隆起，尻稍斜，骨骼发达，四肢粗壮，蹄质坚实，乳房发育中等，多为盆状，乳房毛密而长，具有耐粗饲、耐高寒、增膘快、膘好、抗病力强、宜牧、乳脂率高，适应性强等优良特性（详见表66）。

表 66：　　　　　　　锡尼河牛外貌鉴定评分表

项　目	特征标准	公牛标准分数	母牛标准分数
整体结构	体大结实，骨骼健壮，结构匀称，结合良好 大小适中，眼大有神，公牛有雄相，体尺符全标准。	40	30
躯　体	颈肩结合良好，前躯发达，胸部宽深，背腰平直，母牛腹大不下垂，公牛腹部紧凑，大小适中，尻部长、平、宽，荐部结合良好。	40	25
乳　房	乳房大小中等，向前后延伸，附着良好，乳腺发达，柔软而富有弹性，乳静脉弯曲明显，乳头大小适中，分布均匀。		30
四　肢	健壮结实，关节明显，肢势端正，肘节和飞节以上肌肉发达，蹄形正，蹄质结实。	20	15

锡尼河牛外貌特征等级：最高级别为特等公牛 85 分，母牛 80 分；一等公牛 80 分，母牛 75 分；二等公牛 75 分，母牛 70 分；三等公牛 70 分，母牛 65 分。

（三）体尺体重

体尺，是专业术语，指数是指体高与其他部位的比值。[①] 畜牧部门和技术人员对锡尼河牛初生犊、1 周龄、2 周龄、成年公牛和阉牛进行了比较详细的测定。发现锡尼河牛的各项体尺指标均大于蒙古牛，也大于国内同类型的草原红牛及新疆草原兼用牛

---

① 体尺指数是指体高与其他部位的比值。

(详见表67、68、69)。

表67: 成年锡尼河牛的体尺调查测定表　　　单位：厘米、%

性别	调查头数	项目	体高	体长	胸围	管围
母牛	147	盟企业标准 平均数	125 123.2	150 153.5	175 174.75	18 17.5
公牛	18	盟企业标准 平均数	140 137.94	160 158.39	190 187.56	22 21.19
阉牛	50	平均数	142.96	177.1	202.1	21.3

表68: 锡尼河牛犊牛体尺调查测定表　　　单位：厘米、%

性别	调查头数	项目	体高	体长	胸围	管围
公	22	平均数	70.14	67.34	71.86	11.09
母	34	平均数	66.21	66.21	71.65	10.59

表69: 成年锡尼河牛体尺指数表　　　单位：%

性别 \ 项目体尺指数	调查头数	额宽率	体长率	胸围率	肢长率	尻高率	管围率	尻宽率
阉、公	18	51.2	123.9	141.3	46.2	101.3	14.9	59.6
母	147	50.2	124.6	141.8	47.1	102.9	14.2	58.5

体重称量是选择了7头成年母牛的实际结果，最大体重为551公斤，最小体重为322公斤，平均体重为443公斤。按呼盟企业标准，成年公牛体重：最高级别为特等850公斤，一等800公斤，二等750公斤，三等700公斤；成年母牛体重：特等500公斤，一等450公斤，二等425公斤，三等400公斤。

(四) 生产性能

根据在孟根楚鲁苏木巴彦乌拉嘎查对锡尼河牛（不同胎次）自然放牧和哺喂犊牛的条件下，夏季100天旺季产奶量的调查情况（详见表70）。

表70：　　　　　　　锡尼河乳牛旺季产奶量　　　　　　单位：公斤

胎次	一	二	三	四	五胎以上
调查数	16	6	8	9	7
平均数	813.31	842.5	1008.13	1033.33	1215.86

锡尼河乳牛1—5胎产奶量随着胎次的增加而提高，只是递增的幅度不同，其中有些个体第三胎日产奶量达到16.5公斤。在锡尼河西、孟根楚鲁和锡尼河东苏木调查了228头奶牛的青草期产奶量情况（详见表71）。

表71：　　　　　　　锡尼河牛产奶指标　　　　　　　单位：公斤

等级＼胎次	一	二	三	四	五
特	1000	1250	1500	1750	2000
一	850	950	1050	1250	1500
二	600	700	800	700	1000
三	550	600	650	700	750

说明：本表为喂哺犊牛的情况下，100天旺季产奶指标。据该调查资料，制定了锡尼河牛的产奶指标。

（五）乳脂率

从生产性能上看，奶牛的产奶量和乳脂率是评定牛奶品质的一项重要指标。一头奶牛的实际泌乳能力，在正常情况下，要求母牛一年产一犊，除60天干乳期外，一般应产奶305天，平均产量能达到4500-5000公斤，同时牛的乳脂含脂率应该在4%的标准，若低于3%的称为低脂乳，低脂乳的经济价值比高脂乳低。所以一头生产性能好的奶牛，不但产奶量高，而且含脂率也高。简单地说，一头生产性能好的奶牛，不但产奶量高，而且含脂率也高。抽测 94 头锡尼河牛，平均乳指率为 3.71％。探讨其原因是放牧饲养，乳脂及干物质的含量受季节影响较大，尤其是在 7－8 月产奶旺季，产奶量明显增加，乳脂率则有可能下降。但是平均乳指率为 3.71％的指标，已经接近 4％。目前在我国普遍认为，荷斯坦牛是产奶量最高的牛。1992 年农业部颁布改名为"中国荷斯坦牛"。原名中国黑白花牛，其产奶量为各乳牛品种之冠。一般母牛平均产奶量为 7500－8500 公斤，乳脂率为 3.5％－3.8％。由此可以判断和比较锡尼河牛的经济价值。

（六）产肉性能

在未经强度育肥的条件下，为进一步掌握锡尼河牛的产肉性能而进行分析（详见表 72）。

表 72：　　　　　锡尼河牛产肉性能分析表　　　　单位：公斤、％

牛号	年龄	活重	胴体重	净肉重	屠宰率	净肉率	胴体产肉率	骨重	骨肉比	皮下脂肪覆盖度％
8501	成	434.5	221.95	181.1	51.08	41.68	81.59	35.65	1：5.1	80
8506	成	422	214.6	164.7	50.85	39.08	76.56	44.3	1：3.7	85
8507	成	513	257.25	202.3	50.15	39.43	78.64	49.2	1：4.1	75
8510	成	405	229.55	177	56.68	43.70	77.12	49.3	1：3.4	85
8513	成	432	244.25	195.05	56.55	45.27	80.06	44.6	1：4.4	90
平均数		411.3	233.52	184.13	53.1	41.82	78.83	44.61	1：4.2	81
标准差		41.72	17.22	14.98	2.62	2.69	2.03	5.56	0.60	6.52
变异系数		10.14	7.37	8.14	5.05	6.43	2.57	12.45	14.41	8.05

（七）繁殖性能

锡尼河牛性成熟一般在 6－8 月龄左右，母牛 1.5－2 周岁开始配种，繁殖高潮在 2－10 周岁之间。据 107 头牛情期的统计，发情周期平均 20.7 天，标准差为 1.8 天，差异系数为 8.8％。

发情持续期约 24 小时左右。目前因自然气候的影响和饲养管理条件所限，锡尼河牛的配种期多集中在 6—9 月间，7—8 两个月为配种旺季，产犊季节相应集中在次年的 3 月。

（八）役用性能

锡尼河犍牛在正常的饲养管理条件下，其役用性能良好，是当地牧民移场放牧、搬迁、拉草、运水等生产生活的主要运输工具。

二、锡尼河马

锡尼河马主要分布在鄂温克族自治旗锡尼河两岸布里亚特蒙古族聚居的苏木。

（一）品种形成的历史和现状

20 世纪二十年代前后，布里亚特蒙古族迁移时，将带来的后贝加尔马同盎格鲁诺尔曼马和三河马进行杂交，其后代经过长期的选育和固定后称为布里亚特马。新中国成立初期，索伦旗有布里亚特马 6000 多匹。新中国成立后，锡尼河两岸的牧民同技术部门配合，引进顿河、奥尔罗夫、三河等品种进行杂交改良，经 40 年的选择和培育，使原来的布里亚特马在体形、外貌、体尺、体重、乘挽能力、生长发育、繁殖成活等方面都有了明显的提高，1985 年 8 月 19 日正式被内蒙古自治区命名为地方良种——锡尼河马。据 1985 年末统计，鄂温克族自治旗共有锡尼河马 7331 匹。其中锡尼河西苏木 3999 匹、锡尼河东苏木 1661 匹、孟根楚鲁苏木 1264 匹、北辉河苏木 407 匹。

（二）外貌特征

锡尼河马毛色比较复杂，以栗骝、黑毛为多，占 85%，其他毛色仅占 15%。锡尼河马作为呼伦贝尔草原的地方良种马，基本属于乘挽兼用型。根据 122 匹成年公母及骟马的外形和整理出的体尺指数、类型分类情况可看出乘挽兼用型占 45.08%，偏乘型占 34.43%，偏挽型占 20.49%（详见表 73）。

表 73：　　　　　　　　锡尼河马分类型统计

	公马		母马		骟马		共计	
	匹数	占%	匹数	占%	匹数	占%	匹数	占%
兼用型	13	59.09	35	44.87	7	31.82	55	45.08
偏乘型	6	27.27	27	34.62	9	40.91	42	34.43
偏挽型	3	13.64	16	20.51	6	27.27	25	20.49
总计	22	100	78	100	22	100	122	100

（三）外形外貌

绝大多数锡尼河马，头大小适中，眼大有神，额宽广，多呈直头，耳直立而灵活，鼻翼开张良好，颈长短适中，颈肌发育良好，头颈、颈肩结合良好，耆甲明显，背腰长短中等，肌肉丰满结实，尻多正圆，胸部深长肋骨拱圆、胸宽适度、大小适中，肢势正立肌肉发达，膝大、球节圆大而明显，系部长短适中、富有弹性，蹄质坚实致密，后肢微曲、发育良好，鬃、鬣、尾毛中等、短毛稀疏。

锡尼河马的体尺较大，公马平均高为 146 厘米，多集中在 145—149 厘米之间；母马的平均体高为 139 厘米，多集中在 135—144 厘米之间（详见表 74）。

表 74：　　　　　　　锡尼河马体尺表　　　　　单位：厘米

年龄	性别	测定匹数	平均体高	平均体长	平均胸围	平均管围
幼驹	公	9	92.22	69.56	77.78	11.12
	母	13	89.77	72.08	80.62	11.65
一岁	公	13	122.08	116.19	133.17	15.58
	母	28	120	121.96	132.80	15.54

续表

年龄	性别	测定匹数	平均体高	平均体长	平均胸围	平均管围
二岁	公	2	131.5	133.5	156	18.75
	母	17	131.65	132.15	149.41	17.77
三岁	公	6	133.92	136.75	153.5	17.83
	母	22	137.89	139.18	155.64	18.09
四岁	公	3	138.67	143.17	162.68	19
	母	25	138.42	142.94	161.08	18.27
成年	公	22	146.66	152.27	171.55	19.76
	母	74	138.91	144.77	167.95	18.45

此外，锡尼河马性情温顺，动作灵活，结构匀称，体质结实。在冬春季严寒、气候变化剧烈的不利条件下，仍能够适应自然放牧，靠啃雪和刨食安全渡过。7、8月天气炎热，蚊虻叮咬，阴雨连绵，也不影响抓膘、保膘，具有耐寒、耐粗饲、抗病力高、适应性强等优良特性。但是个体间差异较大。比如，也有少数锡尼河马有肩结合不良，腰微凸，腰尻结合欠佳，尻斜，后肢呈外向等缺点。

（四）生产性能

骑乘速度：马是牧民不可缺少的生产工具和交通工具，锡尼河马特点是耐力强，连续跑几十里无倦意（详见表75）。

表75：　　　锡尼河马骑乘速度　　　　　单位：米、分、秒

距离	类别	参赛马数	最高速度	平均速度
1000	快步	8	1′15″1	1′18″8
2000	快步	6	2′37″1	2′39″4
3000	快步	5	4′08″	4′15″5
5000	快步	7	6′44″5	7′2″14
10000	快步	4	15′9″9	15′25″2
15000	快步	3	23′8″3	23′29″3

以上成绩是在1981年7月30日呼伦贝尔盟牧业四旗速度赛马大会上测定的。在这次比赛中，锡尼河马取得了优异成绩，在5000米、10000米、15000米比赛中，有7匹马打破了1960年7月29日在呼和浩特市举行的"内蒙古自治区马球锦标赛"记录。骑手均为体重35公斤左右的少年，鞍具2公斤左右，比赛场地是平坦的草原2000米椭圆形跑道。

挽拽能力：锡尼河马农耕和运输性能良好。根据测定，使役骟马在平坦的草原路面拉胶轮车，测定载重行走所需的时间和观察生理指标变化情况，其结果是：载量1000公斤，1小时20分走完10公里；载重500公斤，1小时49分走完20公里（详见表76）。

表76：　　　　锡尼河马挽力速度测验表　　　　单位：公斤、公里

体重	载重	距离	步度	性别	测验前 体温 ℃	测验前 脉搏 次/分	测验前 呼吸 次/分	测验后 体温 ℃	测验后 脉搏 次/分	测验后 呼吸 次/分	恢复正常时间
386	1000	10	1/3～1/2	♂	37.7	40	30	40	77	80	40分
359	500	20	快步	♂	37.6	39	25	38.1	62	34	30分

（五）产肉性能

在孟根楚鲁苏木白音巴彦嘎查曾经进行过屠宰试验，屠宰母马2匹，膘情8—9成，平均产肉191.1公斤，屠宰率55.86%，净肉率47.47%（详见表77）。

表77：　　　　锡尼河马屠宰试验　　　　单位：公斤、%

年龄	宰前重	血重	胴体重	屠宰率	骨重	净肉重	净肉率
13	433.7	24.5	246	56.7	35.8	21.02	48.47
18	370.1	26.7	203.5	54.99	31.5	172	46.47
平均	401.9	25.6	224.75	55.86	33.65	191.7	47.47

（六）繁殖能力

锡尼河马在终年放牧、无棚舍、常年露宿、不补饲料的恶劣的自然环境下，其生产发育速度还是相当快的。锡尼河马的繁殖多采取不分年龄性别、混合组群进行自然本交的方式，公母比例为1∶20左右，公马不补草补料，但配种能力好，配种率为70%左右，受胎率在80%以上，驹成活率为95%左右，繁殖率达到50%。生长速度测定为24月龄驹的4项体尺（体高、长、胸围、管围）占成年马的90%左右，36个月龄驹的各项指标基本接近成年马。

三、呼伦贝尔羊

历史悠久的呼伦贝尔羊，属于蒙古羊的一个优良品系。具有耐寒、抗病、采食能力强、适合游牧粗放等适合当地自然环境条件的生物性特征。其中短尾类型主要分布在锡尼河苏木、辉苏木和伊敏苏木等地。1998年呼伦贝尔羊育种工作列入内蒙古自治区"种子工程"重点建设项目。2001年10月顺利通过内蒙古自治区品种验收，主要指标有呼伦贝尔羊的血液纯度、外貌特征、体尺、体重、生产性能、繁殖性能都达到了标准和要求。鄂温克族自治旗成立了呼伦贝尔羊育种委员会，正在逐步扩大核心群和选育群，建立起了良种繁殖体系，目前，全旗有呼伦贝尔羊32.9万只，其中基础母羊12.1万只。在此基础上，为了加快肉羊商品化生产进程，推动肉羊产业快速发展，2001年9月鄂温克族自治旗从超大集团山东畜牧分公司引进由澳大利亚培育的最新肉用绵羊品种杜泊种公羊4只，与本地母羊进行杂交，利用杜泊杂交一代羔羊的增重优势，生产商品羔。采用同期发情技术完成绵羊人工授精2000只，经测定分析杜泊杂交一代商品羔，平均初生重、乳重分别高于当地羊0.5公斤和10.5公斤。5月龄屠宰率达51.7%，净肉率达42.6%，产肉性能明显高于呼伦贝尔羊羔。

总之，以上育成的呼伦贝尔羊品种和锡尼河马及锡尼河牛都存在如何进行科学饲养、管理和继续发展的问题。

第五节 奶牛业的发展

鄂温克族牧民在畜牧业生产过程中，普遍以饲养奶牛为主。虽然养牛历史较长，但是20世纪20年代之前，奶牛品种只有耐高寒、宜粗饲、体质结实、抗病力强和产量较低的蒙古牛。奶牛饲养基本上是一家一户自给自足，发展较为缓慢。

20世纪二十年代后，引进了一定数量的良种奶牛，与当地蒙古牛相互杂交后，形成新的改良牛，改良牛的特点之一是产奶量明显增加。发展到20世纪八十年代，奶牛数量激增，牛奶产量也随之不断提高，奶牛业逐渐成为支柱产业。

鄂温克族自治旗贯彻实施"八十公里奶牛带"奶源基地建设，将其列入"十五"计划。1999年10月，编制出《鄂温克旗公路沿线八十公里奶牛带工程设计方案》，11月编制出了《鄂温克旗奶牛基地基本情况及发展计划（2000-2004年）》。

作为奶源基地建设计划区内的巴扎托海嘎查新科牧场，为巴彦托海镇培育和发展了高效益奶户，使效益型奶牛业迈出了成功的第一步。2001年，实施了奶牛小区扩建项目，有39户牧民自愿参加，巴彦托海镇的奶源建设工作有了新的发展。同年，锡尼河西苏木6户牧民自愿参加了锡尼河西苏木奶牛小区建设。

巴彦托海嘎查高产奶牛示范小区、新科牧场、巴彦塔拉乡高产奶牛示范小区等示范典型，在转变牧民传统经营观念，辐射、带动广大牧民发展质量、效益型畜牧业中发挥了重大作用。现在，盖新式棚圈、养高产奶牛、搞模式化饲养，已经成为牧民群众争相效仿的新时尚。不少牧民在政府实施的奶源建设政策激励下和科技典型和实例的示范和带动下，积极引进高产奶牛，淘汰劣质奶牛，调整畜群结构，加入到科学饲养奶牛，高产高效养殖的行列中来。在奶源建设过程中，鄂温克族自治旗牧民引进的高产奶牛达 5000 余头。尤其在 2002 年，重点在"八十公里奶牛带"规划区域内，积极推广划区轮牧 3 万亩，种植人工饲草地 12 万余亩。推广应用透光板标准暖棚舍建筑技术，新建棚舍 43 座，维修棚舍 105 座。广泛宣传实施机械化挤奶的优点，成功地使 50 台手推式挤奶机入驻牧户家庭。通过在奶牛饲养管理上下工夫，实现了冬季奶牛舍饲、半舍饲或全年舍饲饲养。发展不同规模的牧区型奶户 100 多户，提高了奶源基地建设的科技含量，为转变传统粗放的奶业经济进行了有益的探索。

一、奶牛发展沿革

新中国建立时，鄂温克旗可繁殖母牛仅有 3657 头，针对牧区当时的情况，从维持稳定和社会发展的层面上，内蒙古自治区党委和政府提出"人畜两旺"。实行"牧场公有，放牧自由"和"不分不斗、不划阶级"、"牧工牧主两利"的政策。在科学正确的政策引导下，鄂温克族牧民的奶牛养殖业连续 10 年持续、稳定增长，到 1958 年有可繁殖母牛 13305 头。

然而 1958 年在"高举三面红旗"（即总路线、大跃进、人民公社）的推动下，先后两次将个人饲养的奶牛收归集体所有，自留畜归社后，实行集体经营。由于奶牛过度集中，加上饲养管理不善及 3 年自然灾害的影响，奶牛头数下降，到 1962 年，有可繁殖母牛 18105 头（详见表 78）。

表78: 历年可繁殖母牛数表　　　　　　　单位：头

年份	可繁殖母牛	年份	可繁殖母牛	年份	可繁殖母牛
1949	3657	1963	22772	1977	16186
1950	4523	1964	21665	1978	16956
1951	6266	1965	26615	1979	16775
1952	6422	1966	11930	1980	16286
1953	7012	1967	22081	1981	16863
1954	7688	1968	22218	1982	16969
1955	10421	1969	17575	1983	18708
1956	13609	1970	14059	1984	17997
1957	14930	1971	12708	1985	20020
1958	13305	1972	12563	1986	16653
1959	14494	1973	13812	1987	26105
1960	16381	1974	13196	1988	20209
1961	16331	1975	15058	1989	32891
1962	18105	1976	15617	1990	37357

对此，1963—1965年，政策又宽松一些，至少允许个人养一定数量的奶牛，奶牛头数又开始回升，到1965年可繁殖母牛达到了26615头。但是紧接着的1966—1976年的10年间，个人养牛再一次被当作"资本主义"批判，自留畜彻底被当成"资本主义尾巴"而割掉，奶牛头数明显地逐年下降，到1976年可繁殖母牛剩15617头。

20世纪八十年代以后，随着经济体制改革和政策放宽，可繁殖母牛才获得重生，并以较快速度增长。具体数字是1980年，鄂温克族自治旗有16286头，1985年突破2万头，1990年达到37357头，从1980年至1990年的十年间，可繁殖母牛数量翻了一番还多。由此可见，鄂温克族牧民在畜牧业生产过程中，普遍以饲养奶牛为主。虽然养牛历史较长，但是发展历程则艰苦曲折。

二、奶牛分布

鄂温克族牧民普遍养奶牛,故奶牛几乎分布各乡、镇、苏木,以锡尼河西苏木最多,伊敏苏木和巴彦托海镇次之。其中地方良种锡尼河牛主要集中分布在孟根楚鲁苏木、辉苏木和锡尼河东、西两岸。而三河牛作为优良种畜更多分布在巴彦托海、巴彦嵯岗、巴彦塔拉等苏木。1990年鄂温克族自治旗共有大小牛98280头,其中繁殖母牛37357头(良种及改良种乳牛32478头,产奶牛25299头)(详见表79)。

表79: 各苏木乡镇奶牛分布情况表(1990)

种类 苏木乡镇	牛总头数	良种及改良种 头数	占牛总数(%)	可繁殖母牛 头数	占牛总数(%)	产奶牛 头数	占可繁殖母牛(%)
合计	98280	85832	87.33	37357	35.61	25299	71.55
锡尼河西苏木	21188	20598	97.22	7307	34.49	5301	72.55
锡尼河东苏木	8094	7921	97.86	2816	34.79	1992	70.74
孟根楚鲁苏木	9380	8325	88.75	3176	33.96	2278	71.73
辉苏木	10992	4562	41.5	3862	35.13	2528	65.46
北辉苏木	6832	3917	57.33	1655	24.22	1113	67.25
伊敏苏木	12432	11769	94.67	4430	35.63	3011	67.97
巴彦嵯岗苏木	3920	3767	96.1	2393	61.05	1729	72.25
巴彦塔拉乡	6119	6065	99.12	2617	42.77	1699	64.92
巴彦托海镇	10703	10703	100	4449	41.57	3001	67.45
大雁矿区	2790	2623	94.01	1323	47.42	891	67.35
伊敏河镇	3103	2867	92.39	2314	74.57	1018	43.99
红花尔基镇	2727	2721	99.78	1015	37.22	738	72.71

三、奶牛基地建设与发展

随着经济体制改革的不断深入和完善，总结畜牧业发展的经验和教训，鄂温克族自治旗政府结合实际，因地制宜，调整畜牧业生产结构，提出以"奶牛为重点"的畜牧业发展方针，在稳定和完善牧业家庭经济责任制的基础上，逐步引导牧民从"户户有五畜，家家小而全"的自然经济形态，逐步向畜牧业生产专业化发展。第一个措施是建设奶牛基地，第二个措施是兴建奶牛专业村，第三个措施是鼓励发展奶牛专业户。1985 年有 216 户成为奶牛专业户，售出鲜奶 1638 吨，仅此一项收入 55.7 万元，占当年奶牛收入的 21.5%，专业户户均为 2579 元，相当于一般牧户的 2.5 倍。实实在在的经济效益，在牧民中产生了强烈的震撼。于是 2006 年又在海伊公路沿线发展以黑白花、三河牛为核心的高效奶牛养殖基地。

（一）奶牛专业村

1. 大马蹄坑奶牛村

交通方便。全村 10 户、60 人，每户有 60 平方米砖木结构住房、17 平方米仓库、120 平方米牛舍、670 公顷人工草牧场，是由巴彦托海镇 1983 年投资兴建的新型奶牛专业村。所谓新型是有整齐划一的牧民住房、牲畜棚圈和水、电、机、草库伦等配套设施。1987 年末存栏大畜 361 头，其中牛 339 头，马 22 匹。牛群中可繁殖母牛 158 头，其中产奶牛 96 头。全年奶产量 104850 公斤，平均单产 1092 公斤，全年出售鲜奶收入 42596 元，户均收入 4260 元，比其他牧民奶牛户均收入高 2384 元，人均收入 712 元，比全牧民人均奶牛收入高 251 元。

2. 敖义木沟奶牛专业村

1986 年—1987 年共投资 62 万元奶牛基地建设基金（国家计

委国土局以无息贷款形式资助部分款），建砖木结构牧民住房20栋、1440平方米，安排奶牛专业户20户共106人（其中男女劳动力51人），牛舍20座、1600平方米，每户还围建2000平方米畜牧圈，并有60平方公里的草场供奶牛专业户使用。村内有井房2座，新打机井3眼。鄂温克族自治旗草原站帮助围建一座23公顷的草库伦。试种16公顷青贮玉米和3.5公顷块根饲料。科委还派技术员为牧民讲授科学知识，帮助牧民更新观念，逐步摆脱传统粗放的经营方式。

　　牧民搬进敖义木沟村前自有大小畜335头（只），其中牛242头、羊93只。进专业村后，以借（垫）款形式为他们购置97头基础母牛、400头基础母羊。到1987年底，共有大小畜969头（只），其中牛427头、马68匹、羊474只。牛群中适龄母牛186头，其中产奶牛130头，当年销售鲜奶137200公斤、收入5万多元，户均牛奶收入2500元，人均472元，同鄂温克族自治旗户均牛奶收入相比高624.8元，人均高88元。

（二）鲜奶产量

　　牧民交售鲜奶的历史始于1950年，有数字显示当年交售鲜奶301吨。1953年发展到1155吨，1955年发展到2173吨，1958年发展到3388吨。此后由于三年自然灾害，1961年下降到1853吨，1965年回升到4668吨。"文化大革命"期间，年交售量始终未超过4500吨。1978年以后，随着经济政策的放宽，奶牛业发展较快。1984年，交售鲜奶10500吨，成为内蒙古自治区第一个售鲜奶超万吨的旗，而且奶牛收入占了牧业收入的近一半。到1990年，鄂温克族自治旗产奶量是16158吨，其中，商品奶14235吨，商品奶收入达到785万元，占全年牧业收入的48.67%。下表是1950－1960年10年来鄂温克族自治旗交售商品奶的数字（详见表80）。

表80:　　　　　　　　　历年鲜奶销售量　　　　　　　单位：吨

年份	数量	年份	数量	年份	数量	年份	数量
1950	301	1961	1853	1972	3614	1983	9800
1951	548	1962	2841	1973	4459	1984	10500
1952	950	1963	4292	1974	4220	1985	13500
1953	1155	1964	4380	1975	4030	1986	16155
1954	1198	1965	4668	1976	4526	1987	17047
1955	2173	1966	3161	1977	4403	1988	20700
1956	2839	1967	3708	1978	4278	1989	14691
1957	3198	1968	4499	1979	4456	1990	14235
1958	3388	1969	2114	1980	5710	合计	231075
1959	2925	1970	2582	1981	7210		
1960	2916	1971	2928	1982	8924		

（三）哈日嘎那嘎查新牧区建设个案

哈日嘎那嘎查位于鄂温克族自治旗中东部，是以草原畜牧业为主的纯牧业嘎查。嘎查土地面积92万亩，现有牧户124户，人口410人，党员16名，其中小康户65户，五星级以上文明户80户，科技示范户5户。牧业年度牲畜总头数11414头（只），2007年，嘎查牧民人均纯收入实现7725元，集体经济年收入突破40万元，在全旗44个嘎查中率先实现了通电、通路、通信及通有线电视。在新牧区建设工作中哈日嘎那嘎查党支部，更新观念、抢占先机、用新思路指导新行动，在完善规划，引进项目和组织实践上下工夫，为建设社会主义新牧区提供了组织保障。近几年先后被评为市级、旗级高标准"五个好"嘎查党支部，被国家司法部、民政部评为全国民主法治示范村。

哈日嘎那嘎查由于长期延续粗放的畜牧业经营方式，草牧场退化严重，牲畜品种差，牧业经营效益低下，牧民增收困难。面对现实，嘎查领导班子反复琢磨嘎查现状后，提出要依托资源优势，贯彻"控羊增牛增好牛"的方针，走以牧为主，为牧而农，发展质量效益型畜牧业的路子。

定目标容易，抓落实难。发展奶业，解决好当前靠天养畜的被动局面，必须提高奶牛品种质量。而世世代代一直延续粗放经营方式的嘎查牧民陈旧的思想意识很难得到转变。党支部一班人心里清楚，牧民不见兔子不撒鹰。为了转变牧民陈旧的思想观念，他们有重点的选择一批有见识的典型户，比如，额日钦、其木德斯仁等产奶大户，让他们率先示范。通过榜样使牧民思想认识有了明显的提高，主动支持奶牛品种改良，近3年内嘎查通过引进优良品种、进行冷配等方式，使奶牛品种逐步得到了改良，鲜奶产量从2000年的400余吨增加到2007年的1100吨，当牧民切切实实享受到发展奶业给他们带来的经济实惠时，最常念叨的一句话就是"奶牛品种改良好！"，但由于牧民长期以来，习惯于游牧生活，奶牛村的统一规划，遇到了困难。嘎查党支部经深思熟虑之后，提出要实施资源转换战略，将退化草牧场承包给客商进行改良，用收益壮大集体经济。经多方协商，2001年第一批项目达成协议，把退化严重的8000亩草场承包给客商，进行了草粮混播改良。在短短两年的时间里，嘎查集体经济从无到有，年收入达到50余万元。2002—2004年，通过牧民自筹一部分，嘎查用集体收益补贴一部分的方式，统一规划，筹资兴建的牧民新村一期工程顺利完成，26户牧民喜迁新居，从根本上改善了牧民的居住条件，促进了规范化奶牛村的建设。

第六节　牧业生产工具的变化

一、传统的牧业生产工具

传统的牧业生产工具很多，主要有乘马、雪橇、蒙古包、勒勒车、套马杆、粪筐、粪杈、羊毛剪子、羊绒抓子、毡口袋（放羊羔用)、马绊、鞍鞴、笼头、佾刀、草杈、水斗、木锨。

[蒙古包] 长期以来就是牧民家庭居住的场所,同时又是放牧的主要用具之一。它随时可以搭盖和拆卸、搬迁,适应游牧生活的特点。蒙古包木架是由上、中、下三节构成,下层叫"哈那",以4厘米左右的粗柳木、做成以牛皮绳连接的可张可合的木架,立时形成网状的许多方格。每片"哈那"12个头,每个蒙古包多由4—6片哈那组成。中层叫"乌尼亚",由直径4厘米柳木或松木制成,长度和用量均由蒙古包面积而定,一般是42根。顶圈叫"套尼"是由直径10厘米左右的木料弯制而成,直径约在1米左右。外罩用毡子围包,夏天为了凉爽也有用柳条编成帘子围包。

[勒勒车] 也叫大车轮,很早就是牧民的生产、生活工具。搬家、拉水、拉羊羔、拉柴、拉脚和运牛奶都离不开它。一户牧民家少则有3—4辆,多者8—10辆。车的结构很简单,易于检修,轻便耐用,适合在没有路的条件下,在泥泞沙丘、雪地、草原上行驶。造车的原料除车钏和车键外,都是木质的。车全长3.42米,轮子的直径1.33米,它的半径加1.5米即为车篷高,车宽约1米;车辐条没有定数,长65厘米,一般有18—22根;车毂用烘干的黑桦木做成,长45厘米;车毂使用10根10公分左右新砍伐的桦木杆,用火烤柔软后弯曲成圆形,然后风干成形,此即"揉以为轮"。勒勒车套键牛,可载300—350公斤。近年,勒勒车车轮部分已由木制改为铁制,在铁轮上再钉上胶皮,既轻便,又坚固耐用。

[篷车] 在勒勒车上面搭篷而成。可用毡子围城,也可用席子围城,用于搬家时老人妇女儿童乘坐。

[胶轮车] 木制车身和车辕,铁轴、胶轮。每车多数套2—4匹马,载重量1.5—2吨,胶轮大车在人民公社化时期有集体经营使用的较多,主要是运贮饲草或运芦苇、木材等。实行畜

草双承包以后,随着小四轮拖拉机的普及,畜力胶轮大车已不多见。

〔雪橇〕当地俗称爬犁,是高寒牧区特有的冬季交通工具。爬犁用桦木制成,有两条滑雪板,车身矮,离地不足一尺,便于乘坐或载货。样式各异,规格大小不一,用途广泛。主要用马驾驭,也有骆驼拉爬犁,在雪地上行驶,其速度可同乘马媲美。

〔乘马〕牧民放牧牲畜、外出办事都要靠乘马,牧民的孩子从4—5岁开始就学骑马,人们常说,游牧民族是马背民族。牧区调驯乘马主要抓住春季马匹膘差体乏又不易受内伤的有利时间。鄂温克族自治旗乘马的品种主要有锡尼河马,也有一些引进品种与当地马的杂交后代。这些马匹都具有适应性强、乃粗饲、速度快等特点。

〔套马杆子〕是牧民放牧所必备的工具。牧民用套马杆子围圈牲畜,放牧时来驱赶、捕捉马匹,还可套狼、打狼。套马杆子的长度以4米为最好,技术较差者多使用2—3米长的杆子。杆上的鞭绳以1.5米为宜,使用1米长者居多。杆材夏季用柳木杆(雨淋也不弯曲),冬季用桦木杆,而秋季以稠李子木做杆,结实不易折。

〔笼头〕由笼头和缰绳组成。笼头用于套住马头,缰绳直而长,用来牵马、拴马。笼头有铁嚼子,骑马或挽车时,用于制服马,使马更加驯服而听指挥。笼头和嚼子由牧民用熟牛皮自己加工编制。

〔马鞍〕骑乘马必备用具。马鞍主要由马鞍木、马镫、前后肚带等4大件及装饰物组成。鄂温克族自治旗牧民使用的马鞍子分为鄂温克马鞍和布里亚特马鞍两种,前者鞍木较小,后者两峰较高。

〔马绊〕乘、挽马在夜间或闲置时,用来将马腿绊住,使其活动受到限制，只能在就近处采食以便随时使用。马绊由牧民用牛皮自己加工制做，现在多用尼龙绳。

[钐刀] 钐刀是牧民最早使用的打草工具。钐刀有两种，一种是当地老式钐刀，又称"挟把刀"，刀长30－40厘米，宽10厘米左右，装有2－2.5米长的木柄，打草者将刀把挟于腋下，以扭动身体为动力进行操作。使用老式钐刀打草，1个强劳动力在40天的打草期中可打16400公斤。

另一种是俄罗斯钐刀。这种钐刀呈半弧型，分大、中、小型号，大型刀长80~90厘米，中号70~80厘米，小号60~70厘米，刀宽10厘米左右，由薄钢制成，质量好，刀刃十分锋利，刀把为不足2米的木杆，中有把手。打草者靠两臂和腕部力量操作，1个强劳力日均打草1100多公斤，40天可打4万多公斤。

[木杈、铁杈] 是用来垛草的工具，木杈使用较早，铁杈较晚。

[木锹] 用于铲雪，清除粪便，牧区冬季搬迁牧场雪要铲除牛、羊卧盘积雪。在草场上铲雪，只有木锹才不被草丛根卡住，而且能够将雪清除干净，故牧民喜欢使用木锹而不用铁锹。

[哈厦] 蒙古语对圈的统称，有固定哈厦和活动哈厦两种。固定哈厦是定居点上牧民用来圈牲畜的圈，活动哈厦则是游牧场上放牧羊群必备的工具。主要用来夜间围圈放牧归来的羊群，避免羊群惊散跑失，冬天则起防风雪作用。

[牧羊犬] 鄂温克族自治旗牧区多数人家都有牧羊犬，主要目的是防狼。它是牧民放牧的好助手。牧犬的听觉、视觉和嗅觉都非常灵敏，从很远的地方，就能闻到或听到狼的动静，向主人报警，牧犬发现狼后，即围着牲畜群边跑边叫，让畜群聚拢，当狼跑进时，即拼命与其搏斗，以保全牲畜。故牧民都说："如果没有牧羊犬，好像没有了眼睛和耳朵。"

二、主要牧业机械选介

畜力打草机由布里亚特蒙古族牧民带入鄂温克族自治旗。畜力打草机被当地人称为"马神"（机器之意）。作业时，两匹马牵引，需1人坐在刈草机后部赶马和操作，以掌握前进速度、刈草茬高低并为刀具排除障碍。"马神"割幅1.4米，每台日打草150—160普特（1普特合2500公斤干草）（详见表81）。

表81： 农牧业机械拥有量对比表

类别	品名	单位	1960年	1966年	1978年	1985年	1990年
拖拉机	大中型拖拉机 手扶拖拉机	台 台	26	18	77 41	353 1161	510 2408
机引机械	犁 耙 播种机 打草机 搂草机	部 部 部 部 部	3 1	3 20 6	10 4 4 194 57	45 29 8 718 241	49 57 36 1452 747
其他机械	药浴池 联合收割机 风力发电机 剪毛机	座 台 台 剪/台			14 2 214/25	3 32 6	18 88
运输机械	载重汽车 挂车 畜力大胶车 畜力车	辆 挂 辆 辆	13 50 3150	169 5587	4 59 154 3379	136 1061 113 1183	102 2466 423 179
畜力打草机械	打草机 搂草	部 部	167 158	272 270	111 151	273 708	未统计

畜力集草器当地人称之为"马拉古斯",以木杆制成,由两人骑马牵引作业,日集草 2400 公斤。畜力搂草机当地人称作"耙子",套马牵引,一人操作,日搂草 2600 公斤左右。

机引打、搂草机。机引打草机长 2.11 米,每台安装刀片 28 片,日刈草 1000—1200 普特(1 普特折合 1.6—1.9 万公斤)。1 台胶轮"55"型拖拉机可牵引 3—4 台打草机。鄂温克族自治旗牧民在 20 世纪六十年代开始使用机引打、搂草机,20 世纪八十年代广泛使用。搂草机幅宽 8 米,每台日搂草 2500 普特(合 4 万公斤),1 台胶轮"55"型拖拉机可牵引 3 台搂草机,日搂草 8000 普特。随着机引打、搂草机的广泛使用,各种畜力打草机工具已不多见,只在小范围内使用。

三、牧业机械的发展

牧业机械包括打贮草机械、畜产品采集机械、运输机械和加工机械。早在 1902 年中东铁路通车及以后布里亚铁蒙古族移居锡尼河地区时,即陆续传入马拉打、搂草机,牛奶分离器等牧业机械用,但数量不多,仅见于铁路沿线和锡尼河地区牧民中,其他苏木很少见。新中国成立直到鄂温克族自治旗成立,牧业生产的基本动力仍是人力和畜力,只有少数马拉大、搂草机。1960 年开始,鄂温克族自治旗有了德特—20、千里马—28、英 D—900 型等混合拖拉机和机引打、搂草机,但数量有限。到 1974 年时,仅有 78 台混合拖拉机、26 台手扶拖拉机和部分动力工具。

1975 年,在北京召开的全国第二次农业机械化工作会议上,鄂温克族自治旗被列为全国重点发展机械化旗县之一。在国家的扶持下,牧业机械拥有量和牧业机械作业广度及系列化程度有了迅速发展。1979 年,国家农机部和畜牧总局投资 150 万元,兴建牧业机械化基地——机、草、林、水、舍综合配套的巴彦托海草库伦。同年，农牧部又从在北京展销的国外农业机械中无偿拨给鄂温克族自治旗12台拖拉机。至1985年，鄂温克族自治旗牧业机械拥有量达到全国农牧区第一，平均每2.3个牧户拥有1台拖拉机。1990年，牧业机械拥有量（不包括全民所有制单位）：大中型拖拉机510台、小型拖拉机2408台、机引大搂草机2199台（部）、畜力打搂草机967部，平均410公顷草牧场就有1台拖拉机在工作。

第七章 草原建设、保护和管理

草原是牧民重要的第一生产资料，有了草原才能有牲畜，才能有牧民的生产和生活。历史上，草原畜牧业是在地广、人稀、畜少的大草原上经营的，草原的回旋余地大，牧民在流动放牧中充分利用草场，这块用完用那块，无须担心草的问题。这样，人们往往只注意人随畜转，而没有认识到畜随草走，人畜活动是以草场为转移的事实。久而久之，形成了重畜轻草的传统观念。事实上，草原畜牧业，是牧人们利用草场提供的植物，繁殖、饲养家畜，取得畜产品和役用畜的物质资料生产。其生产要经过第一性的植物生产和第二性的动物生产这样两个互相联系的过程，这是草原畜牧业的基本特征。

新中国成立以后，牧区经济迅速发展。随着牲畜数量的增加，草畜矛盾日益突出，因此，对草的重要性的认识有所提高，开始注重人、畜、草之间的平衡问题，这确实是草原畜牧业的关键。

第一节 草场类型与分布

从专业角度看鄂温克族自治旗草原（畜牧业区）可以分别划为：东南部山地林木经济区、中部低山地丘陵草甸草原肉牛发展区、中北部高平原、河漫滩草甸草原奶牛和细毛羊发展区、西部高平原、干旱草原肉羊发展区4种经济类型区。单纯按照天然草场划分则可以分为7类：山地草甸草场、低山丘陵草甸草原草场、起伏丘陵干草原草场、高平原草甸草原草场、高平原干草原草场、砂地植被草场与河漫滩草甸草场。草地总面积1289436公顷，其中，草地可利用草场有1192582公顷，占土地面积的64.4%。在天然草场利用中，牧民主要根据野生牧草的分布规律及牧草对不同畜种的适应性，把草场划分为"冷季""暖季"营地。暖季牧场用于游牧，冷季牧场与打草场结合利用，夏季打草、冬季利用刈割后的再生草及边缘的草牧场供家畜抓膘、保膘。这种即划分放牧场，又划分打草场，放牧与打草相结合，冷季与暖季兼顾的利用方式，是草原畜牧业生产的一个重要特点。

一、草场区划

鄂温克族自治旗在进行草场划分时，在工作方法上采取确定各苏木、乡、镇和嘎查的草原所有界线与划分承包到户同步进行的办法，计算出各嘎查的牲畜头数，折合成绵羊单位，统计户数和人口数。嘎查集体留出10%机动草牧场，其余全部进行计算，在可利用草场面积内，保证每个牧户200只羊单位的基本生活草牧场，具体划分标准是在征得牧民较为满意的意见后，按人6畜4的比例进行分配的，原则上做到让每个牧户对自己应该得到的草场面积能够心中有数。人6畜4的分配既照顾到了无畜户和少畜户，又考虑了大户的利益。大户草场虽然减少一部分，草场暂时不够用，但可以通过加快出栏，搞草原建设，提高科学饲养水平从而增加载畜量。少畜户所占草场的比例很大，如一个贫困户多得了几百亩或几千亩草场，解决了生活中的很大问题。即使他们目前牲畜少，用不了那么多的草场，但可以通过有偿转让或出租得到一部分收入，这样也减轻了国家和集体扶贫的压力。

（一）巴彦托海镇可利用草场52732公顷，约占鄂温克族自治旗可利用草原的4.4%。鲜草储藏量为1.4亿公斤,可利用鲜草储藏量为0.93亿公斤,理论载畜量51131个绵羊单位。草场分为两类10组15个草场型。

(二)巴彦塔拉达斡尔民族乡可利用草场37506公顷,约占鄂温克族自治旗可利用草原的3.1%。鲜草储藏量为0.98亿公斤,可利用鲜草储藏量为0.64亿公斤,理论载畜量34798个绵羊单位。草场分为4类7组11型。

(三)北辉苏木可利用草场101077公顷,约占鄂温克族自治旗可利用草原的8.5%。鲜草储藏量为3.27亿公斤,可利用鲜草储藏量为1.87亿公斤,理论载畜量102470个绵羊单位。草场分为3类7组9型。

(四)辉苏木可利用草场134823公顷,约占鄂温克族自治旗可利用草原的11.3%。鲜草储藏量为4.43亿公斤,可利用鲜草储藏量为2.46亿公斤,理论载畜量134972个绵羊单位。草场分为5类9组15型。

(五)锡尼河西苏木可利用草场240025公顷,约占鄂温克族自治旗可利用草原的20.1%。鲜草储藏量为7.5亿公斤,可利用鲜草储藏量为4.4亿公斤,理论载畜量241035个绵羊单位。草场分为6类12组11型。

(六)锡尼河东苏木可利用草场173248公顷,约占鄂温克族自治旗可利用草原的14.5%。鲜草储藏量为8.67亿公斤,可利用鲜草储藏量为4.73亿公斤,理论载畜量259251个绵羊单位。草场分为7类11组18型。

(七)巴彦嵯岗苏木可利用草场80096公顷,约占鄂温克族自治旗可利用草原的6.7%。鲜草储藏量为3.76亿公斤,可利用鲜草储藏量为2.18亿公斤,理论载畜量119462个绵羊单位。草场分为5类9组16型。

(八)孟根楚鲁苏木可利用草场147352公顷,约占鄂温克族自治旗可利用草原的12.4%。鲜草储藏量为6.6亿公斤,可利用鲜草储藏量为3.3亿公斤,理论载畜量176609个绵羊单位。草场分为7类12组19型。

(九)伊敏苏木可利用草场191476公顷,约占鄂温克族自治旗可利用草原的16.1%。鲜草储藏量为8.61亿公斤,可利用鲜草储藏量为4.37亿公斤,理论载畜量239264个绵羊单位。草场分为7类12组21型。

(十)伊敏河镇可利用草场11565公顷,约占鄂温克族自治旗可利用草原的0.97%。鲜草储藏量为0.25亿公斤,理论载畜量8280个绵羊单位。草场分为3类4组4型。

(十一)红花尔基镇可利用草场4796公顷,约占鄂温克族自治旗可利用草原的0.4%。鲜草储藏量为0.28亿公斤,理论载畜量5012个绵羊单位。草场分为1类1组1型。

(十二)大雁镇可利用草场17886公顷,约占鄂温克族自治旗可利用草原的1.5%。鲜草储藏量为0.97亿公斤,理论载畜量354432个绵羊单位。草场分为4类5组6型(详见表82)。

表82: 主要草场分布表

草场类型	可利用草场面积(公顷)	占全旗草场面积(%)	分布
山地草甸草场	200014	16.7	锡尼河东、孟根楚鲁、伊敏、巴彦嵯岗苏木
低山丘陵草甸草原草场	159003	13.3	伊敏、锡尼河东、巴彦嵯岗、锡尼河西、孟根楚鲁、辉苏木、巴彦托海镇
起伏丘陵干草原草场	89660	7.4	除红花尔基外,各苏木、镇、乡均有分布

续表

草场类型	可利用草场面积（公顷）	占全旗草场面积（%）	分　布
高平原草甸草原草场	56624	4.7	除巴彦嵯岗、北辉苏木、大雁、伊敏河、红花尔基外，各地均有分布
高平原干草原草场	334124	2862	除巴彦嵯岗、大雁、伊敏河、红花尔基外，各苏木、镇均有分布
砂地植被草场	73052	6.1	除伊敏河、红花尔基、巴彦塔拉达斡尔民族乡、北辉苏木外，各地均有分布
河漫滩（平原）草甸草场	280105	23.5	各苏木、镇、乡均有分布
合计	1192582	100	

二、放牧场

鄂温克族自治旗现有暖季牧场 363453 公顷，冷季牧场面积 715902 公顷，还有 113227 公顷未利用的可利用草场。暖季牧场主要分布在伊敏河、辉河、锡尼河沿岸，尤其以距巴彦托海镇 180 公里的辉腾河夏营地的草地为最好。这一营地水草丰美，没有蚊虫叮咬，非常适合体瘦力乏的牲畜抓春夏基础膘。在大搞人民公社化期间，每年接完春羔后，就把大批牲畜陆续赶往辉腾河夏营地转场轮牧，直至 9 月返回，牲畜数量约在 10－25 万头（只）。牧区落实生产责任制后，随着草场使用权的固定，多数牧民实现了定居和半定居，畜群组群规模变小，大规模的倒场轮牧已经很少。冬季放牧场多在缺水草场利用积雪放牧，幼弱畜和部分母畜（主要是牛）扎营在冬营地进行适当补饲，采食能力较强的马和羊靠降雪依然到较远的牧场游牧。

三、割草场

天然割草场主要分布在较平坦的地段，可做割草场利用的面积468824公顷，约占鄂温克族自治旗可利用草场面积39.3%；鲜草总贮藏量18.44亿公斤，折合干草约7.38亿公斤（未计算利用率）。根据利用情况，天然割草场分为固定割草场、半固定割草场、临时割草场3种。

（一）固定割草场：主要分布在东部河滩地草场上，这一带草场自然条件比较优越，水分条件好，开发利用晚，产草量较高，牧草品质好。

（二）半固定割草场：主要分布在低山丘陵及波状高平原地带，地势平坦开阔，草场受降雨影响大，多采用刈牧轮用方式，或根据年景有意识地割一年休一年或割二、三年休一年。

（三）临时割草场：没有固定地点，根据年景和雨水情况以及生产的需要而临时确定草场，面积不大。

从专业的角度细分，天然割草场、天然打草场的分布和类型有：

1. 在高平原干草场及草甸草原草场地段，天然割草场的主要类型有：羊草、冰草、早熟禾草场；大针茅、羊草、杂类草草场；具小叶锦鸡儿的羊草、羊茅、大针茅草场等。在草群中禾本牧草的比重占55—65%。其中羊草的优势度为89—100%；豆科牧草的比重为5—15%。草层一般高度30—40厘米，盖度60—80%，主要植物为羊草、大针茅、冰草、早熟禾、麻花头、小叶锦鸡儿、羊茅、糙隐子草、自婆婆纳等，优良牧草占80%左右。该地区主要包括鄂温克族自治旗中部至西部的沙壤质暗栗钙土、栗钙土型砂土及草甸栗钙土地段。割草场总面积为115315公顷，总贮草量可达43243万公斤，是打草场。

2. 在起伏丘陵干草原草场地段，主要草场类型是：羊草、大针茅、早熟禾草场。在草群中，禾本科牧草比重占50—90%。其中羊草的优势度为80—100%，豆科牧草比重6—9%，草层一般高度30—45厘米，盖度为60—80%。主要植物有：羊草、大针茅、小叶锦鸡儿、猪毛蒿、曲茎柴胡、扁蓿豆等。优良牧草占70%左右。该地区属于鄂温克族自治旗中部的沙壤质栗钙土、暗栗钙土以及沟谷地潜育草甸土地段。割草场总面积30104公顷，总贮草量可达11288万公斤。

3. 低山丘陵草甸草原地段，主要草场类型是：羊草、贝加尔针茅、山野豌豆、杂草草场。草群中禾本科牧草的比重占40—70%，其中羊草的优势度为70—100%；豆科牧草的比重为9—11%。草层一般高度35—40厘米，盖度65—85%。主要植物有：羊草、贝加尔针茅、胡枝子、线叶菊、无芒雀麦、拂子茅、直穗鹅观草、草木樨状黄芪、唐松草等，优良牧草占40—50%。该地区主要在山地草甸向干草原的过渡地带的宽谷以及缓坡处，面积55760公顷，总贮草量达25092万公斤，土壤以普通黑钙土和草甸黑钙土为主。

4. 在河漫滩草甸草场地段，主要草场类型有：羊草、无芒雀麦、杂类草草场，羊草、苔藓、野豌豆草场等。在草群中禾本科牧草的比重为30—50%，其中羊草的优势度为60—85%，豆科牧草比重10—40%，草层一般高度45—70厘米，盖度85%左右。主要植物有：羊草、无芒雀麦、黄花苜蓿、野火球、千叶蓍、早熟禾、狭叶青蓄、裂叶蓄、野豌豆、碱茅、牧马豆等。优良牧草占40—70%，土壤以草甸土为主，有潜育的暗栗钙土，割草场面积40477公顷，总贮草量18215万公斤。

5. 在山地草甸草场地段，主要草场类型有：羊草、无芒雀麦、杂类草草场、地榆、苔草、羊草、杂草类草草场等，在草群中禾本科技草比重占30—60%。其中羊草的优势度60—90%；

豆科牧草比重 5—10%；杂草比重为 50% 以上。草层一般高度35—50 厘米，盖度 65—90%。主要植物有：羊草、无芒雀麦、贝加尔针茅、地榆、拂子茅、苔草、黄花草、沙参、野豌豆、蚕头草、蓬子菜等。优良牧草占 40%。该地区主要在林缘及散生林间，海拔 900—1000 米的宽谷和缓坡地，面积 14100 公顷，总贮草量为 6345 万公斤（详见表 83、84）。

表83： 各级镇苏木可利用草场和割草场统计表　　单位：公顷

苏木（乡、镇）	可利用草场	割草场	割草场占可利用草场
大雁镇	17886	16025	89.6
巴彦嵯岗苏木	80096	27510	34.3
巴彦塔拉乡	37506	24635	65.7
巴彦托海镇	52732	27655	52.4
锡尼河西苏木	240025	10867	45.3
孟根楚鲁苏木	147352	52080	35.3
伊敏苏木	191476	50298	26.3
锡尼河东苏木	173248	42475	24.5
北辉苏木	101077	41960	41.5
辉苏木	134823	76255	56.8
红花尔基镇	4796	1261	26.3
伊敏河镇	11565		
合计	1192582	468824	39.3

表84： 历年打贮草数量表　　单位：万公斤

年 份	数 量	年 份	数 量
1949	2478	1970	8972
1950	2606	1971	9600
1951	2816	1972	7200
1952	2422	1973	12192
1953	2811	1974	12032
1954	3625	1975	5683

续表

年 份	数 量	年 份	数 量
1955	4374	1976	1108
1956	4607	1977	912
1957	4645	1978	7029
1958	6813	1979	6656
1959	7378	1980	11408
1960	12000	1981	8300
1961	7314	1982	11365
1962	7070	1983	11575
1963	10624	1984	12295
1964	12176	1985	12048
1965	12061	1986	13600
1966	16016	1987	12160
1967	8484	1988	18285
1968	9415	1989	16543
1969	7665	1990	16608

第二节 草地退化及其原因分析

草原畜牧业是以草地牧草为饲草来源，以放牧形式经营的畜牧业。因此草地的优劣及丰歉程度决定着草原畜牧业的兴衰。新中国成立初期，我国牧区草地状况相对良好。自20世纪五十年代末以来，牧区个别地段发生较大范围内的草地退化[1]现象，而且直没有得到有效的遏制。20世纪六十年代以来我国草原畜牧业在波动、徘徊中发展，增加速度明显放慢，各大牧区的畜牧业发展普遍出现了一个相当长的"停滞期"。据1988年调查，内蒙

---

[1] 陈文主编：《草原畜牧业经济研究》，内蒙古大学出版社，1992年，105页。

古草原总面积由20世纪六十、七十年代的8800万公顷减少到7780.4万公顷，其中可利用面积由6860多万公顷减少到6359.1万公顷；内蒙古自治区草地退化面积达2503.7万公顷，占可利用面积的39.37%。针对草地退化的原因，在此作以下分析：

第一，长期以来，在指导思想上一直把增加牲畜头数作为发展草地畜牧业的首要目标，没有根据资源、市场的变化而适时进行调整。新中国成立初期，在牧区经济亟待恢复发展，而牲畜数量不多，草地载畜潜力也很大的情况下，以优先发展牲畜头数作为发展草原畜牧区的第一位目标，无疑是正确的。但是，由于草地建设具有周期长、见效慢等特点，当总体规模在主要草原牧区接近或达到牧区自然再生、复壮能力，而总体载畜能力趋于饱和之前，不及时转向建设养畜，就必定要出现指导思想的失误。而增加牲畜数量的指导思想，正符合小农经济的经营思想，从而成为牧区总体上超载过牧的根源。可以说，把草地当成无须投入、可以取之无度的资源，盲目追求牲畜数量的发展方针是一种失误。

第二，草地利用方式不合理、不科学。单纯追求牲畜发展数量，对草地不建设、不投入必然要形成超强度放牧，从而导致草地的退化。适度放牧，能改良草地质量，促进牧草的自然再生。故牲畜过分践踏草地，违反牧草生长机理，使草类减少，产量下降，草地开始退化。在草地退化的情况下，继续增加牲畜数量，就不可避免地要形成牲畜增加→草地退化→牲畜继续增加→草地加剧退化的恶性循环。据内蒙古自治区的有关资料显示，20世纪六十年代草地载畜量为9274万羊单位，1965年牲畜数量达到7386万羊单位，为理论载畜量的80%左右，自此牲畜数量则徘徊不前，草地退化加重。20世纪八十年代草地载畜量下降为5474万羊单位。但是1990年牲畜数量却猛增加为7900万羊单位单位。除了总体上的超载过牧外，牧户放牧方式上处于落后的

"自由放牧"状态，基本上没有实施划区轮牧方式。交通沿线和定居点附近草地被超强度利用，致使这些草地局部率先退化。有关专家研究测算，在我国草地退化的成因中，过度放牧占28.3%。此外，牧区人口的增加导致牧民，烧柴困难，樵采过度也是草地退化的重要原因。据专家测算，在我国草地退化的成因中，过度农垦占25.4%，过度樵采则占31.8%。

第三，草地产权关系不明确。20世纪八十年代前，草地是全民和集体所有，由集体统一经营。改革中，在坚持草原共有的前提下，实施牧户承包经营。但是，多数牧区的草地产权关系不明确，使用权不落实，承包双方的权利和义务不协调，草地经营机制和激励机制不健全，不足以促进草原的保护、合理使用和建设。同时，还没有形成二者的协调一致的经营机制，牧户为了降低牲畜的生产成本以获取短期的最大利益而强化了对草地资源的索取和利用，对草地的投入则相对很少。

第四，没有形成草地的生态效益和建设项目占用的补偿机制。草地的生态效益是公认的，并将越来越显示其重要地位。但是，由于受益单位难以界定，其补偿机制的建立尚未提上议事日程。而且，一些工矿企业、交通运输、商业企业及国家建设项目占用草地，不承担任何赔偿义务，甚至常常把草地看成无需补偿的天然资源而乱占、乱建，造成草地的退化。这部分草地的占用和损害以占我国草地破坏部分的9%，不容忽视。因此，如何摆正草与畜的关系，认清草原畜牧业生产过程中的草畜统一性，还需要一个相当长的时期，从观念上讲，人们总是片面强调牲畜在草原畜牧业中的地位。只有到了草地退化严重、饲草资源衰退、畜草矛盾渐趋尖锐的今天，草原建设才越来越被重视起来。

第三节　草库伦建设与饲草种植

一、草库伦建设：围建草库伦

1974年，鄂温克族自治旗草原工作站在锡尼河西苏木巴彦呼硕敖包山北侧，伊敏河西岸围建第一个草库伦。围栏面积3公顷，结构为刺线和木桩，当年种植羊草和紫花苜蓿，并从国内外引进30多种优良牧草进行试种。经过5年的小区试验，筛选出羊草，披碱草、黄花苜蓿3个优良品种进行推广种植，并于1979年建立了草籽繁育基地，从1979—1984年草籽场共收获优良牧草种子2.5万公斤。

1976年草库伦围建面积达到1.6万公顷，其中刺线和木桩结构0.1万公顷，挖沟筑坝式1.5万公顷，平均每公顷造价约为22.5元，围栏后草库伦每公顷产鲜草为2325—3390公斤，相当于围栏前产草量的1.6—3.3倍。

1978年，草库伦面积却下降到1.44万公顷，其中锡尼河西苏木686公顷，孟根楚鲁苏木2553公顷、西尼和东苏木1867公顷、辉苏木4000公顷、巴彦塔拉达斡尔民族乡2000公顷，巴彦托海镇3333公顷。

1980年，草库伦面积增加至31467公顷，其中水、草、林、机结合的有3733公顷。

1983年草库伦围建面积达到37533公顷，主要用于封育退化草场和打草，其中当年新建6067公顷，在新建草库伦中，角铁网片结构的有667公顷，这也是第一个网围栏式草库伦，但由于各苏木草库伦围建规模过大，内部配套建设不全，管理不善等原因，陆续遭到破坏，截至1986年，只剩完好的草库伦6060余公顷，相当于1983年草库伦面积的16%。

从 1987 年开始，结合防灾基地建设，采取民办公助办法，围建水利建设为主的小型饲料地草库伦。1987—1990 年共围建 689 公顷（详见表 85）。

表 85： 历年草库伦面积统计表　　　单位：公顷

年份	1974	1975	1976	1977	1978	1979	1980	1981	1982
面积	3	1953	16000	16000	14440	14440	31467	31467	31467
年份	1983	1984	1985	1986	1987	1988	1989	1990	
面积	37533	15533	10667	6060	6393	6593	6667	6750	

二、草库伦现状与建设

（一）草库伦面积：1990 年底，鄂温克族自治旗草库伦面积 6750 公顷，为 1983 年的 17.98％。其中 1980 年以前围建 4834 公顷，1980 年以后围建 1916 公顷。按种类分，结构为网围栏 1356 公顷，刺线围栏 5394 公顷。其利用方式中，打草草库伦 3145 公顷，封育草库伦 209 公顷，饲料地草库伦 574 公顷，综合利用草库伦 2822 公顷。

（二）草库伦规模：鄂温克族自治旗现有 52 处草库伦中，5 公顷以下有 11 处，30 公顷左右 25 处，31—60 公顷之间 5 处，61—300 公顷之间 4 处，301—600 公顷之间处，600 公顷以上 3 处。

（三）草库伦分布：在现有 52 处、6750 公顷草库伦中，巴彦托海镇有 17 处 2660 公顷，巴彦塔拉达斡尔民族乡有 4 处 94 公顷，锡尼河西苏木有 11 处 410 公顷，孟根楚鲁苏木有 5 处 765 公顷 4 处 1390 公顷，巴彦嵯岗苏木 3 处 107 公顷，鄂温克族自治旗草籽繁殖场有 1 处 130 公顷。

（四）围建草库伦的建设：1976—1990 年，在草库伦建设中，累计投入资金 208.3 万元，年均 13.9 万元，其中年投入最高额 150 万元（1978 年），最低 1785 元（1984 年）（详见表 86）。

表 86： 　　　　　历年草库伦建设及投资额统计　　　单位：公顷元

年份	新建面积	投资额	年份	新建面积	投资额
1976	270	65420	1984	8	1785
1977	210	8340	1985	27	4475
1978	1700	1500000	1986	120	12900
1979	135	190000	1987	333	80000
1980			1988	200	80000
1981			1989	88	32000
1982	60	2880	1990	68	30000
1983	350	75300	合计		2083000

三、草库伦选介
（一）巴彦托海草库伦

1975 年，在全国第二次农业机械化工作会议上，鄂温克族自治旗被列为全国重点机械化县之一。此后，在国家的扶持下，牧业机械作业的广度和系列化程度都有了迅速发展。1979 年，国家农机部和畜牧总局投资 150 万元，建设最大的草库伦——巴彦托海草库伦。内蒙古自治区、呼伦贝尔盟又相继筹措近百万元，使其成为水、草、舍、林、机配套的现代化畜牧业生产基地。

巴彦托海草库伦距鄂温克族自治旗所在地 5 公里。在围建草库伦前，由于牲畜大量长期集中，使草场严重退化，草场的植物种类羊草、黄花苜蓿、小糠草等被寸草台、马蔺、米口袋、蒲公英等取代，每公顷产干草仅 300 公斤。1979 年，围建一号草库伦面积 670 公顷，围建二号草库伦 1020 公顷。1981 年又相继在伊敏河东大、小马蹄坑围建三、四号草库伦。到 1983 年，围建草库伦面积达到 2506 公顷，其中建立人工草场 1137 公顷，青贮和饲料地面积 313 公顷，封育草场 913 公顷、林网面积 143 公顷。

草库伦内进行了大量的人工草地建设，种植了多年生牧草、一年生饲料和青贮玉米。修建大型三级扬水站 2 个、水渠 1800 米、配备了大型圆盘式自走喷灌机 2 套、机井 2 眼，并修建永久式青贮窖 300 立方米，种子库 200 平方米，晾晒场 625 平方米、饲料加工车间，围建了太阳能电围栏 400 公顷和划区轮牧栏 333 公顷。配套设施，购置大型拖拉机 15 台、汽车 8 台、联合收割机 2 台、青贮康拜因 2 台，建有 3000 平方米的牛、羊舍。

经过几年建设，草库伦生产能力逐渐提高。人工饲草地每公顷产干草 3863 公斤，封闭退化草场每公顷产 1965 公斤。1983 年，饲草料获丰收，共收获干草 128 万公斤，青贮饲料 32 万公斤，精饲料 41 万公斤，油菜子 1.5 万公斤，产值 16.4 万元。

随着体制改革的深入，对草库伦的管理采取了承包经营的方式。1983 年，一、二号草库伦分别承包给牧民，600 平方米的砖木结构牛舍同时作价包给牧民户。1985～1990 年，承包户先后在草库伦内种植大麦、青贮玉米、燕麦和小麦等，为饲料加工提供了部分原料。1983 年，由内蒙古自治区畜牧厅扶持，在一号草库伦东南建立鄂温克族自治旗第一个乡镇企业——巴彦托海乳品厂。该厂占面积约 2 公顷，当年建成投产。

(二) 巴图孟和家庭草库伦

巴图孟和是锡尼河西苏木特莫胡珠嘎查牧民，家中有妻子和 4 个女儿。1988 年初，鄂温克族自治旗草原站推广突破性适用增产技术的工作，帮助巴图孟和建立多功能的家庭畜群草库伦。

家庭草库伦面积 1.3 公顷，与之配套的有一眼井，并配置了电泵和输水管，供人畜饮用和草库伦灌溉用水，草库伦四周还栽植防护用杨树林。当年，在草库伦内种植青贮玉米、青燕麦、芜菁甘蓝、饲用胡萝卜、马铃薯、甘蓝等 0.7 公顷饲料作物，共收获 3 万多公斤，总产值达 2548 元，扣除种子费 86 元和其他费用 200 元净收入 2262 元，当年收回建设草库伦的投资。

1989 年为了适应发展奶牛的需要，在围栏一处 1.3 公顷饲料地草库伦，种植青贮玉米、胡萝卜、芜菁甘蓝、马铃薯、甘蓝和稷子，共收获各类饲料（包括稻秆）3.96 万公斤，产值达 3940 元。

1990 年，种植各类饲料作物 1.2 万公顷，总产量为 3.92 万公斤，产值 3995 元。扣除每公顷成本费 600 元，饲料地的各类饲料纯收入为 3255 元，并为冬春季储备近 3 万公斤的块根多汁饲料。

巴图孟和家庭牧场由于近几年来连续种植高产量、优质块根饲料、青贮饲料，使牧业生产有了较大的发展。经济效益不断提高，1988 年，巴图孟和家庭总收入为 2.7 万元（不包括饲料产值）人均收入 4500 元。其中牛奶收入为 6000 元，占总收入的 22.2%，人均牛奶收入 1000 元。

1989 年总收入 3.3 万元，人均收入 5500 元。其中牛奶收入为 1.2 万元，占总收入的 37.4%，人均牛奶收入 2000 元，奶牛平均日单产提高 3—4 公斤。

1990 年经济效益又有增加，总收入 5 万元，人均收入 8300 元。其中牛奶收入为 1.2 万元，占总收入的 24%商品草收入 2.8 万元，商品牛收入 6300 元，商品羊收入 3150 元，羊皮、羊毛收入为 900 元。

1990 年，巴图孟和家饲养牛 90 头（奶牛 35 头、产奶牛 25 头）、羊 250 只、马 14 匹，有 250 平方米的永久性棚舍，农牧机具有大型胶轮拖拉机 2 台、拖车 3 辆、打搂草机具一套，（机引打草机 3 台机引搂草机 1 台）、发电机组一台和其他机具，还有车库等设施。

巴图孟和小型草库伦是鄂温克族自治旗 52 处草库伦中面积

最小、单位面积产量最高、效益最好的"水、料、林、机、舍"配套的饲料地草库伦。

四、人工种草与清除毒草

鄂温克族自治旗牧草引种与草库伦建设是同时起步的。1974年，呼伦贝尔盟草原工作站和鄂温克族自治旗草原工作站在锡尼河西苏木敖包山北侧建立牧草引种培育试验基地3公顷。当年从外地引进37种优良牧草和饲料作物，并从当地选择9种优良牧草品种，进行小区栽培试验。1975年，在锡尼河西苏木西博嘎查草原试验基地人工种植羊草0.2公顷，第三年每公顷产干草达4853公斤。1976春，在孟根楚鲁苏木巴彦乌拉嘎查草库伦种植7公顷羊草，在锡尼河西苏木巴彦胡硕芳草草库伦内种植11公顷羊草。据1977年测定，每公顷产干草分别达到5505公斤和5052公斤，比草库伦外天然草地分别多产1403公斤和2127公斤。1977年，在孟根楚鲁苏木维特很嘎查草库伦内试种0.65公顷草木樨，当年收获6720公斤鲜草。

1979年，开始大面积推广牧草种植技术，当年种植面积达200公顷，1984年达到580公顷。此后，由于各种原因，人工种草面积逐年下降。1988年人工种草121公顷，其中巴彦托海镇羊草和油菜混播80公顷，巴彦塔拉达斡尔民族乡羊草和大麦混播20公顷，大雁镇种植紫花苜蓿16公顷，鄂温克族自治旗草籽繁殖场种植老芒麦5公顷。1989年，鄂温克族自治旗只有大雁镇种植20公顷。1990年，人工种草面积为173公顷，其中巴彦托海镇羊草和油菜混播120公顷，养草和小麦混播33公顷，大雁镇种植紫花苜蓿20公顷。

从鄂温克族自治旗历年人工种草情况来看，可分为两个阶段：1974—1978年为引种试验阶段，主要引种培育羊草、冰草、披碱草、紫花苜蓿、白花草木樨等30多种优良牧草，为以后的推广种植奠定了基础；1979—1990年为推广种植阶段，每年不同程度地种植不同种类的牧草。截止1990年，鄂温克族自治旗多年生牧草累计种植面积达到3424公顷。

鄂温克族自治旗草场有毒植物有21种，其中对畜牧业生产危害最大的是毒芹和藜芦。毒芹为伞形科多年生草本植物，主要分布在伊敏河、辉河及其支流等低洼潮湿地带。毒芹中毒主要发生在春季，尤其是春旱时节，牲畜误食其嫩叶或根部后，口吐白沫，急剧胀肚，窒息死亡。一般情况下，春旱年景每年都有3—5头（只）牛羊中毒死亡。藜芦为百合科多年生草本植物，生于林缘草甸或阴湿的山坡、灌丛地草场，在危害区的草场中盖度较高，一般密度为750—3000株/公顷。

1987年春季，曾发生毒草危害面积30万公顷，严重危害33300公顷，最严重危害3300公顷。因误食毒芹和藜芦中毒死亡的牲畜有77头牛、198只羊。

为避免家畜的更大损失，鄂温克族自治旗草原站于当年5月份组织专业技术人员到重点草场普查，绘制出毒芹、藜芦分布图。8月下旬，组织人力在巴彦塔拉乡大利村南辉河北岸饮水点附近人工铲除毒芹。这次除毒芹共组织人力210人次，工作5天，铲除毒芹19.4万多株，面积达350公顷；接着，在孟根楚鲁苏木和西苏木交界的塔日巴根以南铲除藜芦，参加灭藜芦的有225人次，共挖出藜芦3.5万多株，清除面积约2000公顷。

1990年4月初，伊敏苏木人民政府组织牧民和伊敏中心校学生在毕鲁图嘎查的伊敏河沿岸人工铲除毒芹，取得了较为满意的效果。

目前，大面积清除毒芹尚无理想的措施和方法，只能动员人工铲除。

五、草原改良

1975年5月,鄂温克族自治旗草原站组成草原改良试验小组,在西苏木西博嘎查西南2公里处围栏2.5公顷退化的羊草、大针茅草,开始了第一次草原改良的尝试。试验项目有翻地种羊草0.25公顷,灌溉(15立方米水/公顷)0.25公顷,施肥(每公顷施用腐熟马粪7500公斤)0.2公顷,松耙0.5公顷,松土+施肥(公顷施腐熟马粪7500公斤)0.2公顷,封闭(对照)0.8公顷。第二年立秋时测定,松耙后的草原优良牧草比例明显增加约20%,产量提高50%左右,采用施肥措施可提高产草量52%,优良牧草比例提高20%。

1979年,呼伦贝尔盟草原站也在巴彦托海一、二号草库伦进行浅翻、耙平、松耙、施肥(包括用有机肥料和无机肥料)、松土补播和封滩育草等多种草原改良技术措施。使两处草库伦的效果明显。尤以浅翻耙平的改良效果最佳,封育草场效果较差(见表87)。

表87: 巴彦托海镇牧场1979~1981年草原改良效果表

年份 项目名称	1979 面积	1979 产量	1980 面积	1980 产量	1981 面积	1981 产量
浅耕、耙平	35	牧草极少	同前	21978 包括蒿类	同前	8241 (无杂草)
重肥+轻肥	35	无明显变化	同前	13851	同前	6921
施肥(有机肥、无机肥)	6	无明显变化	同前	3996 1998	同前 同前	4410
松土补播		1498.5	35	2997		3531
封育草场	小面积	3199.4				3240
对照组		1905				2175

六、饲料种植

（一）精饲料：鄂温克族自治旗种植饲料始于 20 世纪 30 年代。据资料记载，大约在 1932—1948 年之间，就有布里亚特蒙古族牧民在呼和乌苏、呼愣浑迪、查干楚鲁图、阿古拉音浑迪、霍·根等地种植燕麦和小麦做饲料。而后，20 世纪 60 年代初期，锡尼河东苏木和巴彦嵯岗苏木南工会等地，陆续开垦饲料地，种植大麦和燕麦。

1971 年，种植饲料 130 公顷（因当时没有详细分类统计，把饲料计入精饲料。从 1982 年起，饲料作物分为饲料和青贮两项，1987 年分别精饲料、块根块茎多汁饲料和青贮饲料 3 项来统计）。1980 年精饲料播种面积达到 467 公顷，占当年种植面积的 19%。

1986—1987 年，因干旱，种植面积大幅度下降，1987 年种植 220 公顷精饲料，占当年种植草料面积的 54.3%。

1988 年，精饲料种植面积达 728 公顷，收获各类精饲料 104.9 万公斤。其中种植大麦 693 公顷，收获大麦籽实 101.7 万公斤；种植燕麦 32 公顷，收获燕麦籽实 2.8 万公斤；种植大豆 3 公顷，收获大豆籽实 0.4 万公斤。

1989 年，精饲料种植面积增加到 1240 公顷，生产各类精饲料 243.2 万公斤，分别占当年饲料总面积和总产量的 63.1% 和 15.2%。

1990 年，精饲料种植面积增至 1451 公顷，收获各类精饲料 253.6 万公斤。其中大雁矿区种植 559 公顷，收获 135.4 万公斤；巴彦托海镇种植 250 公顷，收获 41.4 万公斤；锡尼河东苏木种植 233 公顷，收获 27.6 万公斤；孟根楚鲁苏木种植 167 公顷，收获 8.7 万公斤；巴彦塔拉达斡尔民族乡种植 65 公顷，收获 9.1 万公斤；锡尔河西苏木种植 60 公顷，收获 10.3 万公斤；

伊敏苏木种植40公顷，收获9万公斤；旗草籽繁殖场种植77公顷，收获12.1万公斤。

（二）块根块茎多汁饲料：种植的块根块茎多汁饲料主要有马铃薯（土豆）、甜菜和芜菁甘蓝（卜留克）。种植历史最早的是马铃薯；其次是甜菜，1959年种植30公顷；芜菁、甘蓝较以上两种晚些，自1987年起大面积种植芜菁、甘蓝，当年试种的12公顷获得较好的收成。

1988年，种植块根块茎饲料82.9公顷，收获214.5万公斤，其中芜菁、甘蓝48公顷，收获129.9万公斤；试种胡萝卜5.6公顷，收获16.6万公斤；甜菜1.3公顷，收获4万公斤；马铃薯28公顷，收获64万公斤。

1989年，块根块茎多汁饲料种植面积增加到650公顷，收获1236.7万公斤，分别占当年饲料面积和产量的17.1%和77.5%。

1990年，种植346公顷块根块茎多汁饲料，收获827.3万公斤，分别占当年种草料面积和产量的17.1%和68.6%。其中芜菁甘蓝46公顷，收获92.5万公斤；甜菜93公顷，收获150万公斤；马铃薯184公顷，收获530.5万公斤。

（三）青贮饲料

1. 牧草青贮。1976年，鄂温克族自治旗草原工作站在锡尼河西苏木巴音胡硕草籽繁殖基地首次进行牧草（聚合草）青贮试验。1988年，伊敏苏木敖义木沟奶牛村青贮野生牧草1万公斤获得成功。

2. 玉米青贮。1976年，鄂温克族自治旗草原工作站在锡尼河西苏木巴彦胡硕草籽繁殖基地试种龙牧一号玉米，每公顷产秸秆5.5万公斤，由于当时条件所限未做青贮。1977年在孟根楚鲁苏木维特很嘎查草库伦内种植4公顷玉米，收获4.5万公斤，青贮获得成功。1982年，青贮玉米种子面积扩大到87公顷，当年青贮玉米收获 70 万公斤。1988 年再种植 77 公顷青贮玉米，收获 249.5 万公斤。其中入窖青贮 190 万公斤，冻干贮 59.5 万公斤。1990 年，共种植青贮玉米 54.8 公顷，收获 110.9 万公斤。其中：大雁矿区种植 39 公顷，收获 72.5 万公斤；伊敏河镇种植 11 公顷，收获 25.5 万公斤；巴彦托海镇种植 2.5 公顷，收获 7.4 万公斤；巴彦塔拉达斡尔民族乡种植 1.3 公顷，收获 3 万公斤；锡尼河西苏木种植 1 公顷，收获 2.5 万公斤。

3. 燕麦青贮。1987 年，巴彦托海镇养羊专业户沃英学尝试青贮 0.5 万公斤燕麦获得成功。

（四）饲料加工

为了填补饲料加工业的空白，促进牲畜对饲料的消化、吸收能力，减少饲草料的损失、浪费，1988 年在巴彦托海镇兴建饲料加工厂并正式投产。同时，又购置 21 台小型饲料加工机器（其中铡草粉碎机 10 台，粉碎机 7 台，铡草机 3 台，干草粉碎机 1 台），发放到有关奶牛村或家庭牧场。据统计，1988 年，鄂温克族自治旗饲料加工 10 万公斤，其中巴彦托海镇加工 25 万公斤，大雁镇 17 万公斤，巴彦嵯岗苏木 8 万公斤，巴彦塔拉达斡尔民族乡 3 万公斤，草籽繁殖场 5 万公斤。

第四节 鼠害、虫害与防火

一、草原鼠害

在鄂温克族草原上，鼠害种类主要有布氏田鼠和鼢鼠。布氏田鼠分布在干旱草原草场，群居，挖掘活动能力强，繁殖力高，以植物的绿色部分为食，有秋季贮草的习性。主要在洞穴中生活，在夜间偶尔到地面觅食，主要采食植物的根部，也吃植物的绿色部分和种子等。

草原鼠害的危害是多方面的，每年消耗大量的牧草，破坏草场，降低载畜量，传播疾病，而其中最严重的是鼠疫。例如，1902年，伊敏苏木的阿贵图地区曾有鼠疫流行，死绝30多户，共死1300余人（约占当时苏木人口的1/3）。

鼢鼠鼠害调查工作始于1978年，因为当年鼠害发生面积有2万公顷，以后逐年增加，1981年增加到2.7万公顷，1982年增加到2.6万公顷。

1983年，鄂温克族自治旗草原鼢鼠鼠害面积为24万公顷。主要分布于伊敏河以东山地林缘草甸和草甸化草原上。其中1级（1—199个当年新土丘/公顷）鼠害区10.7万公顷，2级（200—500个当年新土丘/公顷）11万公顷，3级（501—800个当年新土丘/公顷）2.3万公顷。

1987年，鼢鼠鼠害面积迅速扩大，达到35.7万公顷。其中1级鼠害区达11万公顷，2级鼠害区12万公顷，3级鼠害区9万公顷，4级鼠害区（801个以上当年新土丘/公顷）3万公顷，大面积的鼢鼠鼠害已严重地制约和影响着伊敏河以东的畜牧业生产的开展和草原建设。

如，1983年8月在锡尼河东苏木汗乌拉队阿木吉打草场，进行调查比较，发现受鼢鼠鼠害侵袭的草场与未受害的同类型草场，产草量能够下降10%，而且优良牧草的比重则下降了90%。

另外，在巴彦嵯岗苏木的低山丘陵草甸草场上，1987年调查显示危害严重的3级鼠害区的打草场，产草量下降750公斤左右/公顷（鲜草），鼢鼠推出的新土丘上不长草，被鼢鼠破坏的草场，5—7年不能恢复正常，而在打草场上形成的大量土丘又严重影响机械化打草。同时，鼢鼠对收割牧草的高度也产生了严重影响。

关于布氏田鼠和鼢鼠对草原的破坏情况从下表可以看出。1972年布氏田鼠侵害了鄂温克族自治旗的西部边界地区，大约有42953公顷,占全旗可利用草场的3.4%,致使部分地区牲畜无草吃(详见表88和89)。

表88:1973—1990年草原布氏田鼠发生面积统计　　　单位:公顷

年　份	发生面积	年　份	发生面积
1973	42953	1982	—
1974	26667	1983	6667
1975	7500	1984	7000
1976	10000	1985	6667
1978	9333	1986	16667
1979	18000	1987	2000
1980	26667	1988	—
1981	8200	1989	13333
	—	1990	7000

表89:　　　1974——1990年草原布氏田鼠鼠害区
　　　　各类别鼠害面积变动情况　　　单位:万公顷

年　份	鼠害类别	面　积	合　计
1974	三类	10	25
	二类	2	
	一类	13	
1978	三类	0.7	1.8
	二类	0.5	
	一类	0.7	
1980	三类		0.8
	二类	0.5	
	一类	0.3	
1984	三类		0.7
	二类	0.03	
	一类	0.63	
1990	三类		0.7
	二类		
	一类	0.7	
说明	呼伦贝尔盟布氏田鼠鼠害分级标准 三类鼠害区:1501—2500个洞口/公顷 二类鼠害区:501—1500个洞口/公顷 一类鼠害区:1—500个洞口/公顷		

二、灭鼠工作

1973年4月，开展了大规模的草原灭鼠工作。当年春、秋两季，组织灭鼠专业队11个、248人，租用拖拉机21台、乘马（包括骆驼）12匹和蒙古包1顶，使用灭鼠经费3.7万元。共用粮食（小麦）52722公斤、花生油（或粕子油）3722公斤、磷化锌5295公斤做毒饵，当年投药面积17.55万公顷，平均杀灭率春季为93%，秋季89%。

1978年，鄂温克族自治旗草原站从青海省铁卜加草原试验站引进药物灭鼢鼠技术，即采用氟乙酰胺毒饵和磷化铝片洞道内投药消灭鼢鼠。1980年，在孟根楚鲁选择一个嘎查，在1330公顷打草场上实行试灭，平均杀灭率在85%以上。这种技术便于使用，成本较低，对人畜无伤害，安全性较高。1981年，继续在东部牧区进行推广试验，当年灭鼢鼠的草地达到1667公顷。

截止1989年底统计，累积灭布氏田鼠的草地62万公顷，灭鼢鼠的草地7万公顷，平均每公顷草地投入灭鼠经费0.68元。

经过大面积的草原灭鼠，有效地保护了草原，抑制了鼠害蔓延。据调查，经过灭杀的草原产草量比未灭杀的草原要高出大约2.7倍，牧草的优良比例也明显增加（详见表90、91、92）。

表90：　　　　　　历年灭布氏田鼠情况统计

年份	防治面积	杀灭率（%）	年份	防治面积	杀灭率（%）
1973	121333	90	1982		
1974	182000	93.1	1983		
1975	222000	85.3	1984	7033	77.6
1976	10000	90	1985		
1977	4000	90	1986	3333	92
1978	19000	89.6	1987		
1979	31533	71.6	1988		
1980	14867	75.6	1989	3333	85
1981	3333	60.2			
			合计	621765	83.3

表91： 历年灭鼢鼠情况统计　　　单位：公顷、%

年份	灭鼠面积	杀灭率	灭鼠地点
1978	400	85	孟根楚鲁维特很草场
1979	400	85	同上
1980	533	85	同上
1981	1667	80.2	巴彦嵯岗、东苏木、孟根楚鲁苏木
1982	8000	90	同上
1983	10733	85	同上
1984	10333	78	同上
1985	5333	90	同上
1986	3333	90.6	同上
1987	6667	85	同上
1988	10360	90.5	同上
1989	10000	90	同上
合计	67759	86	

表92： 历年灭鼠经费使用情况 单位：万元

年份	拨款数	备注	年份	拨款数	备注
1973	3.7	灭布氏田鼠	1983	4.5	灭鼢鼠
1974	3.2	灭布氏田鼠灭布氏田鼠	1984	4.5	灭鼢鼠
1975	9.6		1985	1.6	灭鼢鼠
1976	—	—	1986	1.3	灭布氏田鼠和鼢鼠
1977	8.1	灭布氏田鼠	1987	1.8	
1978	2.6	灭布氏田鼠和鼢鼠	1988	1.9	灭鼢鼠
1979	5.5	灭布氏田鼠和鼢鼠	1989	1.2	灭鼢鼠
1980	3.6	灭布氏田鼠和鼢鼠	1990	—	灭布氏田鼠和鼢鼠
1981	3	灭布氏田鼠和鼢鼠			
1982	3.3	灭鼢鼠	合计	59.4	

三、灭虫工作

实际上鄂温克族自治旗草原虫害较轻，因而灭虫工作起步也比较晚。

1980年6月，部分天然草原和人工草地上发生草地螟虫害。主要是巴彦托海镇三道湾草库伦内的人工饲料作物和人工草地遭到了严重的危害，70公顷紫花苜蓿几乎被吃光，50公顷青贮玉米每株有草地螟10余只。为了保护人工饲料地和人工草地，减少损失，相关部门于7月2日开始，用1∶300倍的结晶敌百虫药液对作物和牧草的茎叶进行大面积喷洒，平均每公顷草地施净药量1.5公斤。喷药后24小时观察，青贮玉米地的草地螟杀灭率为95%，人工草地杀灭率80%，72小时后杀灭率均达到100%。灭虫面积183公顷，预防面积370公顷。部分受灾严重地段，未能及时防治，绝产面积达到15公顷（其中紫花苜蓿13公顷，其他2公顷）还有40公顷大麦地严重危害，减产50%。

1985年7月，巴彦塔拉达斡尔民族乡专业户消灭草场上危害野生果树山荆子（山丁子）的天幕毛虫，使用1∶300倍的结晶敌百虫药液、共喷洒50公顷草原及山荆子树，平均杀灭率为87%，每公顷成本费为1.05元。

1988年6月初，锡尼河西苏木、辉苏木部分草场上发生了草地螟危害，发生面积约3500多公顷。据西苏木草籽繁殖场调查，虫口密度每平方米100~400只，35公顷人工草地受到严重危害，使用1%浓度的锌磷进行防治，达到了良好效果。

四、草原防火

鄂温克族自治旗地域辽阔，草原面积大。新中国成立前草原火灾经常发生，对牧民生命财产和畜牧业生产危害很大，新中国成立后，人民政府对草原火灾、火情极为重视，对广大牧民进行了防火教育和督促检查，使草原火灾、火情有所下降。但由于春季干旱、风大，草原火灾、火情还是时有发生，威胁着人畜的生命和财产的安全。1972—1987年底，鄂温克族自治旗共发生火情111次，酿成火灾37次，火烧草地、荒山面积达46万公顷，烧死牛羊4731头（只），人员伤亡47人。

1988年，鄂温克族自治旗草原监理站成立以后，贯彻"预防为主，防消结合"的方针，制定草原防火制度和防火期。在防火期内，除派2—3名监理员进驻防火区域，还安排专人、专车、经常巡查草原，及时清理随意在草原作业的人员和车辆，以避免火灾隐患，尽最大努力减少和控制草原火灾、火情的发生（详见表93）。

表93：　　　　　　火情火灾统计（1972—1990）

年份	起火次数 火情	起火次数 火灾	火烧面积（公顷）草地荒山	出动扑火力量 人数	出动扑火力量 工日	出动扑火力量 汽车（辆）	出动扑火力量 拖拉机（台）	出动扑火力量 马（匹）	伤	亡	扑火费支出（元）
1972	6	3	15280	1399	4197	33	—	592	—	—	10000
1973	2	3	16607	522	1566	30	—	286	—	—	15660
1974	5	—	500	252	757	20	—	35	—	—	18376
1975	13	—	18845	3996	14598	111	33	486	5	—	34304
1976	9	—	87810	2705	4265	65	31	221	—	—	37341
1977	11	—	4665	1648	2503	34	13	108	—	—	42165
1978	8	—	— 2								27200
1979	—3	2	28410	2700	17500	134	19	206	1	—	78000
1980	9	1	8015	852	1752	27	17	50	—	—	20900
1981	8	6	15620	1537	2452	46	22	75	—	—	22133
1982	3	3	65420	4490		256	35	220	21	9	233000
1983	7	1	39900	2376	12854	93	16	64	4	—	180000
1984	4	1	11980	2203	4604	91	45	100	—	—	52000
1985	7	5	3196	500	640	51	15	77	—	—	20000
1986	16	10	74320	3311	3791	251			18	2	150000
1987	—	—	72360	4944		301		281			350000
1988											327327
1989											241000
1990											10900
合计	111	37	462928	33435	71479	1543	246	2801	45	11	1870306

第七章　草原建设、保护和管理

第五节　有偿使用与依法监督

我国牧区在相当长的时间里，以逐水草而居的传统经营方式占据主导地位。这种经营方式是建立在草牧场资源共有共享基础上的。1949 年以前传统畜牧业的表现形式之一，是草场共有。而区域之间没有明确的地理界线，游牧的范围有时跨越国界（中国和俄罗斯）、省及州、县地界。新中国成立以后，把牧主或富裕户的牲畜分给贫困户，各牧户开始争相利用公共草牧场进行生产和发家致富。除了跨行政地理界线进行放牧外，在对草牧场的使用上，长期存在着依赖草地（自然）的观念，并且认为自由放牧和人畜使用草地是天经地义的。

在 20 世纪 80 年代初期实行牧业体制改革之前，牧区实行"自由放牧"政策，虽然促进了畜牧业生产发展，但随着牲畜头数增多，没有能够合理规划、分配打草场和四季牧场，致使部分草场载畜过度。加上长期以来对草牧场只利用，不改良，不建设，进行掠夺式经营，以及风、旱、鼠、虫等自然灾害不断发生，草场出现了大面积风蚀沙化和退化现象。而且牧业经营的好坏，即拥有牲畜数量的多少长期以来是判断牧户富裕程度最主要的指标。拥有牲畜数量的多少反映了牧民的收入水平和社会地位的高低，因此每一户牧民都以牲畜数量最大化为追求目标，片面增加牲畜的存栏数，造成牲畜的低出栏率。另一方面，由于草场为公共所有，大家有权放牧而无任何义务去保护牧场，在牲畜迅速增加的情况下极易导致牧场的迅速退化。这就是所谓的公共财富灾难理论（the theory the tragedy of commons）。[①]

党的十一届三中全会以后，牧区普遍改革了旧的生产经营体制；实行牲畜"作价归户，户有户养"的责任制。这种体制充分调动了牧民养畜的积极性，促进了生产力的发展，使畜牧业生产出现了新局面。牲畜数量持续稳定增长。但是，由于草牧场使用权不落实，出现了忽视草牧场的载畜能力，盲目发展牲畜头数，甚至抢牧、滥牧，掠夺式的经营，加上自然气候条件的影响，草牧场建设速度赶不上退化速度。天然草牧场生态环境恶化，使草畜矛盾日益突出。当鄂温克族牧人开始回头审视他们祖祖辈辈赖以生存的这片草原时，发现传统畜牧业的潜力几乎被挖掘殆尽。牲畜吃"草原大锅饭"已成为草畜矛盾的主要原因和制约畜牧业发展的重要因素。因此，开始实行草场使用权、所有权的固定归户，改变过去只包牲畜，不包草场的做法，把牧民利益与牲畜、草场紧密地联系在一起。"草畜双承包责任制"这一牧业体制改革，对畜牧业资源的利用带来了根本性的影响，不同的资源利用方式直接影响了资源再生能力和草原生态环境的变化。家庭承包责任制的实施，使牧民从自身利益出发，理性地考虑围封草场、建设草库伦和饲料基地、开展草原基本建设问题。这是一个比较困难的发展过程。刚开始划分草牧场的时候，草场虽然划分到户，但部分地区只是在地图上划分，没有实际落实。存在着牧业大户无偿占用少畜户和无畜户的草场问题等等，掠夺式经营依然严重。在《中华人民共和国草原法》、《内蒙古自治区草原管理条例》中对草原的承包期并没有严格的界定。

---

① National Research Council. Grasslands and Grassland Science in Northern China. National Academy Press, 1992. 186～190.

一、有偿使用

在这样的背景下，基于草原是国家自然资源、是畜牧业最基本的生产资料的理念。1989年10月，鄂温克族自治旗草原监理站和草原站共同起草了《鄂温克族自治旗草地有偿承包使用暂行办法》(以下简称《办法》)，明文规定收费办法、标准。1990年3月，《呼伦贝尔盟草原有偿承包使用细则》(以下简称《细则》)颁布。《细则》与《办法》是鄂温克族自治旗草原有偿承包使用的根据和标准。例如，1990年初，草地承包使用工作在巴彦塔拉达斡尔民族乡试点。3月，起草《鄂温克族自治旗有偿承包使用试点工作方案》。同年8月，巴彦塔拉达斡尔民族乡草原有偿承包使用工作全面结束，并通过验收合格。之后，巴彦托海、大雁镇、伊敏河镇及巴彦嵯岗苏木也开始了草原有偿承包使用工作。1990年全年共收缴草原有偿承包使用费39142元。其中巴彦塔拉达斡尔民族乡2000元、巴彦托海镇15000元、伊敏河镇5142元、大雁镇14000元、巴彦嵯岗苏木3000元。落实草原责任制，实行定权，发证，虽然基本完善了"畜草双承包"，但是仍然未从根本上解决吃草原"大锅饭"的问题。

1998年再次形成的《鄂温克族自治旗草原管理条例》(以下简称《草原管理条例》)，依据国家、内蒙古自治区关于草原承包的规定，明确了草原承包期不少于30年，承包人的继承人可以继承的条款，只有实行草原有偿承包使用，把牧户的责、权、利统一起来，才能真正管好、用好、保护好、建设好草原。这对牧民来说，等于吃了定心丸。比如，当时根据不同嘎查的不同情况采取分类指导的方法进行划分，每户的草场数量都能在使用证上反映出来，以此核定载畜量。期望在实践中逐步过渡到草场有主，放牧有界的生产格局。

在牧场和牲畜完全分配给牧民的牧区，为了保持和维护草原生态平衡，牧民已经开始注重长期利益，开始大规模地开展草场的建设工作。实行家庭承包责任制后，牧民自主经营和管理牧场，对牧场的使用有了长远打算。开始注重人、畜、草之间的平衡，实现良性循环是我国北方草原牧区的理想模式。人类的制度安排应当遵循有益于生态环境的改善，有利于社会可持续发展的原则。家庭联产承包责任制这一体制的变革直接解放了生产力，牧民劳动积极性空前提高，草原管理工作愈发显得重要和突出。于是在2002年鄂温克族自治旗政府出台了如下文件（全文附上）：

关于印发鄂温克族自治旗实施草原生态建设保护措施暂行规定的通知

鄂政发〔2002〕11号

《鄂温克族自治旗实施草原生态建设保护措施暂行规定》

主题词：农牧业　生态　措施　规定　通知
鄂温克族自治旗人民政府办公室　2002年3月20日印
第一条：为恢复和改善草原生态环境，扭转草原日益退化、沙化的趋势，加强对草原的管理、保护、建设和合理利用，保障草原畜牧业可持续发展，依据《中华人民共和国草原法》、《内蒙古自治区草原管理条例》、《内蒙古自治区基本草牧场保护条例》、《内蒙古自治区草畜平衡暂行规定》等有关法律、法规，结合本旗实际，制定本规定。

第二条：在本旗境内从事农牧业、草业生产经营活动的一切单位和个人，必须遵守本规定。

第三条：本规定所称草原生态建设措施主要包括封育、禁牧、休牧、轮牧和退耕还牧。封育是指将一定区域的退化、沙化草原围封起来，在一定时间内禁止放牧、割草及其他影响草原植被的活动，封育期一般为3年。禁牧是指在一定区域和时间内，采取强制性政策措施，禁止放牧。禁牧期一般为3—5年。休牧是季节性禁牧，一般在春季牧草返青期4月中旬至6月初或秋季牧草结实期8月中旬至9月中旬期间实施。轮牧是在以草定畜前提下实施的划区轮休轮牧。退耕还牧是指将原耕地种植多年生牧草建成人工草地。

第四条：成立由旗人民政府主要领导任组长，相关部门负责人为成员的旗草原综合管理领导小组。旗畜牧业局为草原生态管理的行政主管部门，具体工作由旗草原监理站负责实施。各苏木（乡、镇、矿区）人民政府也要相应成立草原综合管理领导小组，设立专门工作办公室，各苏木（乡、镇、矿区）畜牧业技术综合服务站协助本苏木（乡、镇、矿区）人民政府做好该项工作的组织实施。各嘎查委员会要指定专人负责，要认真组织牧民落实各项具体措施，要宣传、引导、教育、督促、检查牧民执行本规定情况。

第五条：实施草原生态保护措施要对苏木（乡、镇、矿区）人民政府领导实行任期目标责任制，并纳入政绩考核内容。各嘎查委员会是实施草原生态保护措施的主体，实行岗位责任制。

第六条：到2005年全旗规划封育严重退化、沙化草场面积达70万亩，禁牧面积达100万亩，休牧面积达600万亩，退耕还牧面积达40万亩，人工草地保有面积达40万亩。各苏木（乡、镇、矿区）人民政府依据全旗期内规划指标，结合各地实际，每年将草场封育、禁牧、休牧、退耕还牧、人工草地建设计划方案上报旗草原综合管理领导小组批准后，按方案组织实施。

草场封育、禁牧、休牧、退耕还牧、人工草地区域的具体位置、面积及其所涉及到的人口、牲畜数量要在规划、计划内真实地体现出来。

第七条：各苏木（乡、镇、矿区）人民政府及各嘎查委员会要做好草场封育、禁牧、休牧、轮牧、退耕还牧工作的宣传、教育工作，要利用各种新闻媒体、各种会议、培训班及干部下乡入户的方式，向广大群众宣传草原生态保护措施的重大意义及实施方法、转变群众的思想观念，使其积极主动的保护草原生态环境。

第八条：各苏木（乡、镇、矿区）人民政府要督促、引导、扶持养畜户加快优化畜群结构，加强畜种改良，加快畜群周转，有条件的牧户都要建设以水为中心的高产饲草料地，所承包草场要围栏使用，并逐步实现牲畜的舍饲、半舍饲化。

各苏木（乡、镇、矿区）人民政府、各嘎查委员会对草场封育、禁牧、休牧区域中的养畜户的生产、生活要妥善安排，各级政府应积极协调，嘎查委员会具体组织、调整、安排牧民迁移饲养牲畜所用草牧场。对自愿放弃养畜的牧民，各级政府应按有关政策，做好另谋职业牧户的咨询服务、帮助其达到就业目的，避免造成社会问题，影响社会及牧区稳定。

第九条：退耕还牧地，如未承包经营到户，可依法承包给养畜户、养畜实体，从事草业生产和畜牧业生产。已建成的人工草场、半人工草场、改良草场，承包经营户用于放牧使用时，必须按旗畜牧业局统一设置的标准实行以草定畜，划区轮牧。作为割草场利用时，必须按规定留足草籽带，并且各规划区要有明显的标志。

第十条：各级政府要积极引导、扶持养畜户、养畜实体采取集约化经营方式组织畜牧业生产；对集约化经营组织水平高的嘎查、对采用科学养畜、集约经营的养畜户和养畜实体要选典型、树样板，并在国家畜牧业项目安排上优先立项。

第十一条：对已到期的封育、禁牧草场，必须经旗草原监理部门测评合格，方可恢复利用，而且必须实施以草定畜、轮牧休牧或划区轮牧、严格遵守草畜平衡制度。

第十二条：草原封育、禁牧、轮牧、退耕还牧工作措施得力、成绩突出、效果显著，未造成其他社会问题的苏木（乡、镇、矿区）、嘎查以及对该项工作成绩突出、贡献较大的单位和个人，由旗人民政府给予表彰、奖励。

第十三条：在封育、禁牧、休牧、轮牧区内进行抢牧、滥牧的养畜户、养畜实体，由旗畜牧行政主管部门处以抢牧、滥牧牲畜每绵羊单位5元的罚款。在轮牧区内不按草畜平衡规定、超载放牧的养畜户、养畜实体，处以超载牲畜每绵羊单位10元的罚款。旗畜牧行政主管部门可以委托草原监理站实施行政处罚。

第十四条：各苏木（乡、镇、矿区）人民政府、草原综合管理办公室管理人员和各嘎查委员会指定的专人在禁牧、休牧、封育区内发现无主牲畜，应立即进行管理。并由苏木（乡、镇、矿区）人民政府进行公告，限期认领，在规定期限内未认领的牲畜，苏木（乡、镇、矿区）人民政府会同物价管理部门，按无主财产予以处理；在限期内认领的牲畜，畜主应当缴纳抢牧、滥牧罚款。畜主拒缴罚款，旗畜牧行政主管部门会同物价部门，可以将牲畜作价折抵饲草料费、管理费和罚款，折抵后罚没款上缴财政。

第十五条：各苏木（乡、镇、矿区）人民政府，在组织各嘎查按规划落实和管理草原封育、禁牧、休牧工作中，因力度不够，致使该项工作不能开展或流于形式的，由组织部门提交旗委常委会免去主要领导职务。

各嘎查委员会不按本规定要求执行或因宣传落实工作不到

位，使草原封育、禁牧、休牧工作不能按规划要求正常实施的，在二年内不得安排各类畜牧业项目投资。

所在封育、禁牧、休牧规划区内的养畜户、养畜实体，必须按本规定要求将家畜迁出禁牧、休牧、封育区进行饲养。否则按本规定第十三条、第十四条进行处理。

第十六条：当事人对行政处罚决定不服的，可以依法申请行政复议或者提起行政诉讼。逾期不申请行政复议、不提起行政诉讼，又不履行行政处罚决定的，由作出行政处罚决定的行政机关申请人民法院强制执行。

第十七条：各级草原管理工作人员，在工作中滥用职权、玩忽职守、徇私舞弊的，要依法给予行政处分，构成犯罪的，依法追究刑事责任。

第十八条：本暂行规定由旗畜牧业局负责解释。

第十九条：本暂行规定自2002年5月1日起施行。

二、加强管理与监督

第一 管理体制

新中国成立初期，废除封建特权，实行了"牧场公有，放牧自由"的政策。鄂温克族自治旗贯彻执行了"保护蒙古民族土地所有制之完整，保护牧场，保护内蒙古自治区境内其他民族之土地现有权利"的方针，实行草场为人民公有的集体所有制。

1958年，基本完成社会主义改造，草原的所有权变为社会主义集体所有制。

人民公社化后，内蒙古自治区规定了草原为单一的全民所有制，管理上实行全民所有，队为基础的体制。1965年鄂温克族自治旗贯彻《内蒙古自治区草原管理体制（草案）》精神，实行"一切草原均为全民所有，可固定给国营企业事业单位和人民公社的生产队经营使用"的方针，草原的管理仍以生产队为主，这种管理体制一直维持到1978年。

党的十一届三中全会后，牧区开始实行生产责任制。在草场集体所有的基础上，1982年开始，本旗推行"家庭经营为基础的畜草双承包责任制"。

第二　草原监理

1. 组建机构

鄂温克族自治旗草原监理站始建于1985年4月。建站初期，与旗草原站两个部门一个机构，隶属旗畜牧局，人员编制定为9名。1988年1月1日，经旗政府批准，草原监理站从草原工作站分出，成为独立的同级站，人员编制定为8名。至1990年，全旗已有草原监理人员22名，其中旗草原监理站8名，苏木、乡、镇14名。

草原监理员实行统一着装，由内蒙古自治区人民政府签发监理证，配备用于监理的吉普车1辆、摩托车2辆。

2. 立法

为贯彻《中华人民共和国草原法》、内蒙古自治区《草原管理条例》，进一步加强民族自治地方的草原管理和保护。1984年，鄂温克族自治旗有关部门起草和制订了《鄂温克族自治旗草原管理保护细则》（试行）。同年10月29日，旗五届人大第一次代表大会通过，1985年1月1日起执行。《细则》共36条，由"总则、草原所有权和使用权、草原管理、保护利用和建设、草原管理机关、关于草原管理的奖惩规定、附则"等部分组成。1988年，对《细则》做了进一步修改、补充和完善。

为彻执行《中华人民共和国草原法》、《草原管理条例》和试行《细则》，旗监理站把宣传教育工作放在首位。截止1990年末，共印制张贴《中华人民共和国草原法》蒙、汉两种文字布告1079份，印制发放《中华人民共和国草原法》、《草原管理条例》

及《细则》手册、《草原管理十四讲》等学习材料1000余册。同时利用有线广播、电视、宣传车等多种形式进行宣传，受教育人数达12万人次。

3. 执法

近年来，鄂温克族自治旗境内经常发生乱挖药材、开垦土地、砍伐树木、碾压草场等大面积破坏草原的行为。监理站利用监督、检查、堵卡等方式，及时清除在草原上从事各种非法活动的单位和个人，减少滥挖、滥垦、滥砍、滥压等现象，依法治理草原收到较好效果。此外，会同公安部门，严厉打击各种违反草原法规的犯罪活动。先后处理40多起偷盗牧民饲草的事件，维护了牧民的利益。1986年5月，处理了一起非法捕获国家二级保护珍禽白天鹅典型案件，肇事者送交公安部门处理。

4. 收费

按草原法有关规定，在草原上作业必须申办作业证，交纳草原补偿费。几年来，监理站同草原上进行各种作业的单位共签订征收费协议8份，收取草原养护费20多万元，同时严格执行法规，认真签订坑槽回填合同，监督执行，严防草原退化，维护生态平衡。

第三 双权固定

中共十一届三中全会以后，鄂温克族自治旗在畜牧业生产上逐步改革经营体制，首先实行牲畜"作价归户，户有户养"家庭经营牲畜承包责任制，1985—1988年，则落实草原承包责任制。

1. 行政界线划定

1975年11月，组建草牧场固定小组。12月，先后召开会议，勘察旗界和公社、场界，根据实际情况，重新讨论划定了辉、锡尼河东、锡尼河西、伊敏、孟根楚鲁、巴彦塔拉、巴彦嵯岗公社和大雁、南屯两镇的行政界线，划定了伊敏河牧场、红花尔基林场、大雁种马场、旗种畜场使用草牧场界线。12月20日，制定并经旗委和旗革命委员会批准的《划定公社、镇行政界线和固定草牧场仗量纪要》。

1985年6月，划定大雁镇行政区域界线。1988年8月，讨论划定辉河苏木、北辉苏木的行政区域界线。同年12月，提交红花尔基镇和伊敏河镇行政区域界线的报告，初步划定两镇界线。苏木（乡）、镇行政界线及嘎查草牧场界线划定后，即确定了草地所有权，至1988年末，共落实苏木（乡）镇所有草场1,194,441公顷，发放草原所有证58本。

2. "双权"固定

内蒙古自治区落实草原所有权、使用权、实行草原责任制的试点于1984年2月，在孟根楚鲁苏木孟根楚鲁嘎查的"双权"进行固定试点工作，为以后内蒙古自治区范围内的"双权"固定工作做了准备。同年5月，开始实施了《落实草牧场责任制，开展定权发证工作的实施方案》。

到1990年，鄂温克族自治旗草场所有权、使用权责任制已基本落实。

3. 建立档案

建立草原"双权"固定档案，利用法律的形式科学地管理草原，是草原建设至关重要的环节。"双权"固定后，在颁发所有证、使用证的基础上，建立"双权"固定登记卡详细记载发证编号、草原所有权使用面积、载畜量、草地四面界线及地理位置、草地等级等，初步形成了较系统的落实草原责任制、草原"双权"固定情况档案（详见表94）。

表94： 1990年草原"双权"固定基本情况

项目 单位	所有权面积（公顷）	发所有证	使用权面积（公顷）	载畜量（绵羊单位）	划分片	承包户	承包联户	发使用证	嘎查	机动草场和放牧草场（公顷）
孟根楚鲁苏木	148648	5	22750	29507	196	324	51	196	4	124601
锡尼河西苏木	241987	5	38358	41099	219	519	141	219	4	201667
锡尼河东苏木	175453	5	25809	32935	86	419	52	86	4	147439
巴彦塔拉乡	37860	7	17808	18165	110	285	55	110	6	19698
巴彦嵯岗苏木	80750	4	25425	37276	49	151	21	49	3	54671
南北辉河苏木	238025	11	169912	169093	14	437		10	9	65987
伊敏苏木	199540	8	100060	117343	23	436	14	20	8	96212
巴彦托海镇	54338	12	14786	15363	109	436	71	109	9	37946
大雁镇	17940	1								17886
合计	1194441	58	414908	460781	806	3007	405	799	47	766107

第八章　牧业经济可持续发展的研究和探讨

　　党的十六届五中全会通过的《中共中央关于制定国民经济和社会发展第十一个五年规划的建议》明确提出了建设社会主义新农村的伟大历史任务。这是党中央综合分析国内外形势，从我国经济社会发展全局出发作出的重要判断，是对未来五年乃至今后一段时间的"三农"工作做出的重大战略部署。鄂温克族自治旗是牧业旗，其境内的鄂温克族牧民的经济发展与全国新牧区建设和经济社会的整体发展息息相关。

　　根据有关资料分析，世界上畜牧业比较发达的国家，像新西兰的发展实践证明，以牧为主的饲养家畜，投入少、成本低、见效快。因其具有丰富的自然资源和适宜的气候条件，充分利用其资源优势，实行农、林、牧综合经营，并重视草场改良和建设，不断扩大人工草场的面积。而加拿大、澳大利亚等国，由于自然气候和草原资源条件较差，则积极采取了建立和巩固饲料基地的办法。从而使草原畜牧业和农业达到有机地结合，形成良性循环的生态环境。在此我们所关注的鄂温克族牧民，目前还处于以天然草场面积占绝对优势的传统畜牧业的粗放经营形式，与国外发达国家的畜牧业进行比较，最突出的问题，依然是经济基础薄弱，牧区基础设施建设落后。因此，鄂温克族自治旗力求通过5－10年的不懈努力，把广大牧区建设成为生产发展、生活宽裕、乡风文明、村容整洁、管理民主、生态良好、文化繁荣、和谐安康的社会主义新牧区，具体奋斗目标：

　　第一、培育扶持企业按照扶优、扶大、扶强的原则，2010

年力争实现内蒙古自治区（省）级重点龙头企业 3 户，市级重点龙头企业 7 户，年完成增加值达到 10000 万元，年销售收入达到 10 亿元，带动牧户 4500 户，通过扶持、引导促进企业在牧区的健康发展，进一步增强牧区的经济发展能力。

第二、加强基地建设，按照标准化、规模化、集约化生产的要求，大力发展优质、无公害、绿色农畜产品，建设一批水、林、电、路相配套的、科技含量高的乳、肉、草、薯产业基地。

第三、努力提高产业组织化水平，力争到 2010 年实现鄂温克族自治旗 44 个嘎查都以支部加协会为主要模式的经济合作组织，实现基地＋企业＋牧户的产销一条龙的模式。

第四、加强牧区基础设施建设，力争村村通电、村村有卫生院或卫生所，实现牧民饮水安全，牧民住房基本实现砖瓦化，道路硬化，街巷干净，改善牧区环境和面貌，实现村容村貌整洁。

为实现这些目标，制定了具体的实施方案。

第一节　新牧区建设的实施方案

一、工作原则

（一）立足旗情、因地制宜、实事求是、形成独具特色的发展模式。

（二）坚持从实际出发，尊重牧民意愿，整合资源，集中力量，争取国家项目资金和扶持资金，不断努力地增加财政投入，实行民办公助，发挥牧民的主体作用。

（三）充分发挥牧区优势，发展生产基地，力求突出重点，集中在经济环境优越、资源优势明显的地区进行布局和建设，以点带面，推动整个牧区发展；采取多种所有制形式和多种经营方式，鼓励和引导多种成分、多行业、多层次参与产业经营与开发创新。

（四）坚持可持续发展原则，畜牧业产业化发展要在充分挖掘自然资源潜力的同时，注重自然生态环境的保护、利用和建设。把牧民的生产、生活与生态保护结合起来，把经济效益社会效益与生态效益协调统一起来，实现资源的合理开发、实现人与自然的和谐发展。

二、努力提高畜牧业社会化服务水平

加大对畜牧业社会化服务体系建设的投入，为疫病防治、良种繁育及科研成果的推广等工作创造良好的环境，确保各项工作正常发展。

（一）建设防治疫病体系

疫病防治是畜牧业安全生产的保障，因此在"十一五"期间将进一步完善和充实基层畜牧业综合服务站室，更新设备和设施，改善工作环境，培训和充实技术人员；使基层站点达到能够有效完成对动物疫病的监测和通报任务，能够自主完成对一些突发疾病的诊断及治疗。

（二）建设良种繁殖体系

以"种子工程"为切入点，加快牧草种子、种畜、种薯产业化进程。加大胚胎移植和人工授精的推广力度，实现奶牛、肉牛、肉羊的良种化；加大薯种繁育建设，使优良的薯种达到大面积推广的需求；加快呼伦贝尔黄花苜蓿扩繁的牧草种子基地建设，让已经取得的科研成果快速得以转化，进而提高人工草地建设质量。

（三）建立健全网络服务全程化建设

加快畜牧业信息网络建设，相关部门要认真做好市场预测、企业发展状况、疫情检测、饲草料行情等方面的信息收集、分析和发布工作。为畜牧业生产的产前、产中、产后全程进行服务。

（四）提高畜牧业科技水平

加强和建设畜牧业生产综合技术和科学养殖模式组装配套技术，提高畜牧业生产科技含量；实现饲草料向畜产品的有效转化；推广先进的畜牧业生产机械，不断提高牧区的机械化水平。

三、改善和提高牧民生活水平

（一）稳定和帮助中低收入牧民致富

引导中低收入的牧民不断提高发家致富的本领。推广划区轮牧、标准化饲养等先进适用技术，加快发展高产高效养殖业，促进牧民增收。提高牧民的收入水平，缩小城乡差距，帮助和提高中、低收入牧民致富。

（二）调整牧区扶贫模式和就业结构、促进牧区发展稳定、使贫困牧民尽快脱贫

改输血扶贫为造血扶贫，改资金扶贫为项目扶贫，积极为牧民引进适合当地经济发展情况的项目；鼓励牧民转变就业方式，增加进城务工人数，减轻牧区生态环境压力；加快小城镇建设，减少牧区人口，从根本上实现牧民整体脱贫。

（三）推进牧区社会事业的全面发展

巩固提高牧区教育"普九"成果，牧民平均受教育年限由7年提高到8.5年，45周岁以下的青壮年牧民掌握一到两项非牧技能。牧区公共卫生和基本医疗网络功能进一步完善，牧区新型合作医疗参合率达到90%以上。全面建立牧区养老保险制度、牧民最低生活保障制度和医疗救助制度。牧区科技、文化、体育、计划生育等事业加快发展。

（四）加强牧区民主建设

健全和完善牧民自治组织，增强牧民民主法制意识，提高牧民科学文化素质，形成家庭和睦、团结友善、勤俭自强、诚信守法的新风尚。按照统筹城乡经济社会发展，率先全面建成小康社

会的要求，用3—5年时间，完成2个内蒙古自治区级示范嘎查、4个呼伦贝尔市级示范嘎查和9个特色嘎查，使牧区社会和谐稳定。

四、工作措施

（一）构建区域优势

各苏木乡镇和嘎查要进一步明确本地的主导产业，围绕特色进行结构调整，从地区的自然条件、生物资源特点和畜产品的市场需求出发，搞好分工协作，突出地方特点，形成具有地方特色的优势产业。要解放思想、转变观念，调整和优化产业布局，积极探索和尝试发展城镇及其周边地区以发展集约化养殖为主，边远牧区以发展单户规模化养殖为主的发展模式，走出一条适合牧区实际、促进牧民增收的新型非牧产业革命发展之路。鼓励引导广大牧民不断提高发家致富的本领。在发展畜牧业的同时，在有条件的地区大力支持发展非牧产业，提高牧民群众的收入水平，缩小城乡差距，努力形成区域化布局、专业化生产、产业化经营、品牌化营销、企业化管理的畜牧业新格局。

（二）推进牧草品种和家畜品种改良体系建设

根据不同区域的生态状况、植被类型和牧民生产经验，选择有优势和市场潜力的畜种作为主攻方向，大力发展专业户、专业嘎查，逐步形成特色鲜明、规模适度、优势突出、效益良好的畜种结构，不断提高科学养畜水平。紧紧围绕"高产、优质、高效、生态、安全"的目标和要求，继续实施畜牧业种子工程，提高牧草品种和家畜品种良种化水平。优化畜产品品种品质结构，加强畜牧业基础设施建设。

（三）调整牧区扶贫模式，促进牧区稳定发展

合理利用国家政策，帮助牧民脱贫致富。坚持开发式扶贫的方针，突出抓好整村推进、劳动力转移就业培训和产业化扶贫工

作，认真实施较少民族整体脱贫等重点扶贫项目，做好社会扶贫和对口帮扶工作，避免发生返贫和增贫现象。切实把推进牧区劳动力向城镇和非牧产业转移作为促进牧民增收的一个重要环节抓紧抓实，大力发展劳动密集型产业和牧区个体私营为牧民提供更多的就业机会。加强劳务输出人员的就业能力培训，促进牧区繁荣和稳定。

五、调整畜牧业结构

（一）发展牧民经济合作组织

引导和鼓励牧民发展各类专业合作组织，帮助企业与牧户之间在自愿、平等、互利的前提下，形成稳定的产品购销关系和利益共同体。引导牧民以土地、产品、资金等要素入股的方式，参与产业化经营，从加工和流通环节分得利润；鼓励企业通过定向投入、定向服务、定向收购等方式，建立相对稳定的农畜产品基地，采取建立风险金、实行保护价收购、返还利润等多种方式，减少农牧户的经营风险。继续推广"订单"畜牧业，规范各种"订单"合同，通过合同明确企业和牧户各自的权利、义务和责任。目前，鄂温克族自治旗经合组织中最典型、最有特色的是巴彦托海嘎查奶牛协会。通过几年的研究和探索，已形成了一整套指导性强、可操作性强的经验。要进一步推广该协会的经验，引导各嘎查以此经验为指导，充分结合本地区的实际情况建立各种类型的协会，提高牧业生产的组织化水平，使支部加协会这一生产经营模式全面铺开，并得到健康发展。

（二）扶持企业发展

按照扶优、扶大、扶强的原则，在乳业方面，重点扶持光明、天苒；肉业方面，重点扶持绿祥肉食品公司；饲草饲料方面，重点扶持大地、茂源、海洋、金地等饲草料生产加工企业；马铃薯产业重点扶持鹤声薯业。通过扶持一批起点高、规模大、带动力强的优势企业，促进和做强做大畜牧业主导产业，进一步增强带动牧区经济发展的能力。同时，加大对外开放力度，充分发挥省级巴彦托海经济技术开发区的政策优势，以资源引进项目、以特色引投资，引进更多的畜牧业企业入驻园区内，尽快形成优势产业群。

（三）加强基地建设

在干草原区发展以短尾羊为核心的肉羊生产基地；在典型草原区发展以西门塔尔、安格斯为核心的肉牛生产基地；在海伊公路沿线发展以黑白花、三河牛为核心的高效奶牛养殖基地；同时城郊区适宜发展种薯的地区建立种薯生产基地。充分发挥各地自身优势，形成各具特色的农畜产品集中生产区，并在财政上，设立畜牧业产业化基金，用于畜牧业产业化项目，建设重点投向产业化经营中农畜产品标准化生产示范区、无公害畜产品生产基地等建设项目，加速畜牧业产业化进程，促进畜牧业和生态环境的协调发展，并以基地发展为突破口，引导和鼓励牧民走科学发展之路，城镇及其周边地区以发展集约化养殖小区为主，边远牧区以发展单户规模化养殖为主，围绕基地大力发展优质、无公害、绿色农畜产品，巩固绿色产品区地位。同时加强基地水、林、电、路相配套的基础设施建设，不断改善生产条件，形成基础设施比较完善，农畜产品稳定、均衡生产的产业化基地。

六、加强牧区基础设施建设

要以生态建设为重点，加大牧区基础设施建设力度，推行禁牧、休牧、轮牧等生态保护措施，推行科学养畜，促进草畜平衡，加大防沙治沙、退耕还林还草和水土流失治理力度，确保在建国60周年之际实现"无沙害生态旗"的目标。首先，解决牧民生活基础设施不足的问题。加快牧区人畜饮水安全工程建设，积极发展集中式供水，提高牧区自来水普及率。其次，积极推广太阳能和风力发电等清洁能源技术。进一步加快牧区道路、广播、电视、通讯、信息等设施建设。总之，协调好基础设施建设与经济发展、环境保护的关系，积极探索节约型畜牧业发展路子，做到既要"金山银山"，又要"碧水蓝天"。

七、继续深化牧区改革

巩固牧区税费改革成果，努力解决城乡二元结构问题，建立充满活力的牧区经济发展体制和机制。坚持严格的土地管理制度，进一步解决非法占用草牧场问题，保护牧民合法权益。加强草原监督、监测机制，全面推进草畜平衡制度，实现以草定畜、和谐发展、草原生态资源的可持续利用。第一要完成苏木乡镇区机构改革工作，促进牧区社会稳定和经济发展。加强社会管理和公共服务，建设服务型、法制型政府，建立起精干高效的牧区行政管理体制。第二要健全财政管理体制，在年度财政预算中专门安排社会主义新牧区建设专项资金，加大政府对牧区的财力投入。第三要加强牧区教育管理体制改革，逐步整合教育资源，提高教育教学质量。第四要逐步建立健全和严格执行减轻牧民负担的各项制度，协调上级积极争取对等于农民相关减负政策和补贴政策，实现牲畜良种、牧草良种补贴、农牧业机械补贴、柴油等重要生产资料的补贴，让牧民得到更多的实惠，提高牧民增收致富的积极性。

八、加强牧区民主法制建设

（一）落实各项民主制度

健全基层民主选举、民主决策、民主管理、民主监督等制度，推进民主管理的各项工作，尤其要做好监督检查工作，确保广大牧民群众真正享有法律赋予的各项权利。

（二）健全村务公开制度

要按照国家有关法律法规和政策规定，把嘎查集体经济状况、救灾救济款物发放、嘎查账目和干部报酬等及时向牧民群众公开，同时不断丰富和拓展村务公开的内容。

（三）开展普法教育

在牧区广泛开展基本法律知识的宣传教育，特别要加强同保障牧民群众切身利益密切相关的法律法规的宣传教育，使牧民群众增强法制观念、增强依法行使权利的能力和履行义务的自觉性。积极引导牧民群众以理性合法的形式表达利益诉求，提高牧区基层干部运用法律手段管理基层事务、处理矛盾纠纷的能力。

九、建设和谐新牧区

（一）发展牧区义务教育

普及和巩固牧区九年制义务教育。深入贯彻落实"两免一补"政策，继续巩固"两基攻坚"成果，大力实施牧区中小学现代远程教育工程。建立健全牧区义务教育经费保障机制，改善牧区办学条件。加大力度监管和规范牧区学校收费，进一步减轻牧民的教育负担。

（二）积极发展牧区卫生事业

推进新型牧区合作医疗工作，不断加大投入，加强以苏木乡镇卫生院为重点的牧区卫生基础设施建设，健全三级医疗卫生服务和医疗救助体系。逐步建立与牧民收入水平相适应的牧区药品供应和监管体系，规范牧区医疗服务。加大牧区地方病、传染病和人畜共患疾病的防治力度。鼓励各种社会力量参与发展牧区卫生事业。加强牧区计划生育服务设施建设，继续稳定牧区低生育水平。

（三）繁荣牧区原生态多元民族文化

加强文化馆、图书馆、博物馆和苏木乡镇区文化站、嘎查活动室等公共文化设施建设。继续实施广播电视"村村通"和牧区电影放映工程，构建牧区公共文化服务体系。积极开展多种形式的牧民喜闻乐见、寓教于乐的文体活动，保护和发展具有地方和民族特色的优秀传统文化，继续支持民族服饰表演和牧民合唱团活动，满足牧民群众多层次、多方面的精神文化需求。

（四）加强牧区社会保障体系建设

加强和完善畜牧业综合服务体系建设，全力推进科技兴牧战略。深入开展牧区劳动力技能培训，提高牧民生产技能，增强其科学致富的本领。让经济社会发展成果惠及广大牧民，关注弱势群体，推进共同富裕，适时启动与牧区经济发展相适应的牧区低保、养老保险等社会保障制度，促进牧区稳定与发展。

（五）倡导健康文明新风尚

弘扬以爱国主义为核心的民族精神和以改革创新为核心的时代精神，开展和谐家庭、和谐嘎查、和谐乡镇创建活动，引导牧民崇尚科学，抵制迷信，移风易俗，破除陋习，提倡科学健康的生活方式。

十、团结奋斗共同建设社会主义新牧区

（一）科学制定新牧区建设规划。新牧区建设涉及经济、政治、文化和社会各个方面，是一项十分复杂的系统工程，必须切实加强规划工作。各地要按照统筹城乡经济社会发展的要求，把新牧区建设纳入经济和社会发展的总体规划之中。要明确推进新牧区建设的思路、目标和措施，统筹安排各项建设任务。要充分考虑牧民的切身利益和发展要求，在促进牧区经济发展的基础上，区分轻重缓急，突出建设重点。在尊重自然规律、经济规律和社会发展规律的基础上，广泛听取基层和牧民群众的意见建议，提高规划的科学性、民主性、可行性，确保新牧区建设扎实稳步推进。

（二）动员全社会力量关心支持和参与新牧区建设。建设社会主义新牧区是全社会的事业，需要动员各方面力量广泛参与。各行各业都要关心支持新牧区建设，为新牧区建设作出贡献。充分发挥城镇带动牧区发展的作用，加大城镇经济对牧区的辐射，加大城镇人才、智力资源对基层牧区的支持，加大城镇科技、教育、医疗等方面对牧民的服务。要形成全社会参与新牧区建设的激励机制，鼓励各种社会力量投身于社会主义新牧区建设，加强舆论宣传，努力营造全社会关心、支持、参与建设社会主义新牧区的浓厚氛围。

第二节　新牧区建设的典型个案
——巴彦托海嘎查

巴彦托海嘎查以社会主义新牧区建设为契机，从嘎查实际出发，坚持实事求是，因地制宜，依托嘎查地缘和资源优势，组织带领牧民群众艰苦创业，在建设新牧区过程中，率先走上了富裕、文明的小康之路。

一、嘎查基本情况

巴彦托海嘎查是一个以鄂温克族、蒙古族、达斡尔族、汉族等民族共同聚居的牧业嘎查，土地总面积14.87万亩，其中可利用草原8.88万亩。共有人口517人，牧户140户，党员23名。嘎查劳动力总数318人，其中从业牧业养殖的187人，有131名劳动力从牧业生产中转移出来从事二、三产业。

嘎查奶牛小区初具规模，入住小区牧户114户，投入52万元加强小区道路建设，实现了路成网、树成行、人工草地错落有致。2006年牧业年度牲畜头数达2.3万头（只），其中牛2560头（包括高产奶牛1600头），羊2.1万只。牧民砖瓦房拥有率达

100%，嘎查已实现老有所养，病有所助，上学还有资助。44名老人每人每年享受1500元的补助，近几年嘎查累计出资28.6万元，扶持嘎查子弟大学生25名。嘎查牧民全部参加了牧区合作医疗，嘎查现有卫生室一个，有专职医护人员一人。

二、措施与成效

（一）因地制宜，开创牧民脱贫新思路

巴彦托海嘎查是1995年5月4日由6个牧业生产队合并组成的新嘎查，合并之初嘎查总户数是114户，499人，集体经济只有2间空房子和80亩菜地，牲畜头数为1,340头（只），人均收入1,200元，辍学孩子11名，是鄂温克族自治旗最贫困落后的嘎查之一。由于没有资金，嘎查各项工作处于举步维艰的境地。1997年，巴彦托海嘎查换届，重新组建的嘎查党支部，挑起了带领牧民脱贫致富奔小康的重任，面对嘎查"一穷二白"的现状，嘎查党支部开始组织17名妇女，搞蔬菜种植。为了节省资金，嘎查党支部带领群众积"农家肥"，在大家艰苦劳动和辛勤培育下，80亩菜地第二年就为嘎查带来了3万元的收入，这对贫穷了大半辈子的牧民来说是个天文数字，嘎查牧民的创业热情也因此空前高涨起来。在良好的开端中，巴彦托海嘎查趁热打铁，带领牧民又先后组建了牧民基建队，开办了粉条加工厂，到2001年嘎查集体经济年收入达到23万元。集体经济实力的增强，为巴彦托海嘎查在发展中前进打下了坚实的物质基础。

（二）引领牧民走上产业富民的小康路

随着畜牧业产业化生产的发展，经营中出现了一系列新问题，让广大牧民感到困惑的有：一是社会化服务不完善，出现了畜产品难卖的问题；二是信息闭塞，牧民不了解市场需求和市场变化，形成了畜产品阶段性积压问题；三是由于草畜矛盾日益突出，草原建设问题，是一家一户的分散经营很难解决的。在市场经济条件下，由于政府社会化综合服务体系还不尽完善，牧民在生产过程中遇到了许多困难，那么如何解决牧民走向市场进程中遇到的问题。巴彦托海嘎查首期选择了 15 户党员干部承担起了高产奶牛养殖示范任务。在筹资上，嘎查采取自筹一部分，集体出一部分，贷款一部分的方式解决资金问题；在技术上，嘎查将奶牛集中于小区饲养，由两名专职兽医全天服务；在饲料和销售上，嘎查与饲草公司及乳业公司签订合同，解决了养牛户的后顾之忧；在管理上，把嘎查党支部书记办公室设在奶牛小区，有问题随时解决；在机制上，每个奶牛养殖户党员必须帮扶一个贫困户，结成"党员三结合致富链"。贫困户有偿帮助他们养牛，同时学习掌握饲养技术经验。由于解决有方，管理得当，15 户牧户当年就尝到了发展高产奶牛业的甜头。牧民看到发展现代畜牧业确实能挣大钱，又能保护草原，次年就有 40 户牧户主动要求发展高产奶牛业。

在党支部的带领下，巴彦托海嘎查奶牛示范小区现已初具规模，目前，入住奶牛示范小区的专业户已发展到 114 户。近几年，嘎查又投入了 52 万元资金加强了奶牛示范小区的基础设施建设，从而实现了奶牛示范小区路成网、树成行、人工草地错落有致的喜人局面。2007 年，嘎查牧业年度牲畜头数达 23，374 头（只），其中牛 2，560 头（包括高产奶牛 1，600 头），羊 20，692 只；牧民人均纯收入为 6，300 元；牧民砖瓦房拥有率达 100%，嘎查 44 名老人每人每年都能享受到 1，500 元的补助；嘎查牧民全部参加了牧区合作医疗。近年来，嘎查又累计出资 38 万元，扶持了嘎查子弟大学生 27 名。嘎查现有卫生室一个，有专职医护人员一人。嘎查 42 户贫困户除 3 户孤寡老人由嘎查救济外已全部脱贫，实现了老有所养，病有所医，上学还有资助的新牧区建设目标。

（三）积极探索培育牧民合作组织

嘎查于 2001 年组织成立了高产奶牛协会，采取嘎查党支部加协会的管理模式，在奶牛协会下设不同的小组，指定党员包片负责，通过让党员在产业协会的关键环节任职，在产业的延伸拓展中提供服务，从而形成了协会管理小组，小组带领牧户的新型产业服务体系，既发挥了党员的作用，同时又促进了产业的发展。依托牧民合作协会，解决一家一户办不了的事情。针对一家一户的分散经营方式、畜产品难卖、阶段性积压等一系列问题，嘎查党支部通过协会整合资源，加强同行业的联合与合作，实现了企业和牧户生产经营利益的最大化。奶牛协会始终坚持"牧民创办、牧民管理、牧民受益"的原则，管理以自主经营为主，生产以互助为主要形式，在协会下设 6 个小组，指定专人包片负责，协会管理小组，小组带领牧户，形成了一个互助协作关系。

巴彦托海嘎查处于城郊结合部，可利用草牧场面积小，发展高产奶牛所需的青贮饲料需求量非常大。每到打贮草季节，每家每户既要打贮草，也要青贮饲料，由于单个牧户设备落后，劳动力不够，生产效率低下，导致饲草打不够，青贮饲料也来不及，给牧户生产生活造成了较大的影响。针对实际，嘎查党支部依托协会统一调度生产，由协会为各小组的工作进行合理分工，由 3 个小组负责打所有会员所需的饲草，3 个小组负责青贮所有会员种植的饲料。由于分工明确、责任到位，劳动生产效率明显提高，生产所需支出大幅度减少，嘎查每年的打贮草及青贮饲料工作 9 月中旬就能全部收工，比组织协会以前劳动工期缩短了近半个月。

由于基地牧户的组织化程度高，生产成本要比通常节省 1/3 以上，仅青贮玉米一项，全年为牧民节省资金近 13 万元，奶价比其他嘎查高出 0.2—0.3 元/公斤，全年牧民增收近 30 万元。2004 年 4 月，嘎查奶牛小区被中国奶牛协会授予"全国奶牛养殖示范小区（场）"荣誉称号，2006 年嘎查被确定为内蒙古自治区社会主义新牧区建设示范嘎查，同年又被命名为全国基层先进党支部。

三、描绘新牧区建设宏伟蓝图

2006年、2007年对于巴彦托海嘎查来说是有着里程碑意义的两年，嘎查各项工作在原有的基础上实现了突破性进展。一是通过招商引资，投资100万元与伊赫塔拉公司合资成立畜产品深加工厂，主要经营牛羊屠宰、肉产品加工，实现年创收近30万元；二是2006年自筹资金60万元新建了日产能力8万块砖的环保富民墙体材料免烧砖厂，2007年扩建生产规模，新增步道彩砖机，年生产400多万块砖，安置就业59人，年创收20多万元，并安排嘎查51个富余劳动力实现了就业，人均月收入均在2,000元左右；三是投资156万元新建了985平方米的集嘎查办公室、牧民技能培训基地、畜牧业综合服务中心于一体的综合办公楼。为加强对嘎查牧民的培训，嘎查还出资5万元，配置了远程教育设备，利用网络向牧民传授致富技能，传递市场信息，发布产品信息、供求意向等，同时还组织牧民收看优生优育、文化娱乐、乡村整治等方面的知识。有网络作支撑把杜泊羊品牌羊肉成功打入了北京市场；四是对牛群结构、奶牛健康状况、奶牛性能、奶牛配种繁育、固定资产及生产设备进行了详细统计；五是巴彦托海嘎查为接管呼伦贝尔新城区物业管理，2007年3月初，向呼伦贝尔职业技术学校选送88名牧民子女进行了物业管理培训，采取先培训后上岗的形式，为2008年成立物业公司提供了人才保障；六是兴建了"南达汗"牧民公寓，共5栋楼，258户，户均80平方米以上，以最低成本价1270元/平方米出售给牧民，实现了嘎查生产区和生活区的逐步分离；七是依托国家项目，嘎查配套资金10万元，完成了高产奶牛小区9.8公里自来水管道的铺设，使嘎查牧民都喝上了安全放心的自来水；八是在呼伦贝尔市中心城新区建设部门全力援助下，投资312万元的总长5.25公里的水泥路于2007年8月竣工并投入使用，极大的方便了牧民的出行；九是在上级部门的协调下，呼伦贝尔市网通公司已为嘎查安装无线上网设备，网络的进入给巴彦托海嘎查打造了通向外界的全新平台；十是巴彦托海嘎查基建队 2006 年、2007 年先后承揽 S201 公路西博桥至南辉路段的 30 公里沙石路，呼伦贝尔市新城区 2 公里水泥路，实现创收 90 万元。

四、创新与发展

根据中央关于社会主义新牧区建设的总体要求，按照打造内蒙古自治区第一嘎查的总体目标，在 2008 年，巴彦托海嘎查将力争实现以下目标：

生产发展，生态良好。草原生态明显好转，植被提高 20% 以上，草原建设面积占到草场面积的 90%，饲草供应能力明显增强；畜牧业结构明显优化，经营水平显著提高；养殖规模控制在 3 万只羊单位，牲畜出栏率达 60%，母畜比重达 60% 以上。

生活宽裕，和谐发展。2008 年人均收入达 10000 元，生活条件不断改善，生活质量不断提高，文化、卫生、社会保障等社会事业协调发展。力争在 2009 年国庆 60 周年时，让牧民走上宽敞的路，住上宽敞的房，喝上放心的水，建立电话、有线电视、电脑网络"三电合一"的农牧业信息服务平台。

乡风文明，秩序良好。加强文明通道建设，使牧民思想、文化、道德水平得到明显提高，实现社会治安稳定，群众安居乐业，团结和谐。

村容整治，管理民主。根据牧区特点，在提倡集中居住前提下，科学规划布局，加强道路路网建设，注重生态建设与保护，实现人与自然的和谐发展。2008 年牧民公寓投入使用，逐步实现新牧区生产区与生活区的分离。

在今后的改革发展进程中，巴彦托海嘎查将以"多谋富民之策，多办利民之事，多兴安民之业"为工作准则，以不断提升牧民的生活水平为重点，充分发挥内蒙古自治区新牧区试点嘎查的表率作用，在新的征程上续写新牧区建设的新篇章。

第三节 2008年鄂温克族自治旗新牧区建设工作总结

根据2008年呼伦贝尔市农村、牧区和农、牧业工作会议精神，按照鄂温克族自治旗委、政府及农牧业局年初工作的安排，贯彻落实新牧区工作会议精神，深入、有效、扎实开展新牧区建设的各项工作。

一、新牧区建设方面

（一）加强新型人才培训

各苏木乡镇始终把新牧区建设工作放在第一位，注重新牧区建设人才的培养，辉苏木通过举办为期10天的赴海南考察培训班，学习先进地区的先进管理经验及新牧区建设的相关知识，开拓了嘎查干部的视野，提高了嘎查干部的整体素质，更新了牧民群众的发展理念。

（二）争取补贴项目

2008年实施150万元的内蒙古自治区农牧业机械购置补贴项目，现已购置217台农牧机械及配套农机具，共有178户牧民受益，带动牧民自筹资金399.8552万元。各项惠民政策的实施，使牧民得到了实惠，也为牧民的增收致富奠定了坚实的基础。

（三）牧区生态建设

因地制宜地采用节水灌溉，依托项目实施，加大草原生态保护建设力度，为新牧区建设提供后续保障。2008年，新增节水灌溉面积4000亩，新增供水基本井5眼，新增水保治理面积1

万亩；新打抗旱水源井 38 眼，全年防沙治沙 5 亩，已全部完成；防护林工程封育完成 1 万亩；完成退耕还林 5530 亩；退牧还草 80 万亩；退耕还草 11.48 万亩；禁牧 85 万亩，休牧 900 万亩。

（四）基础设施建设不断加强

为实现新牧区发展目标，紧贴牧民生活需求，发挥项目拉动作用，继续加大投入，道路、农田水利、棚圈等基础设施建设得到了明显的改善。2008 年上半年投资 409.98 万元建成 5 眼机井，解决了 5 个嘎查人畜饮水困难问题；投资 5739.6 万元建设 79.8 公里通乡水泥路，已全部建设完成并交付使用；伊敏河镇永丰桥西段路与伊敏至维纳河通乡路相连，投资 859.26 万元，目前工程已建设完成，除吉登嘎查外已全部实现村村通公路的目标；2008 年已完成投资 458 万元的通电工程项目，基本消灭了无电户。投资 200 万元的变电站改造工程，于 7 月 14 日开工，现在已全部完工；投入 1000 万元实施了 400 户危草旧土房改造建设项目，共扶持少数民族无房户、贫困户 400 户 1381 人；扶持人口较少民族发展资金 390 万元，建设牧民安居住房 40 栋，建设标准化棚舍 36 座，购扶持奶牛 120 头，共扶持 106 户 378 人；投入 274 万元重点建设了 600 亩节水灌溉饲料地、哈日托海水泥桥等畜牧业及其他基础设施（其中棚舍 29 户 4350 平方米）已基本完工。解决和改善了部分贫困人口、低收入贫困人口的生活问题；投资 947.6 万元进行扶贫开发移民扩镇及配套工程，移民 100 户，311 人，建住房 4800 平方米，棚圈 7500 平方米、已建设完成，另购高产奶牛 120 头及獭兔 3000 只，目前只有小部分通电、通水、通路工程没有完成。

（五）完善社会保障体系

鄂温克族自治旗的牧区新型合作医疗建设在前几年的基础上，民政、劳动、卫生等相关部门通力合作，积极推进建立新型牧区合作医疗制度，继续实施了新型牧区合作医疗制度试点，2008 年个人缴纳参合费 14.4 万元，现参加新型合作医疗牧民达

14640人，参合率达94%。2008年为505人次的牧民补偿住院药费91.9万元，为7323人次牧民补偿门诊费80万元，为22位牧民补偿慢性病药费11000元。

二、经合组织方面

目前在鄂温克族自治旗已经有奶牛养殖、肉羊养殖、奶业、肉业、马铃薯等协会14个，其中规范的经合组织2个，制度健全，运作规范。达到了责任目标的规定。为了巩固和加强组织建设，专门派出精干人员参加通辽农民专业经济合作组织发展培训班，系统的学习了专业合作社的财务会计制度、合作社登记管理条例、合作社示范章程等方面的知识。对于指导牧民专业合作组织健康发展，起到了积极的作用。

还以伊赫塔拉肉食品加工企业为依托，成立了鄂温克族自治旗肉羊专业生产合作社，把养羊大户联合起来，形成统一配种、统一销售的格局。

三、财务与资产管理方面

加强嘎查级财务管理工作，保障嘎查集体资产与财务管理工作规范化。2008年对嘎查账苏木代管的情况进行2次督促检查，及时进行债权、债务的清理工作，本期无新增债务。做到有计划、有通知、有清理和审计结论。对存在的问题提出了指导性的建议。各嘎查都能定期按规定进行财务公开，账目能及时进行处理。各嘎查在遵守财务制度及账务处理方面较以前有了很大的提高。已全部实现了财务的规范管理。

四、继续完善承包合同

贯彻实施牧区草场承包管理工作，加强配套规章制度建设，对承包方、发包方土地流转的行为做出具体规范，认真执行草原经营权证的发放制度。2008年分户联户后新增18户，共发放草原经营权证书171本，并补办了8份丢失的经营权证书，同时签订合同171份，累计已经发放经营权证4130本。合同室人员逐一对办证手续进行了审核，并按规定核发。合同证书、经营权证发放达100%。登记流转草场涉及牧户45户共计6.56万亩，占承包草场面积的0.1%。草场的合法流转得到了保障。草场流转合同签约率达90%，超过了责任目标规定（85%）的指标。保证牧民的草牧场使用权合理流转。本年度未发生草场承包流转纠纷及上访事件。通过上述工作，鄂温克族自治旗牧区土地草场承包关系得到进一步稳定和完善，为新牧区建设和牧区社会的和谐发展夯实了基础。

五、建立牧户家庭档案和培训牧民

2008年重点开展了牧民家庭经营档案的建立工作，截至年底为止，有10个嘎查的牧民家庭经营档案已建立完成，全部纳入微机管理。借助中加可持续农业发展项目对呼伦贝尔地区给予智力援助的大好机遇，对嘎查牧民进行了培训，举办了新牧区建设培训班，参训学员达到40人。培训班还邀请到了中加项目经理布兰特先生、协会专家查添木先生、讲解了协会在加拿大畜牧业中扮演的角色与发挥的作用（即政府与协会、协会与牧户、企业间的联系），培训班选择牧民能人代表苏木达、嘎查达为培训对象，通过培训增强他们的光荣使命感、神圣的责任意识。并寄希望他们带头做出积极地努力。

第四节 参考知识
——国外畜牧业的经验和教训

立足鄂温克族牧民的实际，从传统畜牧业走向现代化畜牧业的道路曲折而漫长。在此介绍加拿大、新西兰、澳大利亚等国在畜牧业发展进程中的经验和教训，以期对推进鄂温克草原社会主义新牧区建设和发展有所裨益。

一、加拿大的牧业经验

加拿大在地理位置和气候条件上与我国内蒙古自治区基本相似，其草地经营管理的先进经验对发展我国畜牧业有一定的借鉴意义。

（一）在保护建设的前提下用好天然草原

过去，加拿大的草原破坏和水土流失现象也很严重。为了解决这个问题，从20世纪30年代起，加拿大政府就在西部草原比重比较大的3个省（阿尔伯塔、萨斯喀彻温和马尼托巴）建立了草原建设署，下设草原站，启用草原和土壤方面的专家，进行国有草原的开发建设，同时也指导牧民开发建设草原。采取的主要措施是普遍进行围栏建设，围栏的面积大小不等，材料大部分是刺形木桩，一般为四道拉线，桩距12米左右。围栏门有两种形式：一种是木材作框，中间拉上几道刺线；另一种是地下挖沟，深3米，宽1—1.5米。

放牧围栏内还设有饮水点。饮水点一般是利用天然降水和地下泉水，有的是利用地形挖坑蓄水，有的是筑坝蓄水，还要投放盐砖，盐砖放在饮水点较远的四周，以控制和引诱畜群的移动，达到均匀放牧的目的。

（二）依靠科学技术建立人工草地

加拿大先后培育出了10多种抗旱、耐旱的优良牧草，目前在生产上广泛应用的有：无芒雀麦、偏穗冰草、草地猫尾草、鸡脚草、俄罗斯野麦草、阿尔泰麦草、紫花苜蓿、润布勒杂种苜蓿和百脉根等。他们成功的牧草种植方法是：有的在丘陵漫岗地形草场上，每隔一米左右挖一道水平沟，补播20厘米宽的冰草带，对于保持水土、提高产草量起了很好的作用；有的采用边挖地、边播种、边镇压的技术，使牧草出苗齐、长势好；有的在沙质土壤上进行条播，较好的防治了土壤沙化；有的用豆科牧草种，科学的种植法，在辅以灌溉、施肥等技术措施，使人工草地的产草量比天然草场高5—10倍。

（三）不失时机大搞青贮饲料

加拿大每个牧场不仅有大量的青干草，而且还有丰富的青贮饲料，这是他们发展畜牧业的又一个重要措施。青贮的主要方法有：

1. 平地青贮法
2. 自由采食时青贮法
3. 木桶房式青贮法
4. 塔式青贮法

二、新西兰的草场建设与管理

畜牧业是新西兰国民经济的支柱，畜牧业产品每年为新西兰创造着巨大的财富。新西兰是世界上单位面积草场畜产品生产经济效益最高的国家。在北岛中部的诺可诺地区，牧羊场平均每公顷人工草场每年可生产优质牧草干物质10—15吨，可转换成羊肉300—400公斤，羊毛100—140公斤。这一地区的奶牛每公顷草场每年可生产乳脂400公斤，合鲜奶16,000公斤，肉牛场每公顷草场每年可生产牛肉400—500公斤。

（一）草场建设、管理的经验

人工草场的高度集约化管理和对天然草场的合理使用是新西兰发展畜牧业生产的基础。其草场面积占国土总面积的40%，其中3/5人工草场、2/5为天然草场。人工草场几乎覆盖了整个平原、丘陵地区。天然草场主要分布在高山地区和干旱地区，近百年来新西兰人民在草场的建设、管理方面积累了许多宝贵的经验，其特点可以归纳为：

1. 选择最佳牧草品种组合，建立优质人工草地。
2. 人工草场的科学管理、使用。
（1）以草养畜，以畜养草；
（2）草地施肥，改善土壤环境；
（3）实行划区轮牧。
3. 注意天然草场的保护利用。
（1）由政府部门掌握控制这些地区的人口密度和牲畜头数；
（2）在天然草场科学轮牧，严格控制载畜量；
（3）天然草场的补播、施肥。
总之，新西兰在天然草场的使用上，十分注重维护草地资源，把保护生态平衡放在第一位，而不是把发展畜牧业放在第一位。在不损害生态环境的前提下，谋求最佳生产效益。

三、澳大利亚养羊业的特点

澳大利亚的养羊业，在世界养羊业中，独具特色，为其他国家提供了宝贵经验，值得我国畜牧业借鉴。

澳大利亚号称是世界上唯一的"骑在羊背上的国家"。它的养羊业，独具特色，主要是按照气候和土壤条件的不同，严格区分羊毛细度。这样，不仅可以从每只绵羊身上和每英亩土地上，最大限度地获得利润，而且可以在更大范围内，生产同一类型的高价羊毛。

澳大利亚规定，一类是母羊，必须进行良种登记。他们的登记工作，是借助于电子计算器完成的，对羊毛质量的评价，也是采用同一客观方法进行。澳大利亚的主要绵羊良种场，每年都要对其全场的母羊群进行一次全面仔细的观察。在一类母羊中，进行客观的评价并作记录。通常情况下，对所有的羔羊，在4月龄开始都要剪羊毛；7月龄，按其外貌进行一次全面评价；到15月龄，转为幼年羊时，再进行第二次评价，并且对所有个体的外貌变化，进行全面的比较，并作出全面的详细记录。到16月龄的幼年羊时，开始配种，交配期长达3个月之久。种用公羊，在播种的草地上放牧饲养，同时补饲矿物质饲料。全年在放牧场上放牧的母羊，不存在喂饲料的困难，即放牧场上的饲草，完全可以满足其营养的需要，不给任何补饲。一类母羊，在产羔时期，养羊工人必须每天观察母羊3次，便于及时排除问题与事故。通常情况下，澳大利亚绵羊和牛，都在围栏草地上放牧、饲养和管理。对此我们可以总结说把全部草场围起来，在其中放牧、饲养和管理牛羊，是澳大利亚畜牧业的主要特点之一。澳大利亚在养羊业中广泛利用牧羊犬，一支好的受过训练的牧羊犬，可以代替2—3名牧羊人的工作。

四、世界各地草地畜牧业类型综述

根据各国草地经营的特点和现状，可将世界主要畜牧业国家分为以下5种类型：①农牧业并举，土地面积较大，经营较粗放的国家。这类国家有美国、加拿大和俄罗斯等。②农牧业并举，国土面积较小，集约化程度较高的国家。这类国家有法国和联邦德国等。③以牧为主，人工草地比较发达的国家。这类国家有新西兰、爱尔兰、瑞士、荷兰、丹麦和芬兰等国。④天然草原面积较大，以牧为主，经营粗放的发展中国家。这类国家有蒙古、阿富汗、毛里塔尼亚、索马里和尼泊尔等国家。

（一）简述国外草原畜牧业的管理

草原畜牧业管理包括放牧管理、植被管理和控制它们的人才的培养。

1. 人才培养

国外对草原科技人员的培养十分重视，据不完全统计，目前世界各国高等院校中共有草原系或专业23个，其中美国15个，日本3个，中国4个，肯尼亚1个。

20世纪初，美国西部的某些大学开设了《草原管理学》。

1916年在蒙塔那州立大学开设了《草原管理学》,此外,在有关大学的植物学系、畜牧系、林学系和农学系也开设了这门课。自1943年第一次出版《草原管理学》以来,至今又出版了3种不同版本的《草原管理学》教科书。

俄罗斯在102个高等农业院校和12所分校内一般都设有草地经营课程。因此,凡是畜牧业或农学系毕业的学生都能够从事草地经营方面的研究工作。

日本在1954年成立了"草地科学会",1960年又在北海道成立了畜牧大学,设有草原学部。另外,在东北大学等一些院校还设有草原专业和研究室。1970年,内阁会议通过了成立全国草地研究中心"日本农林省草地试验场"的决议。

2. 植被管理

草原植被管理包括行政措施和农业技术措施两个方面。

(1) 制定保护草地资源法令。美国联邦和地方政府从20世纪开始制定各地草原法规;1934年内政部土地管理局通过了"泰勒放牧法案",其中对草地的利用强度、放牧家畜种类以及草地改良等内容都作了规定;1969年通过了"全国环境政策法";1974年通过了"森林和草原可更新资源法";1976年又颁布了"联邦土地政策和管理法";1978年通过了"国有草原改良法"。

国外对草地资源的管理相当严格。如美国要在草原地区开采露天矿,开采者必须向政府提供开采后恢复植被的实施计划,否则不予批准。私人申请国有草原放牧,也必须在申请书上写明围栏设置、放牧家畜种类、放牧时间等。政府有关部门对草原资源的利用情况经常进行监督和检查。违反规定者,分别进行劝告、罚款、收回使用权以至追究法律责任。

(2) 定期评定草原基况。草原基况就是表示一个草原丰茂的程度,即现有牧草种类和产量与草原自然生产能力的比较。实际上,它是草原历史发展的自然记载。它可以说明草原管理者过去利用草原的效果与他们经营管理的程度。草原专家可以帮助草原管理者确定草原的基况等级。

1967年美国政府对土地和草原资源进行了普查，并按土地和草原的生产力分为8个等级，对每个等级的草地资源占有面积，需要采取的治理措施进行了分析研究，并对需要保护和治理的草地建立目录档案。目前，美国经常采用草原基况来评定草原的好坏。

美国农业部颁发的草原基况分级标准主要是根据植物、土地因子进行综合评定。植物指标是按适口性好的优良牧草所占草群的百分比或顶级植物占草群的百分比进行评定的。

评定草原基况是美国草原管理的一项重要工作。不仅各地都要评定，而且每年两次（6月1日，9月1日），还要加以汇总、整理，列入美国农业年鉴。

(3) 草原基况的动向。识别一些草原基况的明显变化很重要。草原基况中出现的变化，叫做动向。它表明草原是否改良、变坏或保持原状。动向比草原基况的评价更困难一些。要对草原进行单独的调查以后，才能进行草原动向分析。

管理者如果了解了草原的基况和它的动向，就能更好的管理草原。草原基况及其动向是草原管理的最好工具，它是为草原家畜服务的。根据它们的变化，可以确保家畜管理的变化以及草原是否需要改良。

(4) 清除灌木和杂草。草原退化以后，灌木和杂草侵入草群是草原管理中的一个严重问题。目前，美国清除灌丛和杂草的方法主要有3种：一是机械铲除，如采用带有推土板或推土铲的拖拉机、圆盘耙、链或钢索；二是喷洒莠剂，常用的有2·4～D、2·4·5～T和2甲4氯等；第三种方案是火烧，常用火烧来清除木本植物以保持草本植物，这也是管理植被的重要手段之一。

(5) 开发建设草地与管理。新西兰国家设有草地开发利用研究机构和实施开发建设部门。研究机构专门研究投资少、赚钱多的先进技术，按先进水平设计建设方案，然后由开发部按方案建设具有一定规模的牧场。牧场建成后，国家把牧场和经营技术一并卖给牧民，便成为牧民的永久私有财产。

3. 放牧管理

放牧管理是合理利用草地资源的关键，它有以下几个方面的内容：

（1）严格控制载畜量。许多试验证明，过牧会对植物造成致命的伤害。因此，世界各国草地上的载畜量普遍受到严格的控制。如加拿大在一个生长季节放牧一般不超多 50% 的产草量，冬季牧场可以放宽一些。另外，在俄罗斯野麦草为主的阿省实验站放牧地上，每年只利用两个月（5月15—7月15日），放牧强度不超过产草量的 50%。这样合理利用，可使人工放牧地持续 50 年不退化。

（2）家畜分布要均匀。放牧家畜应该是很均匀地分布在放牧场的各个部分。对许多已经出现过度放牧的草原，也可以用不减少家畜数量，而采取用均匀分布的方法来改良。美国常采用 3 种方法：一是分散定居点。美国广大牧区除城镇外，一般都是 1—3 户居住在一个地区，户与户之间也保持一定距离。二是合理布局饮水点。家畜的需水量随草原类型、食入盐量、气候、季节和畜种的不同而不同。三是在草原上设盐点和饲料点，以引诱家畜的均匀采食。

（3）施行人工草地和天然草场互补放牧制度。利用人工草地的牧草返青较早，枯黄较晚，天然草场夏季水草丰富的特点，早春和晚秋季节在人工草地上放牧，夏季在天然草场上放牧，是充分发挥两种草地资源优势，发展畜牧业的科学有效措施。加拿大的具体做法是：4月中旬至6月下旬在人工栽培的偏穗冰草地上放牧，6月中旬至8月中旬在天然草场上放牧，8月中旬至9月中旬又转入人工栽培的俄罗斯黑麦草草地上放牧，10月中旬以后开始饲喂干草及青贮饲料。他们把这种分段放牧的方法称之为"互补系统"。好处是：①可以延长放牧时间，在降水量300—350mm的地区，天然草场只能放青一个半月至两个月，而传播了人工草地以后，放青时间则可以增加到6个月；②可以满足牲畜对各种营养物质的需要；③可以减轻天然草场的压力，有利于植被恢复。

（4）普遍进行围栏放牧。围栏放牧，一可以节省劳力；二可以控制载畜量，防止过牧；三可以减少牲畜疫病的传播；四可减少牲畜跋涉奔走，有利于生长发育。美国在6亿亩森林牧场地上设置了8万公里围栏，围了11,600个放牧单元，放牧绵羊700万只。新西兰投资400万新元，在全国设置了围栏80万公里。德国则发展电围栏。丹麦和荷兰的家庭牧场，全部都实现了围栏化，大部分采用电围栏或铁丝围栏，也有少量的木板围栏。丹麦的南部和荷兰的北部是以防护林为草地的围栏，而荷兰西部，因地势平，地表水充足，多以水渠为草地围栏。

（二）牧草育种与种子生产经验

早在20世纪三十年代初，国外就重视了牧草育种和种子生产工作。美国1935年建立了牧草原始材料中心，并先后在西部各州建立引种站。各州都设有种子公司或试验场，有专门生产种子的基地，选出适于草地更新、防止水土流失的最佳混播组合和优质高产的优良牧草。美国对牧草种子有严格的规定，并注意收集世界各地的牧草种子，因而是保存牧草基因资源最多的国家。

澳大利亚现保存牧草品种资源约15,000份，4个中心站（昆士兰州的兰斯多恩牧草研究站和萨姆特牧草研究站，西澳北部沙漠地区研究站及高雨量地区研究站）均设有牧草种子保存库。他们对国外引进的牧草种子要先登记，进行严格的检疫，并在自控恒温、恒温温室里隔离试种，观察有无病虫害。无病害者再引导到大田里做小区试验，同时作立体消化试验，测定放牧后的再生性,营养评价及毒性鉴定等,小区试验3—5年后再分到各站试种,对于适应性强、表现良好者则大面积推广。

为了促进各国牧草种子生产,1958年建立了国际牧草种子交换委员会,每年出版种子名录,交换种子贸易情报,进行新品种的评价和定名,制定统一的鉴定标准。

不少国家实行了牧草种子专业化生产,俄罗斯有3000多个种子生产专业化农场;瑞典有1600个农场,生产多年生牧草种子。

加拿大自1966—1975年,平均年产牧草种子32,590吨,并将13种牧草(豆科7. 禾草6)纳入统计年鉴。新西兰年产牧草种子23,000吨,出口10,000多吨。澳大利亚每年出口牧草种子25,000多吨。

总之,他山之石可以攻玉。在全球经济一体化的今天,如何学习和借鉴国外的经验,越来越受到重视。特别是在建设社会主义新农村的伟大历史进程中,牧业、牧区和牧民,即"三牧"问题实质上就是"三农"问题,关系到我国经济和社会发展的全局。

附录1： 1949—2009年国内关于鄂温克族研究的著作及论文索引

一、论　　文

1. 吕光天：《额尔古纳河的鄂温克人由原始公社向社会主义直接过渡》载《民族研究》，1958年，第4期。

中文摘要：我国的鄂温克族，主要分布在内蒙古自治区东部呼伦贝尔盟的鄂温克族自治旗、莫力达瓦达斡尔族自治旗、阿荣旗、喜桂图旗、陈巴尔虎旗和额尔古纳旗，以及黑龙江省的讷河、富裕等县。解放前，统治阶级为了便于分而治之，曾将鄂温克人分为三部，即"索伦"、"通古斯"和"雅库特"。现在，根据他们自己的意愿，已恢复了他们原来的名称，统一称为"鄂温克族"。这篇文章所谈的，就是分布在额尔古纳河一带的鄂温克人（"雅库特"）。1957年5—7月，全国人民代表大会民族委员会内蒙古少数民族社会历史调查组鄂温克小组在额尔古纳旗对他们的社会历史情况进行了四十天的调查。参加调查的有郭布库、乌云达赍、吕光天等同志。这篇文章是吕光天同志根据这次调查的材料以及近来的情况编写的。

2. 内蒙古少数民族社会历史调查组鄂温克分组：《额尔古纳旗鄂温克人的原始社会形态》，载《民族团结》，1961年，第6期。

中文摘要：鄂温克族是我国人数较少的兄弟民族之一，共有七千多人，主要分布在内蒙古自治区呼伦贝尔盟鄂温克族自治旗、陈巴尔虎旗、阿荣旗、莫力达瓦达斡尔族自治旗和额尔古纳旗，少部分分布在黑龙江省和新疆维吾尔自治区。人数少而分布地区广，各地区自然条件不同，互相隔绝，历史发展和社会经济发展极不平衡。

3. 吕光天：《谈鄂温克族的来源》载《民族团结》，1962年，第5—6期。

中文摘要：鄂温克人的祖先远在二千年前即居住于外贝加尔湖和贝加尔湖沿岸地区，以后向东发展，其中一支来到黑龙江流域。我国的鄂温克人主要即起源于这一支。据史书记载，他们长期以来居住在黑龙江上游和中游的辽阔森林中，从事着狩猎和捕鱼生产鄂温克人的祖先并非以"鄂温克"这一名称出现于古史籍中。在我国古代史书中，与鄂温克人有起源关系的古老部落，特别是北魏时在今黑龙江流域一带出现的"室韦"所包括的若干部落与鄂温克人有密切的关系。

4. 陈玉书：《略论鄂温克族人的来源问题》载《民族团结》，1962年，第5—6期。

中文摘要：鄂温克族是我国少数民族中人口较少的民族之一，全国共计7700余人。近三四百年，他们曾被称为"索伦"、"通古斯"和"雅库特"等不同名称。解放后，根据他们自己的意愿和实际情况，于1957年底，正式规定统一称为鄂温克族。1958年在内蒙古自治区成立了鄂温克族自治旗。关于鄂温克的民族来源问题，国内外有不少人在关心，曾作过一些有益的工作，但还没有具体结论。我个人根据现在掌握的资料和初步研究，认为鄂温克族主要来源于靺鞨。当然，这也是一些不成熟的意见，只供参考。

5. 吕光天：《试论鄂温克族与鄂伦春族的来源关系》载《实践》1962年，第8—9期。

6. 吕光天：《论古代鄂温克人的群婚家族及氏族的产生》载《考古》1962年，第8期。

7. 吕光天：《论鄂温克人由母权制向父权制的发展》载《史学月刊》1965年，第6期。

中文摘要：根据马克思列宁主义的学说，原始公社氏族制度分两个阶段，即母权制时代和父权制时代。从母权制向父权制的过渡，不仅是原始社会一件极重大的事，而且也是一个十分复杂的过程。这一过程，在既离原始社会已久的民族中几乎早被忘记了；然而在解放前尚处于原始公社父系氏族社会末期的一部分鄂温克人中以及虽然进入阶级社会，但尚保有氏族残余的鄂温克人中，从他们的经济生产、风俗习惯以及传说、神话来考察，似乎还有许多残余可以帮助推测这一过渡时代。虽然这些残余往往带有神秘色彩，但它却是鄂温克人古代历史的烙印。

8. 金石中：《商品交换关系的发展对我国鄂温克族佤族原始公社公有制的瓦解》载《中央民族学院学报》1975年，第2期。

中文摘要：恩格斯在《反杜林论》一书中明确地指出，商品货币关系的发展，曾经起过瓦解原始社会公有制的作用，"把它分解为一群群私有生产者"。这是人类社会发展的普遍规律。我国在解放前，有一小部分少数民族由于历史原因和他们所处的特定环境的影响，大体还保留着原始社会公有制浓厚的残余。鄂温克族和佤族，就是处于这一发展阶段的。

9. 吕光天：《额尔古纳河鄂温克族的游猎生产方式及其家族公社结构》载《中央民族学院学报》1978年，第3期。

中文摘要：鄂温克族自古就是我们中华民族大家庭的成员之一，共有七千多人，其中居住在额尔古纳河右畔原始森林中的部分鄂温克人，是我国唯一使用驯鹿的游猎民族。解放前，由于历代反动统治阶级的压迫，他们世世代代赶着驯鹿群，游猎在深山密林中，过着悲惨的生活。人口从十七世纪末的七百多人，到解放前，只剩下一百三十人。他们社会发展还处于父系家族公社的历史阶段。

10. 夏家鼐：《"索伦"之称由何而来?》载《北方论丛》1979年。

11. 韩襄：《鄂温克人的猎具》载《新观察》1980年。

12. 满都尔图：《鄂温克人的"乌力楞"公社》载《社会科学战线》1981年，第1期。

中文摘要：鄂温克族，约有一万三千余人，主要分布在内蒙古自治区鄂温克族自治旗、陈巴尔虎旗、莫力达瓦达斡尔族自治旗及黑龙江省讷河县等地，解放前已进入封建社会。唯有游猎在额尔古纳河畔的人口不到二百人的一少部分，直到解放时还处在父系家庭公社末期阶段。

13. 马铭超：《鄂温克族介绍》载《黑龙江艺术》1981年，第1期。

14. 柯安：《史学研究和历史调查——〈鄂温克人的原始社会形态〉读后感》载《读书》1981年，第2期。

中文摘要：粗略地阅读了秋浦等所著《鄂温克人的原始社会形态》，获得了不少知识，对于这个在一九四五年只剩下一百七十人的民族的生产方式和分配办法，社会组织和风俗习惯、宗教信仰，以及怎样在共产党领导之下获得新生，并由原始公社向社会主义过渡的情况有了初步的了解。这部书的难得和可贵之处，还在于它所记述的鄂温克人的社会生活情况，是从任何文字记载中所见不到的，全书的材料都来自作者们和其他有关部门的实地调查。

15. 晓方：《鄂温克族简介》载《内蒙古社会科学》1981年，第2期。

16. 大江：《鄂温克人的婚姻习俗》载《民族团结》1981年，

第2期。

中文摘要：游猎在大兴安岭额尔古纳河畔的鄂温克人，他们的婚姻习俗具有初民社会的一些遗风，但是又有其不同的特点。随着社会的发展和生活条件的变化，传统的婚姻习俗也发生了巨大变化，却仍然保留着不少的民族色彩。鄂温克人现在是严格地实行一夫一妻的氏族外婚制。在婚姻结合上，一般是同辈婚配，但过去曾有错辈婚配的现象，只要年龄适当，舅父也可娶外甥女为妻，这在习惯上并不受到任何限制和非议。尤其是间接的错辈婚配更是如此。从前，鄂温克人还通行"夫兄弟婚"、"妻姐妹婚"，即同一氏族的女子为同一氏族男子的妻，而同一氏族的男子则为同一氏族女子的夫。现在这种习俗已发生变化：妻死后可续娶其妹为妻。

17. 赵复兴：《解放前辉索木鄂温克族社会形态初探》载《内蒙古社会科学》1981年，第3期。

中文摘要：据近年统计，我国鄂温克族共有一万三千人。主要分布在内蒙古自治区呼伦贝尔盟的鄂温克族自治旗、莫力达瓦达斡尔族自治旗、陈巴尔虎旗、额尔古纳旗、阿荣旗、鄂伦春自治旗、布特哈旗，黑龙江省讷河县和新疆维吾尔自治区也有一部分。鄂温克族人口较少，但分布地区广阔，社会经济形态呈现着不同的情况。本文仅就鄂温克族自治旗解放前辉索木鄂温克族的社会形态作一初步分析。

18. 程道宏：《伊敏河地区的鲜卑墓》载《内蒙古文物考古》1982年，第2期。

19. 孟和博彦：《充满山林气息的狩猎者之歌——评鄂温克族青年作家乌热尔图的短篇小说》载《草原》1982年，第2期。

20. 吕光天：《清朝初期的鄂温克族》载《黑龙江文物丛刊》1982年，第3期。

中文摘要：十七世纪初叶（明末清初），居住在贝加尔湖西北、黑龙江上中游的鄂温克族共分三支：一支是居住在贝加尔湖西北勒拿河支流威吕河和维提姆河的使鹿鄂温克人，共有十二个大氏族，他们被称为使鹿的"喀木尼堪"或"索伦别部"，酋长是叶雷、舍尔特库等；另一支是贝加尔湖以东赤塔河、石勒喀河一带使马鄂温克部，是索伦部之一。

21. 吕光天：《清末鄂温克族的社会结构》载《内蒙古社会科学》1982年，第5期。

中文摘要：鄂温克人的部落与氏族根据调查和文献记载：清末，鄂温克族共分为十四个大部落，他们居住在许多河流的两岸，因此部落多以河名为部落的名字。例如住在"雅鲁河"的鄂温克人叫做"雅鲁千"，意即住在雅鲁河的人。除此之外。阿伦河、格尼河、纳敏河、莫合尔图、特尼河、莫尔格河、贝尔茨河、金河等流域都有鄂温克人的部落。每个部落都由两个以上的"哈拉"式"奥毛克"（氏族）所组成。索伦鄂温克人有三个比较大的氏族，即杜拉尔、涂克冬、那哈他。额尔古纳河的鄂温克人有四个人氏族。"哈拉"是满洲语，意即"姓氏"，一个"哈拉"的人，就是一个祖先的后代，同一氏族的人。氏族的名字都含有一定意思，如"杜拉尔"是"在河旁住的人"。

22. 巴图宝音等：《论鄂温克族民间文学》载《内蒙古社会科学》1983年，第1期。

中文摘要：鄂温克族的民间文学，是鄂温克族活的历史典籍。它朴实地反映了这个民族的历史和社会生活的广阔领域，表现了鄂温克族人民世代勤劳勇敢，热爱生活，以及对美好未来的憧憬，有着鲜明的民族特色和多样的形式。

23. 吕光天：《清代布特哈打牲鄂温克人的八旗结构》载《民族研究》1983年，第3期。

中文摘要：建立八旗前的社会自崇德年间开始，鄂温克各部落便以氏族为单位编成佐，任命了佐领"达如汉"管理鄂温克族，按时向盛京纳贡，统属于乌喇（吉林）章京，不设兵额。当时每个男丁要向满族统治者献一张貂皮为公差。

24. 王可宾：《原始婚姻初探－鄂温克亲属称谓比较研究》载《史学集刊》1983 年，第 3 期。

中文摘要：恩格斯在论述家庭和亲属制度的关系时指出："当家庭继续发展的时候，亲属制度却僵化起来；当后者以习惯的方式继续存在的时候，家庭却已经超过它了……我们也可以根据历史上所留传下来的亲属制度，同样确实地断定，曾经存在过一种与这个制度相适应的业已绝迹的家庭形式"。本文试图通过鄂温克亲属称谓与夏威夷亲属制和匈奴人收继婚的比较研究，探讨人类原始的最初的婚姻形态。

25. 李向晨：《鄂温克族的"扎恩达勒"》载《中国音乐》1983 年，第 3 期。

中文摘要：鄂温克族居住在内蒙古自治区呼伦贝尔盟境内。"鄂温克"一语，意思是住在大山林中的人们。因历史的演变，鄂温克族有过几次迁徙，致使他们长期以来居住分散。

26. 吕光天：《鄂温克族的社会经济与文化习俗》载《黑龙江文物丛刊》1983 年，第 4 期。

中文摘要：在我们伟大祖国的东北边疆，屹立着绵亘南北的大兴安岭，兴安岭南段以西是一望无际的呼伦贝尔大草原，草原的东南是兴安岭的河谷地带。就在额尔古纳河以东，嫩江西北的广大山林、草原及河谷地区，世代居住着一个勤劳，勇敢的鄂温克民族。鄂温克民族是我国兄弟民族之一。在长期的历史发展过程中，和其他民族一样，对祖国的缔造作出了光荣的贡献。

27. 李松生：《鄂温克式亲属制的特点和意义》载《史前研究》1984 年，第 2 期。

28. 吕光天：《清代鄂温克族在维护祖国统一和守卫边疆上的历史作用》载《学习与探索》1984 年，第 3 期。

中文摘要：清代从康熙皇帝至乾隆帝大大加强了祖国的统一，巩固了幅员广阔的多民族国家。在这一过程中，鄂温克族起了十分重要的作用。一、清朝对鄂温克族的政策自从顺治年间，被称为"索伦"的鄂温克人迁来嫩江各支流之后，总称为"布特哈打牲部落"。"布特哈"是满语，汉译打牲之意，故亦称"打牲索伦"。"索伦"一名，是满族及清文献对打牲鄂温克人的称呼，他们是鄂温克族的主体，人数最多，居住在布特哈、阿荣、莫力达瓦、讷河、呼伦贝尔等地。"索伦"名称的含意有"先锋"或"射手"之意。

29. 肖峰：《鄂温克族舞蹈中的"呼号"及其它》载《舞蹈论丛》1985年，第1期。

30. 王咏曦：《嘎布卡村的鄂温克人古风俗》载《黑龙江民族丛刊》1985年，第3期。

中文摘要：清代嘎布卡村（今属黑龙江省讷河县所辖）包括索勒格（今临江屯）、义格（今嘎布卡屯）、博肯沁（今榛子街）、胡噜旦梯（今杨树林屯）、百露日（今百露屯）、穆尔根奇（今大间房）、基罗尼嘎（今小间房）七屯，属农牧区，隶布特哈打牲部落都博浅扎兰。这里居住着以涂克敦氏为主，杂以精奇里氏和瓜尔佳氏的鄂温克族人。

31. 乌力吉图：《鄂温克族族源略议》载《内蒙古社会科学》1985年，第4期。

中文摘要：鄂温克族在史籍中曾经以多种名称出现，据考证，"鄂温克"一名，源自元朝时代的"林木中百姓"一词，是用通古斯语译称的，所以"鄂温克"即"山林之家"之意。"索伦"一名，是满语之称，皇太极统一索伦部时用武力征讨索伦部的博穆博果尔、叶雷两个反叛集团，对其余绝大多数民众采取了"招安"政策，所以"索伦"就是"招安"之意。"雅库特"一名，与鄂伦春语"雅发罕"意同，即"步行"之意，因为雅库特人狩猎时都是步行的,驯鹿只作驮物之用。

32. 董联声:《"雅库特"鄂温克语地名浅述》载《北方文物》1986 年,第 3 期。

中文摘要:在茫茫大兴安岭森林腹地——内蒙古自治区东北部额尔古纳左旗境内敖鲁古雅地区,居住着一部分使用驯鹿、从事狩猎生产、历史上曾被误称为"雅库特"的鄂温克族猎民。"这部分鄂温克人一直游猎在外兴安岭和大兴安岭之间的广大地区。距今 240 年前,他们的祖先曾经在勒拿河上游的森林苔原地带游猎。19 世纪 40 年代,才游动到了黑龙江支流阿玛札尔河一带,之后又渡过黑龙江上游额尔古纳河,来到现在还在游猎的地区。"1965 年 9 月,党和政府帮助他们在贝尔茨河(今激流河)畔的敖鲁古雅地区实现了定居。

33. 侯育成:《鄂温克人》载《黑龙江民族丛刊》1986 年,第 3 期。

中文摘要:鄂温克人,以前称通古斯人,分布在苏联西伯利亚、中国东北,少数居住在蒙古人民共和国尤热河上游和布伊尔——奴尔湖附近,是一个跨国民族。鄂温克语属阿尔泰语系通古斯满洲语族通古斯支。据 1978 年人口统计,苏联境内鄂温克人为 28,000 人,中国境内鄂温克人为 7200 人(1957 年),蒙古人民共和国境内鄂温克人近 2000 人。

34. 李治亭:《初索伦人》载《社会科学战线》1986 年,第 4 期。

中文摘要:富饶的黑龙江,孕育多少勤劳民族和英雄人们!自北魏而辽,而金、而元,至于有清,皆崛起于黑水之滨,龙骧虎步,闯入中原,或建一代统一王朝,或建半壁江山。它们都在中国历史上留下了巨大的痕迹。明清之际,伴随着古老的女真族的再次复兴,在黑龙江上游地区又出现了一个强悍的民族——索伦人,她以勇敢善战的姿态登上了当时的军事斗争舞台,四征不庭，威名震天下。索伦人在清初发展史上写下了重要的一页。

35. 王晓铭：《鄂伦春与鄂温克族同源考》载《黑龙江民族丛刊》1987年，第1期。

中文摘要：鄂伦春和鄂温克族是我国东北边陲的两个少数民族。

36. 赵复兴：《鄂温克族与鄂伦春族崇熊祭熊习俗探讨》载《内蒙古社会科学》1988年，第2期。

中文摘要：崇熊和祭熊的习俗，从东北亚直到北美各地的许多民族中都存在。这个问题引起世界各国许多民族学家的研究兴趣，直到近些年仍在不断发表这方面的论著。但是，在我国，研究这个问题的论著尚属罕见。现根据鄂温克族和鄂伦春族民族学调查材料，对他们崇熊和祭熊的习俗，作一些初步的探讨，为这方面的研究补充一些实例，以使这一研究能够深入一步。

37. 米文平：《妪厥律即今鄂温克—兼论古民俗中的文化基因》载《北方文物》1988年，第2期。

中文摘要：鄂温克族在清初被称为"索伦"。当时所谓"索伦诸部"，既有属于通古斯语族的鄂温克和鄂伦春，又有属于蒙古语族的达斡尔。明代和元代，对鄂温克和鄂伦春等泛称为"林中百姓"。更早的隋唐时代，则泛称为"室韦"。"室韦"意即森林。"室韦"与"林中百姓"都是当时中原对黑龙江一带的森林民族所加的笼统泛称，实际上他们并非单一的民族，也并非皆属同一语族。

38. 董联声：《敖鲁古雅鄂温克族猎民的人口变化及其现状》载《北方文物》1988年，第2期。

39. 王晓明、王咏曦：《鄂温克人的婚丧习俗》载《黑龙江民族丛刊》1988年，第3期。

中文摘要：鄂温克族实行一夫一妻制。直到解放前，婚姻形态还保持着原始社会遗留下来的"氏族外婚制"和"姑舅表婚的风俗。所谓"氏族外婚制",即一个姓氏的鄂温克人只能寻找另外氏族的异性为婚配对象,严禁在同一氏族内部通婚。如果同姓之间婚配,将会受到社会舆论的强烈反对。

40. 建军:《鄂温克族的传统渔业经济》载《内蒙古社会科学》1988年,第3期。

41. 莫日根迪等:《原索伦部部分兵丁驻防呼伦贝尔史迹》载《内蒙古社会科学》1988年,第4期。

42. 白兰:《使用驯鹿的鄂温克族婚礼》载《内蒙古社会科学》1988年,第6期。

中文摘要:使用驯鹿的鄂温克族,生活在大兴安岭的贝尔茨河边的敖鲁古雅。在这令人神往的森林之乡,鄂温克猎民今仍居住在斜仁柱里。1987年金秋,一个新的鄂温克家庭在这里诞生。鄂温克人对婚姻是很严肃的,禁止同氏族的血亲婚配。实行一夫一妻制。传统的鄂温克族婚姻要经过说亲、订亲、许婚和结婚几个阶段。

43. 姚凤:《黑龙江沿岸通古斯满语民族鄂温克人与鄂伦春人的某些自然崇拜》载《黑龙江民族丛刊》1990年,第1期。

中文摘要:通古斯满语民族鄂温克人,苏联称"埃文基人",旧称"通古斯人"。据传,鄂温克人起源于贝加尔湖流域和后贝加尔地区。由于历史上的多批迁徙,鄂温克人的分布才形成了今天的局面。至于通古斯满语民族鄂伦春人,多数苏联学者认为,他们只不过是鄂温克人的一只,即使鹿鄂温克人。

44. 李进参:《额尔古纳河畔游猎鄂温克人价值观》载《北方民族》1990年,第1期。

45. 白兰:《狩猎鄂温克族的萨满教》载《内蒙古社会科学》1990年,第2期。

中文摘要:在人类的绝大部分早已走出森林怀抱的时候,内蒙古自治区呼伦贝尔盟额尔古纳左旗敖鲁古雅鄂温克民族乡的鄂温克族猎民们，至今仍在大兴安岭北部林海中，从事着放牧驯鹿和狩猎的生产，保留着自己独特的生产和生活方式。今天狩猎鄂温克族居住的贝尔茨河边的敖鲁古雅，不是他们历史上的原居住地。根据民族学的资料，后来形成鄂温克族族体的古代民族，分布于贝加尔湖以东直至库页岛的外兴安岭和大小兴安岭地区。在300年前的列拿河时代，他们就信奉萨满教，十二个氏族有十二个氏族萨满，每个氏族还有氏族首领"基那斯"。

46. 赵复兴：《鄂温克族鄂伦春族的夜生活》载《黑河学刊》1990年，第3期。

中文摘要：使用驯鹿的鄂温克族和鄂伦春族，解放以前都还处在原始社会末期。处在这一发展阶段的民族，他们的夜生活是如何度过的，这是一个饶有兴趣的问题。但是，直到现在还没有人进行全面的研究，笔者试对这一问题作些探讨。

47. 李海龙：《驯鹿——敖鲁古雅鄂温克人走向文明的历史见证》载《内蒙古经济探讨》1990年。

48. 哈赫尔：《雅钽河流域的鄂温克人村落和地名》载《北方民族》1991年，第1期。

49. 涂吉昌：《浅析鄂温克民族的心理素质》载《黑龙江民族丛刊》1991年，第2期。

中文摘要：解放后，鄂温克民族在中国共产党的领导下和全国各兄弟民族的热情帮助下，从保有父系家族公社的原始社会形态残余，一跃跨入了社会主义社会。虽然部分鄂温克人在几百年前已经走出森林，从事半牧半猎或以牧业为主的生产，但是，在他们的思想意识中仍然保留着大量的原始社会末期的意识和心理素质。这是因为一种民族文化或民族心理素质一经形成，就具有一定的稳定性，比生产方式和生活方式具有更大的持久性，所以鄂温克民族所经历的特殊的社会形态，决定了鄂温克民族的这种独特的民族心理素质和道德观念。

50. 秋浦:《狩猎民族面临的挑战》载《黑龙江民族丛刊》1991年,第2期。

中文摘要:狩猎是人类的一项生产活动,也是一种文化现象,它包含着狩猎工具的制作,山川地理的熟悉,野兽习性的了解,生产技术的掌握和一代又一代的传授,凡此种种,无一不是当时人们智慧的结晶。它和采集、捕鱼同样,其历史都是非常古老的。尽管当今世界一些先进的民族,其先民都免不了要从事这样的生产活动,可是能将这种生产活动一直延续下来的民族,却是为数不多的。在我国,地处黑龙江流域大小兴安岭的鄂伦春族和鄂温克族的一部分,是仅存的两个例子。因而它们经常引起人们的关心和注视,乃是一种很自然的现象。

51. 嵋琳:《爱斯基摩人与鄂温克人比较》载《中央民族学院学报》1991年,第4期。

中文摘要:英国人类学家克拉茨曾在《格陵兰的历史》一书中写道:"由于中国政治的大动荡,爱斯基摩人祖先被驱使北移,在堪察加半岛附近流浪之后,进入新世界,在公元14世纪到达格克陵兰。"这段论述,点出了爱斯基摩人的历史渊源。另据人种学家考证,爱斯基摩人和鄂温人都属于蒙古人种。

52. 王文长:《鄂温克社区文化演进的辨证观》载《黑龙江民族丛刊》1991年,第4期。

中文摘要:根据鄂温克族人口的就业形式,鄂温克族文化可分为牧区文化、农耕文化和狩猎文化。在这些不同类型的文化中,农耕文化较早地与汉、满、达斡尔等民族的文化碰撞,社区民族文化差异较小;狩猎文化至今仍保持着鲜明的社区民族文化个性。

53. 韩襄:《鄂温克人与驯鹿》载《民族》1991年,第4期。

54. 《米阔勒节》载《民族文学》1991年,第9期。

中文摘要:"米阔勒节"是鄂温克族牧民传统的喜庆丰收的

节日。于每年的五月下旬举行，（没有固定的日子）因为这一时期是牧民计算当年增加多少牧畜的美好季节。节日当天，鄂温克族牧民都要身着美丽而鲜艳的民族服装，相约远近的亲朋好友一起汇集到定居的地点，给牲畜去势（阉）、打烙印、剪耳记号，还要进行骑技比赛，因此，这也是一次紧张而有趣的劳动，大显骑技和生产比武的大好时机。这一天，牧民们起得都非常早，青壮年牧民到马圈里有次序地将四岁马（有的为两岁马）套出放倒，剪去马的鬃尾、在臀部打上烙印标记。而后，还要给羊去势和剪耳记号，这时还要根据传统的习俗，老人将母羊羔送给儿女、侄子和外甥。

55. 蔡美彪：《〈黑龙江少数民族简史〉鄂温克族一章读后》载《黑龙江民族丛刊》1992年，第2期。

中文摘要：此文，是蔡美彪先生审读方衍主编的《黑龙江少数民族简史》鄂温克族一章的评阅意见：鄂温克是1957年才确定的族名。历史文献并无此名称，因而编写鄂温克族的历史，不能不是一个具有特殊难度的课题。清代文献中的"索伦"，包括现在的鄂温克族在内，但并不即等于鄂温克族，而还有时泛指其他民族。编写鄂温克族一章，似仍可以"索伦"的史料为主要依据。

56. 宁昶英：《图腾的忏悔—论鄂温克人的猎熊、祭熊仪式》载《社会科学辑刊》1992年，第2期。

中文摘要：鄂温克人的猎熊、祭熊仪式是其图腾崇拜的奇异风俗。猎熊与祭熊在理论上存在难以解决的矛盾。但实际考察猎熊是鄂温克人为生存迫不得已而为之；祭熊是图腾崇拜一种赎罪忏悔意识，也是一种巫观念。

57. 李露露：《鄂温克族驯鹿文化纪实》载《文物天地》1992年，第3期。

58. 乌云达赉：《鄂温克族的起源》载《内蒙古社会科学》

1992年，第4期。

中文摘要：《鄂温克族简史》认为，鄂温克族来源于沿贝加尔地方，他们的祖先是北室韦和鞠部，并提出了向东发展说。我认为，鄂温克族来源于乌苏里江、绥芬河、图们江下游等流域，他们的祖先是靺鞨七部之一的安居骨部，并提出向西发展说。

59. 朝克：《鄂温克人神秘的自然崇拜》载《百科知识》1992年，第4期。

60. 佟富源：《桦树皮文化》载《民族团结》1992年，第11期。

61. 李自然：《鄂温克婚俗与酒》载《民族》1993年，第1期。

62. 王咏曦：《鄂温克人的吸烟习俗》载《黑龙江民族丛刊》1993年，第1期。

中文摘要： 鄂温克族世居祖国东北的高寒地区，自然地理环境和从事渔猎经济，使鄂温克族的大多数人形成有吸食烟的习俗，他们认为吸烟不仅可以提神、解乏，而且还具有驱蚊虫、防寒冷的作用。

63. 林雨：《鄂温克族生活习俗略述》载《长春师范学院学报》1994年，第1期。

中文摘要： 鄂温克族的一切生产活动都与大自然息息相关，生活习俗之中充满了浓郁的山野情趣，也表现了这个森林民族的聪明才智与勇敢顽强的精神。

64. 赵复兴：《鄂伦春族鄂温克族的火文化》载《黑龙江民族丛刊》1994年，第2期。

中文摘要： 使用火的意义：火的使用，对于人类的进步和人类社会的发展，具有极其伟大的意义。因此，马克思和恩格斯把火的使用，作为划分社会发展阶段的一个重要标志。

65. 王咏曦：《鄂温克人的烟文化》载《黑龙江史志》1994

年,第2期。

中文摘要:鄂温克族世居祖国东北的高寒地区,大多数人有吸食烟的习惯,他们认为吸烟不仅可以提神、解乏,而且还具有驱蚊虫、防寒冷的作用。居住在农区的鄂温克人,从长期生产实践中学会了种植烟草的一套细密的管理方法。

66. 巴图宝音:《鄂温克族的萨满传说》载《前沿》1994年,第2期。

中文摘要:鄂温克族的萨满传说包含传说和故事两方面的内容。传说中又包括人物传说;神话传说;景观、地名、风俗传说;萨满传说;动植物传说;历史上的将军、安本传说;族源族史传说等。在众多题材的传说中,萨满的传说在鄂温克族民间传说中占有一定的篇幅,在不少民间故事里也有萨满的形象出现。

67. 周玲:《鄂温克族的生产习俗》载《长春师范学院学报》1994年,第3期。

中文摘要:自古以来就生息繁衍在祖国东北边疆的鄂温克族,游牧和游猎一直是他们的主要经济活动。长期的生产实践使他们积累了丰富的游猎和游牧经验,其生产习俗中充满了浓郁的山野情趣和古朴豁达的民风。

68. 孔繁志:《使鹿鄂温克族二元现象浅析》载《黑龙江民族丛刊》1995年,第3期。

中文摘要:使鹿鄂温克族是我国鄂温克族三支族群之一。在历史上被误称为"雅库特人",亦即鄂温克"使鹿部"。1992年人口为159人(不包括散居外地人口约20人),居住在内蒙古根河市敖鲁古雅鄂温克族乡,主要从事狩猎业和驯鹿业。

69. 王咏曦:《东北地区鄂温克人的驯鹿和饲养》载《黑龙江民族丛刊》1995年,第4期。

中文摘要:在美丽富饶的激流河上游的大森林里,有一座名叫敖鲁古雅的新兴小镇,这里居住着一支儿我国唯一饲养驯鹿的鄂温克人。他们主要依靠饲养驯鹿和从事狩猎为经济来源。本文将重点对东北地区鄂温克人的驯鹿及饲养谈谈粗浅看法。

70. 朝克：《鄂温克族的驯鹿文化》载《百科知识》1996年，第1期。

中文摘要：我国东北大兴安岭深处的敖鲁古雅鄂温克人是以饲养驯鹿和狩猎作为主要经济来源的民族。他们不仅饲养驯鹿、食用驯鹿肉、喝驯鹿奶，而且，衣服、鞋帽以及"撮罗子"屋内铺的皮垫都是由驯鹿皮制成。他们在林间打猎、下山购物或走访亲朋好友时也离不开驯鹿，可以说他们的生活、生产和精神娱乐等活动都离不开驯鹿。他们的语言中有关驯鹿的称谓就有上百种，并由此形成了有驯鹿文化特征的语言。在他们的语言中除了那些驯鹿的称谓之外，同驯鹿相关的名词术语及各种说法也十分丰富。

71. 麻秀荣、那晓波：《清代鄂温克族农业的兴起与发展》载《内蒙古社会科学》1998年，第1期。

72. 建军：《鄂温克族传统的冬季捕鱼》载《黑龙江民族丛刊》1998年，第1期。

中文摘要：鄂温克族自古以来就依山傍水而居。他们不仅从事狩猎、牧业和农业等，其捕鱼业也有很大的发展。本文仅对鄂温克族冬季捕鱼的方法和特点，作简要的论述。

73. 张友春：《鄂温克民族的习俗》载《理论研究》1999年，第2期。

中文摘要：鄂温克民族具有悠久的历史。在长期的社会实践中，鄂温克族人民世代相传，形成了一整套生活习俗。

74. 汪立珍：《走进鄂温克族婚礼》载《民间文化》1999年，第2期。

中文摘要：茂密的森林、辽阔的草原是鄂温克人民世世代代生息繁衍的地方。千百年来，勤劳、勇敢的鄂温克人在与大自然浑然合一的生活中,形成了自己独具特色的婚姻习俗。

75. 汪立珍:《鄂温克族艺术内涵与自然崇拜》载《民间文化》1999年,第3期。

中文摘要:大自然是鄂温克人赖以生存的热土,鄂温克人的一切都与大自然紧密地交融在一起。鄂温克人在他们的生产与生活实践中创造了独特的民族艺术。在他们的艺术世界里充满了自然崇拜的审美个性。他们以大自然中的山川、河流、动植物作为艺术的追求与目标。自然崇拜是鄂温克人世代崇奉的萨满教当中一个十分普通、影响深远的内容之一。这种宗教观念对鄂温克族的舞蹈、绘画、雕刻、造型等艺术产生了非常广泛的影响。

76. 张友春:《鄂温克民族的宗教信仰》载《理论研究》1999年,第4期。

中文摘要:鄂温克民族信仰"萨满教"。

77. 麻秀荣、那晓波:《古代鄂温克族的社会教育》载《内蒙古社会科学》2000年,第3期。

中文摘要:鄂温克族的社会教育是为维护和发扬其民族文化传统而进行的传统教育,对保持和延续民族特征、维系民族发展的连续性和完整性,曾起到了极其重要的保障作用

78. 汪立珍:《鄂温克族萨满教信仰与自然崇拜》载《中央民族大学学报》2000年,第6期。

中文摘要:萨满教信仰是鄂温克族传统文化中的主要内容之一。从民间文学、民俗学、历史学、文化人类学等方面来看,鄂温克族萨满教信仰的特征有:自然崇拜的观念、古朴的自然保护意识,以及鄂温克族对自然界中天、日、月、星辰的独特认知和祭拜形式。

79. 汪立珍:《论鄂温克族熊图腾神话》载《民族文学研究》2001年,第1期。

中文摘要:鄂温克族民间文学中,有相当数量的熊图腾神

话。熊图腾神话是以熊为人类的亲族、人熊成姻及人熊之间产生的复杂关系为主要内容的远古文学形式。本文从民间文学研究的视角，论述鄂温克族熊图腾神话的产生、母题及蕴涵的特殊文学价值。

80. 吴守贵：《明末清军对索伦部的征讨与鄂温克人的变迁》载《黑龙江民族丛刊》2001年，第2期。

中文摘要：明末清军对索伦部的征服战争，严重延缓了鄂温克族社会经济的发展，对鄂温克族社会历史发展产生了深远影响。这次战争后被迫南迁的鄂温克人社会历史变迁巨大。

81. 王美那：《鄂温克族的节庆礼仪》载《黑龙江史志》2001年，第2期。

中文摘要：鄂温克民族是我国人口较少的兄弟民族之一，世代居住在我国东北边疆，即大兴安岭岭北以西的呼伦贝尔大草原和兴安岭的河谷地带。主要分布在内蒙古自治区的鄂温克族自治旗；其次分布在黑龙江省的讷河、甘南县等地，新疆也有少数人。鄂温克民族是讲究礼节，好客的民族。有着本民族的节日和礼仪。

82. 麻秀荣：《清代鄂温克族狩猎生产的发展变化》载《北方文物》2002年，第2期。

中文摘要：清代鄂温克族狩猎生产的发展变化，主要表现在狩猎生产工具的改进、猎产品的商品化以及因之引起的生产关系的变革。生产效益的提高，商品交换关系的催化作用，推动和促进了鄂温克族狩猎生产的变化过程。

83. 李文杰：《鄂温克旗生态旅游初探》载《内蒙古师范大学学报》2002年，第2期。

中文摘要：生态旅游对鄂温克旗旅游业发展能够起到巨大的推动作用。笔者通过对鄂温克旗旅游资源的评价，认为鄂温克旗具有开展生态旅游的基础，因此，相应提出了鄂温克旗开发生态旅游的主要措施。

84. 罗子：《鄂温克族》载《西部大开发》2002年，第5期。

中文摘要：约在公元前两千年，鄂温克祖先就生活在贝加尔湖沿岸的山林里，以后逐渐游猎到黑龙江上游地区。元朝称居住在大兴安岭的鄂温克族为"林中百姓"，清朝称鄂温克族为"树中人"。1957年统一民族名称为鄂温克族。"鄂温克"是民族的自称，有两种截然不同的解释，一是"住在山林中的人们"；二是"住在山下的人们。"这后一种解释，据说是相对"鄂伦春"的。过去鄂温克族与鄂伦春族同住黑龙江流域，17世纪中叶因沙俄入侵一同南迁后，鄂伦春人打猎，被称为山岭上的人们，鄂温克族从事农牧业，住在平原，因此被称为"山下的人们"。鄂温克族人民在长期的游牧生活和半农半牧的生产中，练就了一套适合寒冷地区生活、生产的本领。他们擅长于滑雪、狩猎、赛马、摔跤等体育活动。

85. 涂建军：《鄂温克族的节日习俗》载《内蒙古民族大学学报》2004年，第2期。

中文摘要：鄂温克族有着瑟宾节、敖包会、米阔鲁节、春节、斯特罗衣查节等丰富的节日习俗。这些节日习俗都具有民族特色，与鄂温克族的生产、生活和传统宗教信仰有着密切的联系，调节了人们的生产生活的节奏，丰富了人们的精神生活，充实了人们的生活内容。

86. 卡丽娜：《论驯鹿鄂温克人的兽皮文化》载《中央民族大学学报》2004年，第3期。

中文摘要：生活在大兴安岭中的驯鹿鄂温克人是鄂温克族中的独特群体，千百年来一直以饲养驯鹿和森林游猎为生。他们在特定的自然环境、特殊的生存条件以及特有的生产生活中，创造出了适合于他们物质文明和精神文明的兽皮文化。

87. 谷文双：《论东北地区少数民族的桦树皮文化》载《黑

龙江民族丛刊》2004年,第3期。

中文摘要:本文论述了东北地区少数民族桦树皮文化的分布、内容和历史发展情况。

88. 孙萨茹拉:《鄂温克服饰的地域色彩》载《内蒙古民族大学学报》2004年,第4期。

中文摘要:民族服饰反映了民族文化的各个方面,鄂温克民族服饰也不例外。地理环境的独特性往往形成民族文化的独特性,也形成民族服饰的独特性。鄂温克族的服饰,与北方其他民族的服饰有一定的相似之处,但其独特的地理环境和民族文化使鄂温克族服饰又独具一格。鄂温克族主要居住在大兴安岭和呼伦贝尔草原上。由于居住分散,产生了不同的生产生活方式。有生活在森林中,以狩猎为生的敖鲁古雅鄂温克人;有生活在草原上,以牧业为生的通古斯鄂温克人和索伦鄂温克人。从而形成了独特的森林文化和草原文化,这两种文化在鄂温克民族服饰上有显著的表现。

89. 安殿荣:《鄂温克族书面文学中的民族回忆》载《中国民族》2004年,第6期。

中文摘要:新世纪初,我国55个少数民族都拥有了自己的书面文学作家,其中33个民族撰写出版了本民族的文学史。少数民族作家以其独特的视角引起了文坛的广泛关注,在此我们将要关注的是这22个人口较少民族的书面文学的发展历程。我国人口在10万以下的少数民族有22个,由于这些民族人口相对较少,一般称其为人口较少民族。

90. 包英华:《鄂温克族的婚姻家庭现状探讨——以乌兰宝力格嘎查入户调查为例》载《内蒙古社会科学》2004年,第6期。

中文摘要:在以往研究鄂温克族婚姻家庭时,过多强调狩猎、游牧民族特性及旧婚姻家庭模式的缺陷。随社会的发展、文化的变迁，传统社会的"权威制度"被替代，鄂温克族婚姻家庭也出现多重特点。植根于狩猎、游牧文化的鄂温克族婚姻家庭在半个多世纪的历史进程中，经历了从"传统型"向"现代型"的演进。基于此，我们借助一个具体的民族聚居点的现实状况及相关数据资料，探讨婚姻关系及家庭所面临的时代挑战。这对更好地落实国家政策、现行的有关法律及民族区域自治政策、处理好民族关系都有不可忽视的现实意义。

91. 闫沙庆：《鄂温克族的桦树皮文化》载《满语研究》2005年，第1期。

中文摘要：鄂温克族"桦树皮文化"作为一种历史文化现象，可以说是一种特殊的地域性的文化传承现象，它包含着十分丰富的内容，具有物质文化和精神文化双重性质。在全球经济一体化的今天，鄂温克族的桦树皮文化正面临着危机和挑战。

92. 魏业：《鄂伦春和鄂温克人的路标》载《北方文物》2005年，第2期。

中文摘要：茫茫的兴安岭林海中，世世代代生活着游猎的鄂温克人和鄂伦春人。那里人烟稀少，林木茂盛。不稳定的游猎生活决定了他们必须逐兽而居，时常迁徙。在冬季，厚厚的积雪覆盖着森林，人或动物留下的足迹成为可以因循的符号；而在其他季节，要了解人的行踪就不那么容易了。在没有文字、又没有现代化通讯设备和通讯手段的情况下，为了避免迷路走失、保持联系，猎民们创造了简单原始、但比较实用的标识和记号——路标。

93. 卡丽娜：《驯鹿鄂温克人肉食文化》载《黑龙江民族丛刊》2006年，第2期。

中文摘要：生活在兴安岭原始森林的驯鹿鄂温克人，在千百年的历史发展进程中，以他们共同的劳动和智慧创造出了我国独一无二的以驯鹿肉和野生动物肉为中心的肉食文化。这一独具特色的饮食文化，为我国丰富多彩的饮食世界及其文明增添了新的内涵、新的色彩、新的内容和形式，成为我国饮食文化不可多得的重要组成部分，引起了国内外学术界的极大兴趣和关注。该文从饮食文化角度，分析了驯鹿鄂温克人的肉食类饮食结构的内容、形式、特征以及与此相关的礼仪、禁忌等。

94. 孟祥义：《浅释鄂温克族桦树皮文化的艺术特征》载《黑龙江社会科学》2006年，第4期。

中文摘要：黑龙江省民族博物馆收藏和展示了许多鄂温克族桦树皮制品的文物，这些文物反映了鄂温克狩猎民族的日常生产、生活习俗所用的桦树皮制品的文化艺术与特征，并从中透出以鄂温克为代表的黑龙江边陲地区少数民族人民驾驭自然和开发利用自然资源的智慧与灵气，显现了边疆各少数民族人民的生产方式、民族习俗和桦树皮文化艺术的深厚意蕴。

95. 魏巧燕、冯璐、周丽娜、李建民：《清代鄂温克族户口档案述略》载《满语研究》2006年，第2期。

中文摘要：本课题组在黑龙江大学学生学术科技创新基金资助下，围绕黑龙江省档案馆珍藏的清代鄂温克族户口档案进行调研，意在全面了解鄂温克族历史人口状况，掌握有关史料的基本内容和重要价值，为深入研究鄂温克族历史人口问题奠定基础。

96. 孟亮：《敖鲁古雅鄂温克猎民文化适应心理的跨文化研究》载《黑龙江民族丛刊》2006年，第1期。

中文摘要：本文采用跨文化比较研究方法，通过对走出森林的敖鲁古雅鄂温克猎民文化适应心理及影响因素的分析研究，深刻揭示了人类行为的共同性及文化的差异性，以便为敖鲁古雅鄂温克猎民社会文化变迁中的文化适应提供科学依据。

97. 魏琳琳：《鄂温克、鄂伦春与达斡尔民歌之比较研究》载《内蒙古大学艺术学院学报》2006年，第1期。

中文摘要：对鄂温克族、鄂伦春族、达斡尔族的民歌从生存环境与生产方式所决定的题材内容、民歌体裁、歌词格律与旋律形态四个方面进行研究。运用赵宋光先生的音乐形态学分析方法，重点从歌词格律、旋律形态两方面对三个民族民歌进行比较研究，进而揭示其独特的形态学特质。

98. 朝格查：《鄂温克民间故事中的颜色词》载《满语研究》2006年，第1期。

中文摘要：中国的鄂温克族有丰富的民间故事，是鄂温克人在长期的生产生活实践中用共同的智慧和艺术构思创造的精神生活、精神活动的珍贵产物，是中国民族无形文化不可缺少的组成部分。我们在分析研究这些民间传承故事时，不难发现其中发挥重要作用的丰富多彩的颜色词。这些颜色词反映了鄂温克人丰富的感情世界和对于不同颜色词特有的认知态度，以及特殊的使用价值和内涵。

99. 哈斯巴特尔：《关于鄂温克语语音》载《满语研究》2006年，第1期。

中文摘要：随着鄂温克语研究的不断深入，相关论著陆续出版和发表。由于研究人员利用材料的不同、发音的差异以及研究方法等的不同，所得出来的结论也有所不同，尤其是在记音、整理和归纳上都表现出这样或那样的差异。这些差异难免给后人对材料的研究和利用带来一定的困惑和不便。因此，有必要对这些差异进行一些分析研究，以利于统一看法。

100. 徐成伟、李丽：《敖鲁古雅鄂温克民族乡经济发展战略研究》载《呼伦贝尔学院学报》2006年，第2期。

中文摘要：敖鲁古雅鄂温克族乡是我国最后一个移民乡，也是唯一一个驯鹿养殖基地。特殊的地理环境，独特的民族文化和生产方式，决定了其发展必然选择以旅游业为主导产业，驯鹿业为基础产业和发挥城乡边缘区的补充功能，借区域经济发展之力，发挥自身的资源禀赋优势，实现经济的快速和可持续发展。

101. 吴云、王超:《敖鲁古雅鄂温克族与绿色文明发展》载《黑龙江民族丛刊》2006年,第3期。

中文摘要:内蒙古根河市敖鲁古雅乡的鄂温克猎民始终从事游猎生产,号称"使鹿部落",他们以其独特的驯鹿文化和优良的生态习俗,践行着人与自然和谐发展的时代主题。敖鲁古雅鄂温克族善待自然的民族心理告诉人们,人类和自然是统一的,绿色文明才是人类追求的真正文明。

102. 毛欣欣:《中国现代鄂温克牧民生产方式研究》载《内蒙古社会科学》2006年,第2期。

中文摘要:鄂温克人最初都是以狩猎、饲养驯鹿和捕鱼为主要的生产方式。改革开放以来,牧民的生产生活发生了巨大的变化。鄂温克牧民的身体和文化素质有了显著的提高,教育事业蓬勃发展;生产的技术水平、分工协作和社会化水平大大提高,基本实现了畜牧业生产的机械化,畜牧业产品的商品化、市场化。

103. 汪立珍:《保护与发展鄂温克族非物质文化遗产的思考》载《民族文学研究》2006年,第1期。

中文摘要:鄂温克族非物质文化遗产的现状具有独特的风格和内涵。当今时代,保护与发展鄂温克族非物质文化遗产与本民族的意愿、生态环境相结合是必要的前提,使用现代高科技手段进行保护和整理是迫在眉睫的工作,而把非物质文化遗产的内容纳入教育体系,建立系统、科学、合理的教育机制是保护发展鄂温克族非物质文化遗产的重要途径。

104. 唐戈、陈伯霖:《达斡尔、鄂温克、鄂伦春族文化保护漫谈》载《民族文学研究》2006年,第1期。

中文摘要:关于达斡尔、鄂温克、鄂伦春族文化的保护,至少包括两方面的内容:其一,是对即将消失或濒危的文化事项或文化整体进行记录;其二,是对即将消失或濒危的文化事项或文化整体,通过人为的干预,使其传承和延续下去。

105. 李尔只斤·吉尔格勒：《鄂温克猎民回迁现象》载《科学大观园》2006年，第16期。

中文摘要："鄂温克"，意为"住在大山林中的人们"。历史上有索伦、通古斯、雅库特三大支系。如今，雅库特人数量最少。他们生活在内蒙古自治区根河市敖鲁古雅鄂温克民族乡，被称为我国最后的"狩猎部落"，也是我国迄今唯一饲养驯鹿的民族。由于生态环境等方面的原因，2003年8月敖鲁古雅鄂温克猎民整体搬迁到定居点。然而定居不久，猎民们又返回了山林。这一现象的产生，引起了社会广泛的关注。

106. 李丽：《敖鲁古雅鄂温克族乡经济发展的战略思考》载《黑龙江民族丛刊》2007年，第1期。

中文摘要：敖鲁古雅鄂温克族乡是我国最后一个移民乡和唯一一个驯鹿养殖基地。特殊的地理环境，独特的民族文化和生产方式，决定了其经济发展必然走驯鹿产业化和发展原生态旅游业之路，发挥城乡边缘区的补充功能，借区域经济发展之力，发挥自身的资源优势，以实现经济的快速和可持续发展。

107. 李晶：《人口较少民族发展道路探析——以鄂温克民族为例》载《青海民族研究》2007年，第1期。

中文摘要：本文以鄂温克族为例，探析了人口较少民族发展的道路，分析总结了人口较少民族发展的重要经验。

108. 晨炜：《达斡尔、鄂温克、鄂伦春民族民间音乐的异同及其成因》载《内蒙古大学艺术学院学报》2007年，第2期。

中文摘要：达斡尔、鄂温克、鄂伦春三个民族尽管在宗教、习俗、文化、艺术等方面存在着诸多共同特性，但是民族不同，经历殊异，民间传统音乐也保留着各自鲜明独特的艺术特色。正如三个少数民族的民族性格、宗教信仰、风俗习惯没有因为同他民族交流而随之改变一样，三个少数民族各自固有的音乐思维方式也在他们所喜爱的民歌中得以充分的保留和体现。

109. 王伟平、韩景军：《鄂温克族与抢枢运动》载《体育文化导刊》2007年，第2期。

中文摘要：鄂温克族是一个勤劳、勇敢，又充满智慧的民族，在长期生产生活中，创造了丰富的具有民族特色的少数民族体育活动，"抢枢"运动是其中的典型代表，它体现了鄂温克人与大自然、与生活的抗争。鄂温克人在完善和发扬这项运动的同时把它纳入到了学校的体育课堂，补充了学校体育课上的乡土教材和民族教材，为少数民族体育的挖掘、整理、推广走出了一条正确之路。

110. 汪立珍：《鄂温克族创世神话类型探析》载《呼伦贝尔学院学报》2007年，第2期。

中文摘要：创世神话是鄂温克族神话中的重要组成部分。本论文根据鄂温克族创世神话的内容，对其类型及其特征进行分析、总结，从而揭示鄂温克族创世神话的类型特征和文化底蕴。

111. 刘永武：《鄂伦春、鄂温克和达斡尔音乐特征简述》载《艺术研究》2007年，第2期。

中文摘要：我国拥有着光辉灿烂的音乐文化，各少数民族都为其做出了杰出的贡献。鄂伦春、鄂温克和达斡尔这三个少数民族的音乐文化由于地域的原因，更是为中华民族的音乐文明注入一缕新意。本文通过对这三个少数民族音乐的对比和研究，可以使我们更好地了解这三个民族音乐文化的传承、发展和交流，为民族音乐的繁荣做出贡献。

112. 卡丽娜：《论驯鹿鄂温克人的驯鹿文化》载《黑龙江民族丛刊》2007年，第2期。

中文摘要：驯鹿鄂温克人是我国鄂温克族中的特殊群体。他们生活在兴安岭的深山老林，以饲养驯鹿谋生。在漫长的历史发展进程中，驯鹿鄂温克人在狩猎驯鹿和使用驯鹿以及饲养驯鹿的生产生活实践中，用共同的劳动和智慧创造出了我国独一无二而独具风格的驯鹿文化。我们拟从人类文化学与民族文化学的理论视角,对这一特殊族群的驯鹿文化形态进行客观实在的分析和讨论。

113. 侯巧芳、李晓钟、通木尔、荣辽江、张冉、王旭军、李生斌:《鄂温克民族X染色体遗传结构及遗传关系》载《中南大学学报(医学版)》2007年,第2期。

中文摘要:目的:研究内蒙古鄂温克族人群9个X-STR位点的多态性分布及群体遗传学、法医学应用价值。方法:选择9个 X – STR(DXS6804,DXS7133,DXS101,DXS6789,DXS6799,DXS7423,HPRTB,DXS8378,DXS7132),分析其多态性分布及与其他群体间的遗传距离和聚类关系。

114. 初征、于晔:《浅谈鄂温克族传统民歌分类》载《艺术研究》2007年,第4期。

中文摘要:鄂温克族是我国北方的一个极具地域特色的少数民族,悠久的历史沉积了该民族丰富的文化底蕴,如今鄂温克族文化已成为一种宝贵的文化遗产。而鄂温克族的民歌"扎恩达勒格"正是其中的一个重要组成部分。本文对鄂温克族民歌"扎恩达勒格"进行了分类阐述。

115. 姜凤友、包春嵘、梁占武、潘丽华、张荣菊:《鄂温克旗近45年气候变化特征》载《内蒙古气象》2007年,第6期。

中文摘要:对鄂温克旗1962—2006年的气温、降水、蒸发量、大风日数、无霜期日数等资料进行统计分析,得出鄂温克旗主要气象要素近45年的变化特征。结果表明:近45年来,鄂温克旗年平均气温呈波动上升趋势,平均上升了0.41℃/10a;年降水量1962—2000年期间呈波动上升趋势,而2001—2006年呈明显下降趋势,导致干旱出现频率有增加的趋势;近几年蒸发量与80—90年代相比呈上升趋势;大风日数3~42天之间;无霜期94~159天之间。

116. 丁跃斌：《鄂温克族和阿伊努族自然崇拜之比较》载《边疆经济与文化》2007 年，第 12 期。

中文摘要： 自然崇拜是一种早期的信仰文化，在鄂温克族和阿伊努族的精神生活中有着重要的地位。长期的原始生活赋予了鄂温克人与阿伊努人朴实的性格和相近的信念，二者都信仰万物有灵，自然崇拜既有相同点又有不同点。

117. 麻秀荣、那晓波：《清代鄂温克族对外交换的发展及其影响》载《中国边疆史地研究》2008 年，第 4 期。

中文摘要： 清代鄂温克族社会的对外交换是伴随着对外联系与交往的不断扩大而逐渐发展起来的，其发展主要表现为贡市贸易的繁荣、与汉族商号贸易的兴旺、集市贸易的形成、与周邻民族交换的经常化，以及因之引起的价值尺度变化。对外交换的经常化，使鄂温克族社会获得了前所未有的发展动力，从而推动和促进了私有制和商品生产的发展，并使社会成员的两极分化日益加剧。

118. 唐戈：《鄂伦春和鄂温克：从狩猎民到农民的困境》载《满语研究》2008 年，第 1 期。

中文摘要： 作为狩猎民族的鄂伦春族和鄂温克族目前所遇到的困境，即对农业的不适应，是全世界狩猎采集民族所面临的共同问题。这种困境主要表现在对农业的耐心和兴趣始终没有培养起来、缺少储蓄的习惯以及其个体家庭在传统上不是一个独立的经济实体等等。

119. 项福库：《黑龙江古代民族与桦木、桦树皮文化初探》载《中国地方志》2008 年，第 1 期。

中文摘要： 桦木、桦树皮与黑龙江古代各民族政治、经济、文化生活息息相关，它不仅是先民们生产、生活中重要的原材料，还是肃慎族及其以后的黑龙江古代民族与中原地区进行频繁交往的一种媒介，它促进了黑龙江地区与中原政治、经济和文化的交流。黑龙江古代民族在漫长的历史进程中，既孕育出了纯朴的桦木、桦树皮文化，也孕育出了黑龙江地区的古代文明。

120. 朴莲玉：《黑龙江人口较少民族和谐文化建设研究》载《黑龙江社会主义学院学报》2008年，第1期。

中文摘要：人口较少民族地区的和谐文化建设，是社会主义和谐社会的重要组成部分。发展人口较少民族文化要尊重差异，包容多样；要针对人口较少民族文化建设中存在的问题，采取措施，积极解决。要发挥人口较少民族传统文化的特色，提高知名度，以文化促进经济发展、民族团结、社会和谐。

121. 刘桂腾：《鄂温克族萨满音乐》载《沈阳音乐学院学报》2008年，第1期。

中文摘要：从兴安岭的原始森林到呼伦贝尔的天然草原到广袤的三江原野．……从密林中的撮罗子到草原上的毡房到田野里的茅屋……现代中国阿尔泰语系民族的先民鲜卑、契丹、室韦、女真等，无一不是沿着这个路向，从森林到草原再到田野直至中原大地。从音乐人类学的角度来看，以万物有灵观为信仰基础，以萨满祭祀为形式，以使用"单面鼓"为共同特征的满——通古斯语族和蒙古语族构成了中国萨满音乐文化的主体。故而，这两个语族中的满族、锡伯族、赫哲族、鄂伦春族、鄂温克族、蒙古族、达斡尔族的萨满音乐是本刊开设"中国萨满音乐文化"系列研究专栏所要介绍的主要对象。本栏目以民族为单元分期发布近年来的研究成果。

122. 阿拉腾：《文化变迁的动力及方式－驯鹿鄂温克田野调查笔记》载《满语研究》2008年，第2期。

中文摘要：对文化变迁起始状态的研究，将重点放在了个人应对非常态所作的努力上，以此强调人的作用。然而对文化产生变化的机制，以及等到开始发生变化时，文化如何在新的水平上稳定下来这一问题上，目前并没有更精确的描述。文化在经过变迁以后稳定在"亚稳定点"即处在动态平衡当中,与文化稳定在"合理"的"轨道"上这两种状态可能存在很大的差别。前者在于描述怎样的"平衡"上,而此平衡与人的意志没有关系。而后者则在于描述文化经过变迁后,从中是否可以看到其原来的"影子"的问题,并且与人的意志存在关联。一些偶然的小的事件,在被放大以后,可以影响整个文化演变的进程。在当事人准确把握其变迁"阈值"的前提下,经过一个将微涨落放大的过程,文化的演变有可能在产生突变的同时被维持在变迁的"轨道"上。

123. 孙海英:《阿荣旗音河达斡尔鄂温克民族乡农村留守儿童情况调查》载《中国乡村发现》2008年,第3期。

124. 张景明:《北方民族传统文化与草原生态关系的调查与思考》载《大连大学学报》2008年,第1期。

中文摘要：通过对内蒙古巴彦淖尔市、呼伦贝尔市、通辽市部分民族的调查,在经济类型、居民收入、政策法律、婚姻家庭、饮食文化、居住形式、宗教信仰、科技教育等方面,现代北方民族的传统文化与草原生态环境之间形成互动的本质关系。现今由于草原生态环境逐渐退化,导致了北方民族传统文化的弱化。将传统文化与生态环境的良性循环的链条继续保持下去,有利于促进北方民族传统文化的创新和草原生态环境的保护。

125. 杨雷、杨慧馨、黄玉涛、徐飞:《东北地区民族传统体育的传承与流变》载《哈尔滨体育学院学报》2008年,第3期。

中文摘要：东北地区主要居住着满、蒙古、达斡尔、赫哲、鄂温克、鄂伦春等少数民族,特有的生态环境、宗教信仰、民族历史孕育和滋养了丰富多彩的各族传统体育项目。笔者从历史学、社会学的角度论证了影响东北地区少数民族传统体育形成的因素,及其在西方竞技体育占据主流的现代社会中的变迁和发展状况。

126. 斯仁巴图:《关于蒙古族和达斡尔族、鄂温克族传统婚俗中的娱乐性民俗》载《呼伦贝尔学院学报》2008年，第3期。

中文摘要：蒙古族、达斡尔族和鄂温克族是我国古老的北方少数民族，也是至今仍较完整地保留、使用各自民族的语言和传统生活习俗的少数民族。蒙古族的巴尔虎、布里亚特部落和达斡尔族、鄂温克族传统婚礼习俗中的娱乐性项目留传至今，并且具有各自的显著特点，从而使婚礼变得更加欢娱和赏心悦目。根据娱乐性婚俗的意义和特征分为象征性的节目、欢乐性的节目和体育竞技性的节目三种，本文具体分析和探讨了其主要内容。

127. 相华：《现状·困惑·思索——关于敖鲁古雅鄂温克人经济和生存发展的调查与思考》载《黑龙江民族丛刊》2008年，第3期。

中文摘要：敖鲁古雅鄂温克人是我国境内鄂温克人中极为特殊的一部分，其独特的驯鹿经济与文化自成体系，别具特色。建国后，敖鲁古雅鄂温克人取得了跨越式的发展和进步，但这个群体在传统文化与现代文明的碰撞过程中也出现了诸多问题，值得我们高度关注和解析。

128. 龚宇《现代化进程中的民族教育——敖鲁古雅鄂温克民族学校的调查》《大连民族学院学报》2008年，第4期。

中文摘要：对内蒙古根河市敖鲁古雅鄂温克民族学校进行了调查，通过回顾该校从1952年成立到2007年9月与其他学校合并的经历，展示了一所民族学校的生命历程。在此基础上，探讨了现代化进程中民族教育发展面临的困难和影响因素。

129. 玉山：《汉、蒙、达斡尔、鄂温克等四个民族12～16岁青少年智力发展问题比较研究》载《内蒙古社会科学》2008年，第6期。

中文摘要：通过瑞文测验对内蒙古自治区汉、蒙、达斡尔、鄂温克等四个民族的12～16岁青少年的智力水平进行了测查，其目的为：第一，分析同一地区内汉族青少年与少数民族青少年之间智力上的发展是否存在民族的差异。第二，分析比较12～16岁各民族青少年智力发展水平的总体趋势有无民族差异。第三，比较同一民族各年龄段青少年智力发展有无男女性别差异。

130. 乌尼尔、春亮、哈斯巴根：《内蒙古呼伦贝尔地区鄂温克族民间药用植物调查》载《中国野生植物资源》2008年第27卷，第6期。

中文摘要：通过民间调查和植物采集，总结了内蒙古呼伦贝尔地区鄂温克族民间药用植物共18种，编录了各药用植物的名称、药用部位、功能及其使用方法，并分析讨论了鄂温克族的植物药用的特点。

131. 龚宇、斯仁巴图：《驯鹿鄂温克文化与自然环境——以敖鲁古雅鄂温克民族乡为例》载《呼伦贝尔学院学报》2009年，第2期。

132. 玉山、福增泰：《达斡尔族、鄂温克族基础教育阶段师资队伍建设现状的比较研究》载《呼伦贝尔学院学报》2009年，第2期。

133. 包羽、伊乐泰、刘荣臻：《鄂温克传统医药初探》载《中国民族医药杂志》2009年，第4期。

二、著　作

1. 全国人民代表大会民族委员会办公室：《内蒙古自治区额尔古纳旗使用驯鹿的鄂温克人的社会情况》，全国人民代表大会民族委员会办公室，内部刊出，1958年。

2. 中国科学院民族研究所内蒙古少数民族社会历史调查组：《内蒙古自治区陈巴尔虎旗莫尔格河鄂温克索木调查报告》，中国科学院民族研究所内蒙古少数民族社会历史调查组，内部刊出，

1959年。

3. 秋浦：《鄂温克人的原始社会形态》，中华书局，1962年。

4. 中国科学院民族研究所内蒙古少数民族社会历史调查组：《鄂温克族简史简志合编：初稿》，内部刊出，中国科学院民族研究所内蒙古少数民族社会历史调查组，1963年。

5. 鄂温克族简史编写组：《鄂温克族简史》内蒙古人民出版社，1983年。

6. 内蒙古自治区编辑组：《鄂温克族社会历史调查》内蒙古人民出版社，1986年。

7. 鄂温克族自治旗概况编写组：《鄂温克族自治旗概况》内蒙古人民出版社，1987年。

8. 吕天光：《鄂温克族》民族出版社，1987年。

9. 鄂温克族自治旗史志编辑办公室：《鄂温克族自治旗三十年》，内蒙古人民出版社，1988年。

10. 孔繁志：《敖鲁古雅的鄂温克人》，天津古籍出版社，1989年。

11. 鄂温克族自治旗志鄂温克族自治旗志编纂委员会：《鄂温克族自治旗志》，中国城市出版社，1997年。

12. 关捷：《满、锡伯、赫哲、鄂温克、鄂伦春、朝鲜族文化志》，上海人民出版社，1998年。

13. 吴守贵：《鄂温克人》，内蒙古文化出版社，2000年。

14. 朝克、汪立珍：《鄂温克族宗教信仰与文化》，中央民族大学出版社，2002年。

15. 孔繁志：《敖鲁古雅鄂温克人的文化变迁》，天津古籍出版社，2002年。

16. 毅松：《来自森林草原的人们：达斡尔族鄂温克族鄂伦春族风情》，内蒙古人民出版社，2003年。

17. 内蒙古鄂温克族自治旗档案史志局：《辉煌的四十五

年》，人民日报出版社，2003年。

18. 白兰：《北中国—那远去的鹿群：鄂温克族》，云南大学出版，2003年。

19. 吉尔格勒等：《鄂温克族——内蒙古鄂温克族旗乌兰宝力格嘎查调查》，云南大学出版社，2004年。

20. 汪立珍：《鄂温克族神话研究》，中央民族大学出版社，2006年。

21. 卡丽娜：《驯鹿鄂温克人文化研究》，辽宁民族出版社，2006年。

22. 包路芳：《社会变迁与文化调适：游牧鄂温克社会调查研究》，中央民族大学出版社，2006年。

23. 鄂温克族自治旗旗志办中国人民政治协商会议鄂温克族自治旗委员会编：《鄂温克族自治旗政协志》，内蒙古文化出版社，2007年。

24. 白丽民主编：《鄂温克民族传统社会与文化》，科学出版社，2007年。

25. 毅松、涂建军、白兰：《达斡尔族鄂温克族鄂伦春族文化研究》，内蒙古教育出版社，2007年。

26. 杜·道尔基主编、内蒙古自治区鄂温克族研究会、黑龙江省鄂温克族研究会编：《鄂温克族地名考》，民族出版社，2007年。

27. 中国人口较少民族发展研究丛书编委会：《中国人口较少民族经济和社会发展调查报告》，民族出版社，2007年。

28. 鄂温克族自治旗史志编纂委员会编：《鄂温克族自治旗志（1991—2005）》，内蒙古文化出版社，2008年。

29. 杜哈热主编：《鄂温克族自治旗概况》，民族出版社，2008年。

30. 孙兆文、贺静、于连锐主编：《腾飞的鄂温克》，社会科学文献出版社，2008年。

三、文　章

1. 王更生等：“额尔古纳河畔的血泪和欢笑”，内蒙古日报，1956年7月11日。
2. 王路等：“记索伦人的聚居区”光明日报，1956年10月5日
3. "今日的雅库特人"，内蒙古日报，1956年11月17日
4. 那德那：“帮助索伦牧民作好定居游牧工作”内蒙古日报，1957年1月26日。
5. 达瓦敖斯尔：“十年来的一个鄂温克民族乡”内蒙古日报，1957年4月15日
6. 苗超：“鄂温克族的今昔”，内蒙古日报，1957年7月1日
7. 苗超：“鄂温克族的今昔”内蒙古日报，1957年7月22日
8. 秋金·阿著：“光明照耀着大森林—鄂温克人和雅库特人四十年来的巨大变化”吴有刚译：内蒙古日报，1957年11月4日
9. 达瓦敖斯尔：“鄂温克族的名称问题”，内蒙古日报，1958年2月24日
10. 吕光天：“使用驯鹿的鄂温克人”，内蒙古日报，1958年4月28日
11. 吕光天：“鄂温克人的生活散记”内蒙古日报，1958年5月12日
12. “鄂温克族自治旗简况”，内蒙古日报，1958年8月3日

13. 杨光远、朱心之:"额尔古纳河畔的鄂温克人"旅行家,1959年第12期

14. 伊洛晓:"鄂温克人的游猎行帐撮罗子"内蒙古日报,1981年3月31日

15. 徐占江:"鄂温克族名称由来及自治旗历史沿革"内蒙古日报,1981年9月1日

16. 张静:"展翅飞翔的鄂温克人"奋斗,1981年第11期

17. 联声:"历史上狩猎鄂温克人图腾崇拜"内蒙古日报,1984年6月9日

18. 满都呼:"鄂温克人的喜讯"人民日报,1984年6月14日

19. 乌热尔图:"挖掘独特的财富"文艺报,1984年第6期

20. 高歌:"鄂温克人的柳条节"黑龙江日报,1984年12月2日

21. 包明德:"鄂温克狩猎文化的艺术探索——读乌热尔图中篇新作〈雪〉"民族文艺报,1986年第5期

22. "鄂温克族"广西日报,1991年11月4日

23. 顾德清:"在鄂温克的驯鹿部落"中国青年报,1992年1月1日

24. 卜伶俐:"躲过天灾难逃人祸——鄂温克猎民的驯鹿现状"呼伦贝尔日报,1992年1月20日

25. 杜国良、卜伶俐:"鄂温克族的'瑟宾'节"呼伦贝尔报,1993年12月7日

26. 乌热尔图:"鄂温克民族的历史踪迹",中华儿女(海外版),1998年第1期

27. 黄庆军:"最后的驯鹿人-雅库特人"时尚旅游,2003年第2期。

附录2：鄂温克族自治旗宗教情况调研报告
——以锡尼河庙为例

2003年6月20日至8月20日，我们深入到内蒙古自治区鄂温克族自治旗进行民族学田野调查。其中锡尼河庙，是我们调查的一个点。在此我们做了4个个案的深入访谈，具体访谈对象是1.GLGNM：74岁，已获得格伯西学位。同时他还是一个蒙医医生。2.CC·ZMS：31岁。已获得格伯西学位。3.SDNM：26岁。4.DEJNM：17岁。通过调查使我们对该庙的宗教现状有了一定的了解。在此基础上，我们完成了以下调研报告。

鄂温克族自治旗现有宗教的教派主要有以下几种：佛教（藏传佛教、汉传佛教）、基督教、伊斯兰教；另外，还有部分人信仰萨满教。全旗信教人数近万人。

藏传佛教的主要活动场所有三。一是在东苏木锡尼河庙，该庙距旗政府所在地75公里。1995年正式登记，信教人数近5000人。多数是锡尼河东苏木、锡尼河西苏木的牧民。该庙每年举行活动4次（年收入3万元左右），自养羊510余只。二是在大雁矿区的居士林，信教人数220人，宗教管理人员5人，该活动场所2001年正式登记，占地面积（围院）近千平方米。三是居士林的临时活动点：位于大雁矿区雁海桥下，活动场所为200平方米左右的砖木结构小楼，有信教人数近百人，管委会成员3人。

伊斯兰教的主要活动场所有二。一是在大雁矿区有一处建于1983年的清真寺，1995年正式登记，现有管委会成员5名，阿訇1名，信教人数800人，基础设施较为完备；二是在巴彦托海镇现有一处沐浴寺，1998年正式登记，2000—2002年期间因年久失修无法正常活动而未进行年检，现有管委会成员 3 名，信教人数 300 人。

基督教现有正式登记活动场所 3 处，临时登记 2 处。一是大雁活动点，于 2000 年正式登记，管委会由 7 人组成，其中长老 1 人，信教人数 1597 人。二是巴彦托海镇活动点，2000 年临时登记，现有管委会成员 5 人，2002 年正式登记，批准其新立长老 1 名，现有信教人数 340 人。三是伊敏河镇活动点，于 2000 年临时登记，2001 年转为正式登记。现有管委会成员 5 名，信教人数 514 人。伊敏河镇新批准临时登记活动点 2 处：一处为建材活动点，有信教人数 56 人，一处为敖区活动点，有信教人数 123 人。

综上，宗教场所教职人员及信教群众基本情况：是藏传佛教现有喇嘛 20 名；伊斯兰教现有阿訇 1 名；基督教现有长老 2 名，传道员 10 名；该旗共有宗教教职人员 33 名。佛教信教人数 4600 人；基督教信教人数 2807 人，伊斯兰教信教人数 1200 人。

一、锡尼河庙追述

（一）布里亚特蒙古族[①]早期宗教信仰情况

布里亚特蒙古人原始信仰为萨满教。萨满教是蒙古族（布里亚特部）自古就信仰的宗教。而佛教被传播到蒙古（含布里亚特）地区，始于 1577 年，蒙古俺答汗在青海察布齐雅勒地方建庙，请西藏宗喀吧的大弟子三世达赖索南嘉措（此后被称为三世达赖）来此会面。索南嘉措宣传戒杀行善，并与蒙古统治者达成一致。自此，喇嘛教开始传入蒙古族地区。1676 年，大批喀尔喀蒙古喇嘛进入布里亚特蒙古地区传播喇嘛教。清朝为了巩固对蒙古族的统治，大力推行佛教，在"喇嘛无国籍"的宣教下，藏

---

① 该文所谈布里亚特蒙古族是专指中国内蒙古自治区境内的布里亚特蒙古族。

族、蒙古族喇嘛大批涌入布里亚特蒙古人居住的地区。1741年起，布里亚特蒙古人中开始有了喇嘛。1775年，在称为浩腾河的地方建寺庙。1816年建成，被称为楚格勒庙，该庙在布里亚特蒙古地区最有名望，佛事兴盛。

（二）筹建锡尼河庙

1918年前后，居住在浩里、阿古、色楞格、鄂嫩、布日吉、乌仁力格等地区的布里亚特蒙古人和鄂温克人被迫迁徙到蒙古国北部边境及呼伦贝尔地区，在呼伦贝尔地区的布里亚特蒙古人成立了布里亚特旗行政机构。

1926年夏天，以喇嘛那音太等人为主向呼伦贝尔副都统衙门请示，决定在锡尼河右岸原已破损的佛庙旧址重新修建庙堂。1927年夏完成维修。为庆祝庙的维修完成举办了那达慕大会，借机向布里亚特旗群众宣告计划集资新建庙堂。建庙之事得到呼伦贝尔副都统的认可，开始兴建。1928年夏季完工。庙名为达西敦都不灵，民间称其为"锡尼河庙"。

锡尼河庙的喇嘛注重蒙、藏医学的医理经典和技术知识的传承，目前依然有懂医学的喇嘛，甚至还出现了不少有名望的蒙医人才。在玛格斯尔的倡导下，锡尼河庙创办了蒙医诊所。他的弟子 SR 继承了他的遗愿，至今继续坚持开办蒙医诊所。认真学习和钻研蒙、藏医学，目前，该庙有专攻的研究者也不少。

（三）活佛到锡尼河庙传教

1931年，八世班禅受邀到锡尼河庙，将原庙名达西敦都布灵（福寿成祥）改为丹巴达尔扎灵（佛教发展）。制定了庙的法规，赠给金字扎丹巴和他幼年穿过的衣服作为锡尼河庙的神祇。1943年秋，多伦诺尔的甘珠尔巴葛根来锡尼河庙念诵阿必德佛经，同行的还有奈曼的查干葛根。班禅额尔敦经师哈木布，（前苏联）布里亚特蒙古人的道勒吉葛根也被邀请来锡尼河庙传教。"文革"后有3个活佛来过此庙，即内蒙古自治区的乌兰葛根

(1990年)、甘肃拉卜楞寺的宁达格森活佛（1993年）和青海塔尔寺的夏荣·洛桑次成活佛（2003年7月）。

（四）佛教学院与寺院教育

男孩子到8岁时，信教者自愿将自己的男孩送到庙里，找有知识者或有亲属关系的喇嘛受戒，学习藏文、蒙文和戒律。

掌握了一定的知识，学有所成。一般到20岁时可以得到苏恩吉克（执法、掌堂师）学位。学得好的人还可以得到格伯西学位。这是因为，1931年班禅来锡尼河庙，制定了哲理经会计划，授予考评学位的权威。所以原在阿古庙、楚格勒庙得到格伯西学位后，再到锡尼河庙学经，经锡尼河庙认真考评后获得嘎布吉学位。现在，锡尼河庙内喇嘛学位有3种：苏恩吉克、格伯西、嘎布吉。

（五）庙务会

锡尼河庙喇嘛庙务会是审议执行寺庙事务的最高权力机构，由席热格图喇嘛、大喇嘛、苏格琴·格布黑、确来·奥木吉德、松责巴、等高学位喇嘛组成。他们的权力和任务是研究解决涉及到寺庙内外的重大事情。如：寺庙喇嘛学位的任免、请取佛经、严惩违犯庙规的喇嘛等。

（六）寺庙财务及管理

召开冬、夏季节庙会，把众多信仰者供奉的物品、牲畜、衣物等拍卖后，30％留给寺庙使用，70％分给喇嘛。其中，席热格图喇嘛5份、大喇嘛3份、格布黑和奥木吉德各2.5份，尼日巴、扎玛（主管伙食）各2份，都干齐（负责吹号、打扫卫生等）2份，其他喇嘛各1份，收入的多少根据供奉祭品的情况而定。1948年，大喇嘛MGSE拿出私人财产2万元在庙内设"蒙医诊所"，配制蒙药，为发展蒙医打下一定基础。

（七）"文革"期间的锡尼河庙

"文革"开始后，锡尼河庙的财产被没收，佛像、经典被毁，蒙医诊所也遭同样命运，喇嘛全部被赶走，被当作"牛鬼蛇神"批斗，送生产队监督劳动。一些喇嘛逃走后，不但还了俗，还娶妻生子。喇嘛 GLGNM 逃走后，他四处行医，侥幸逃过灾难。当时寺庙中有喇嘛 100 余人，很多年老有威望的如席热格图、格布黑等喇嘛因冤、假、错案而被斗致死、致伤，寺庙经济损失约达 37 万元。

（八）重建锡尼河庙

十一届三中全会后，党的宗教政策得到恢复和贯彻，当地政府为冤、假、错案而被斗致死、致伤和"改造"的喇嘛落实政策。1984 年，建班禅殿，得到呼伦贝尔盟政府的支持，1985 年建成大殿；1986 年夏，锡尼河庙买了一辆手扶拖拉机，还建了一个车库。1987 年建大殿前面的屋檐和班禅的座位；1988 年，丹赞·道伦巴集资做了菩萨、南吉勒玛塔、召佛，并请入庙中。1989 年，旗政府为锡尼河庙建铁栅栏院子；1990 年，为信教群众及大殿开光，请来内蒙古自治区宗教协会会长乌兰葛根做佛事活动；1991 年，从四川请来丹珠尔经 225 卷；1992 年建"敦顿"塔（意为把一切不好的东西都压下去）；1992 年 6 月 21 日召开那达慕大会；1993 年，甘肃拉卜楞寺宁达格森葛根为寺庙开光；1994 年，鄂温克族自治旗民族宗教事务局为喇嘛建了 6 间砖房；1996 年建厨房，以供庙内举行大型活动时使用；1998 年，在锡尼河庙前方不远处建玛尼轮；1999 年，锡尼河东苏木政府为庙堂增建了地面卫星接收器；2000 年为主殿房顶加琉璃瓦；2001 年扎兰屯金刚寺赠送给锡尼河庙 1 尊铜制佛像，2 个白色的石狮子；2002 年，鄂温克族自治旗民族宗教事务局积极帮助协调向鄂温克族自治旗政府和有关部门申请资金，将锡尼河庙修葺一新。

（九）交流与进修

锡尼河庙经常派喇嘛参加佛教会议，与其他寺庙保持联系。

在参加会议方面，如：1993 年，现已过世的 GLDX 喇嘛参加了"中国佛教协会第六届全国代表会议"；2002 年，SDNM·SG 陪同大喇嘛 DB·ZLS 到北京参加"中国佛教协会第七届代表会议"；2002 年 12 月中旬，锡尼河庙有 6 名喇嘛参加了呼伦贝尔市佛教协会第一次代表大会。派喇嘛外出学习方面，如：1958 年，锡尼河庙 30 多名喇嘛在甘肃拉卜楞寺学习；1988 年，喇嘛 CC·ZMS 去甘肃拉卜楞寺学习，获得了格伯西学位后，返回锡尼河庙；1997 年，喇嘛 SDNM·SG、TRB 前往呼和浩特市内蒙古佛教学校学习 3 年，2000 年返回锡尼河庙。

（十）锡尼河庙现状

1. 锡尼河庙现有喇嘛 20 人，其中有喇嘛证者 17 人，另 3 人为班的。在册的喇嘛中，55 岁以上 10 人，年老体弱者占 50%。鄂温克族自治旗民族宗教事务局与呼伦贝尔盟医院联系，为喇嘛进行身体检查，根据病情治疗。

2. 锡尼河庙一年的开会时间（庙会）

十二月二十六：念神会，二十九完；（注：除特别说明外，以下日期均指农历）

十二月三十晚上至正月初一早上：敬天女；

正月初二一天：大型祭祀神会；

正月十二下午至十五：折逝文会；

三月初七一天：一千点灯会；

三月十三下午至十六：辩论会；

三月二十八至四月十六：玛尼会；

五月十三：庙内全体喇嘛祭巴彦汗敖包，此后，选一个时间祭额尔德尼阿古拉敖包；

六月初八下午至十一：甘珠尔会，十二、十三：赞美会，十四一天：大型祭神；七月二十六至二十八：念玛尼经；

八月初九至十一：辩论会；

八月十一至十四：集体劳动，清除垃圾等；

八月十五一天：开神会；

九月二十二一天：纪念释迦牟尼下凡；

十月二十五（一天到晚上）：纪念宗喀吧大师诞生和去世的日子；

冬至日（公历12月22日）：开半天会。

另外，每月初二、二十九开神会，天天有早会。

3. 寺庙财产、收入及分配

锡尼河庙除庙宇房产外，还有草场万余亩，自养羊510多只，地面卫星接收器1个，5眼井（只有3眼井出水，另2眼井不出水），1台2024吉普车。喇嘛SR·BT还有一个风力发电机。

锡尼河庙的经济来源主要依靠庙会时信仰者的祭品和馈赠。2002年、2003年，鄂温克族自治旗里每年给锡尼河庙1万元钱的补助。锡尼河庙在每年的六月十六和一月十六给喇嘛发工资。

个人收入方面：有的喇嘛被邀请参加祭敖包或被其他寺庙请去参加活动（2003年7月18日，甘珠尔庙开光，请锡尼河庙喇嘛前去念经或被牧民请去念经），所得的报酬归个人所有。

4. 寺庙管理委员会

2002年2月1日，锡尼河庙召开选举管理委员会的会议。主要内容是讨论锡尼河庙的未来的发展方向。会议选举了锡尼河庙对外联络委员会成员，共8人，还选举了锡尼河庙管理委员会成员，共7人。

5. 喇嘛的期望

2002年2月1日，锡尼河庙举行总结年会，对以后工作提出了具体要求，如翻新参拜者的客房、将属于该庙管辖的草地圈起来、拉电、保护周围环境、防止火灾、保持卫生等。老喇嘛对生活感到满意,只是担心学生(喇嘛)来源少,今后无人继承他们的事业。

二、问题与对策

(一)存在的问题

1. 各宗教组织教职人员文化程度较低,大多没有经过正规的学校教育,对宗教知识一知半解,在传教和教会自身管理中很难做到规范和合理,致使许多信教群众在信教过程中具有盲目性和被蒙蔽性。

2. 学龄儿童信教现象。根据宗教管理条例规定,18岁以下青少年禁止有宗教信仰,但该地区有18岁以下青少年参加宗教活动的现象。

3. 个别教会财务管理混乱,一些教职人员受经济利益驱使,把宗教作为敛财之道,打着宗教的旗号中饱私囊。

4. 由于市场经济的影响,有些单位和企业热衷于搞"宗教搭台、经贸唱戏"的活动,人为扩大宗教的影响。

5. 由于目前下岗人数增多,社会闲散人员已形成一个较大的群体,其中一些人为寻求精神的寄托,以信教的形式寻求"神灵"的保护,也有少部分人带有情绪的人不能正确理解宗教,表现消极、厌世、影响了宗教健康、稳定的发展。

6. 党组织在嘎查、社区和居委会中的战斗堡垒作用和党员先锋模范作用发挥不够,宗教主管部门由于经费不足等问题,出现了"耳不聪,目不明,措施不力,手段不灵"的被动局面。

(二)关于宗教工作的几点建议

1. 必须加强对宗教和宗教问题的研究

宗教问题极其复杂,各级领导干部特别是具体负责宗教工作的各级领导干部,都要掌握和学习有关宗教方面的知识。不多懂得一些宗教知识、宗教历史、宗教与政治的关系是做不好工作的。特别是对从事宗教事务管理工作的同志，需要更加深入学习和了解宗教，如果对宗教一无所知，或知之甚少，对工作中涉及到的问题无从下手，就会影响到我们对问题的判断和处理。要严格按照党的"依法治国"方针，增强法制观念，依法办事，决不能用简单的办法处理复杂的宗教问题。

2. 从引导出发，作好宗教工作

积极引导是处理宗教问题的正确途径。在此必须强调这不是要求宗教界人士和信教群众放弃宗教信仰，而是要求他们热爱祖国，拥护社会主义制度，拥护共产党的领导，遵守国家法律、法规；要求他们从事的宗教活动要服从、服务于国家的最高利益和民族整体利益。宗教活动场所是体现宗教文化内容的重要场所，我们应在加强依法管理的同时，着力提高其文化品位。广泛开展以"爱国爱教好、遵纪守法好、教务管理好、团结信徒好、服务社会好"为主要内容的五好宗教活动场所创建评比活动。

3. 引导宗教界运用社会主义现代化理念管理好宗教实体。

在现阶段，宗教不仅仅是作为一种信仰，也是作为一种特殊的社会实体存在。这个实体要有序运转并保持自身的良好形象，就必须建立、健全行之有效的内部管理机制。现阶段要帮助和引导宗教界在国家法律和法规允许的范围内，在与全社会所倡导的公共道德相一致的前提下，引进和借鉴当代管理理念，切实加大对宗教实体内部人、财、物的管理力度，使其发挥应有的作用。

4. 完善网络管理，形成社会合力

城市化进程使宗教活动场所数量增多，随着信教群众数量增多，随着对外交往扩大，外来流动人口增多，利用宗教进行的非法活动也会增多。以往宗教事务多产生在牧区基层，在牧区城市化进程加快之后，宗教事务更多、更复杂了。因此，必须在实施牧区基层宗教工作目标责任制的基础上，在城市的街道、社区中推行宗教责任制，建立和完善基层宗教工作网络。要切实解决牧区基层宗教工作中存在的"不去管、不想管、不会管、不敢管"的现象,要加强基层党组织建设,加强社会的综合治理工作,要加强宗教政策的宣传,依法加强宗教事务的管理,作好信息沟通工作,及时了解和掌握情况,维护鄂温克族自治旗的社会稳定和宗教健康发展。

附录3：敖鲁古雅"驯鹿鄂温克人"生态移民的民族学考察

"驯鹿鄂温克人"[①] 是指中国鄂温克民族的一个组成部分，他们生活于大兴安岭西北部的林区。尤以根河市敖鲁古雅鄂温克民族乡（素有"驯鹿之乡"的美称）为典型代表，目前，他们是我国唯一饲养驯鹿的民族，被称为"驯鹿鄂温克人"。

2005年7—8月间我们深入到敖鲁古雅驯鹿鄂温克人迁移的新地址：该乡位于内蒙古自治区根河市（县级）西南4公里处，地处得尔布尔、金河、好里堡3镇交汇点，S301国道贯穿敖乡全境，交通便利。全乡行政区划面积为1767.2平方公里，总户数445户，总人口1390人，由鄂温克族、鄂伦春族、达斡尔族、蒙古族、满族、回族、俄罗斯族和汉族8个民族组成，少数民族人口占全乡总人口的25%；其中鄂温克族234人，占全乡总人口的16.8%。[②] 随着乡规模的扩大，人口构成也从以驯鹿鄂温克人为主体的单一民族社会，变成了外来人口超过驯鹿鄂温克人人口的多民族社会。

---

① 杨圣敏主编：《中国民族志》，中央民族大学出版社，2003年，第85页。"根据2000年人口普查统计全国有鄂温克族人口30,505人，其中有26,201人分布在内蒙古自治区；有2,706人分布在黑龙江省。其余散居在广东省有249人、辽宁省有221人、北京市有164人、河北省有127人和山东省有107人"

② 鄂温克人的主体不能简单地认为只是猎人，234个鄂温克族人可以分为：成年人和未成年人。成年人又可以分为猎人、干部等等。因此，民族学考察，应该考虑到主体内部的层次性。不能"笼统地说：鄂温克猎人。"

一、政府实施生态移民的主要观点和经济数字

"生态移民"一词出现在20世纪80年代，在现实社会中除生态的层面以外，生态移民伴随着多种多样的因素以错综复杂的形式存在。以敖鲁古雅的移民为例，可以归类到是以扶贫为目的而进行的生态移民。生态移民对其生产、生活以及思想观念的影响也是不可低估的。

（一）政府实施生态移民的主要观点

2001年根河市市委、市政府决定对鄂温克民族乡实施整体生态移民。这也是驯鹿鄂温克人近50年来的第三次定居。政府实施生态移民的主要观点：

1. 生产生活方面：驯鹿总头数多年徘徊在800头左右，并近亲繁殖，驯鹿种群质量下降。猎民处于靠天养畜的状态，管理粗放。"天保工程"实施以来，根河市也实行禁猎政策，传统的狩猎生产难以维系。比如：2001年猎民年均收入不足1000元。

2. 生态环境方面：1965年建立的敖鲁古雅民族乡，位于激流河与敖鲁古雅河交汇处，由于生态环境恶化，河流改道，河床侵蚀严重，每年汛期水灾频繁。人民的生命财产安全受到了威胁。

3. 基础设施建设方面：防洪大堤年久失修；供电线路老化；乡政府办公楼冻裂变形，已经成为危楼。学校、博物馆、文化馆、卫生院都年久失修。以上几项工程维修建设则需要资金2000万元。

4. 公共服务设施建设方面：计划经济时代留下的金融机构转为商业银行后撤出敖鲁古雅乡，居民开支、取款、存款等及其不方便。邮电业务萎缩、通讯设施落后（不通手机）。

5. 猎民的通婚范围狭小，不利于人口发展：2003年有猎民232人，由于交通不便，对外联系较少，通婚遇到困难，至今仍

然有 20—40 多岁的鄂温克族男人未婚。

综上所述，实施整体生态移民的项目得到内蒙古自治区计委的支持，并下发了内计赈字（2001）1080 号文件《关于对根河市 2001 年生态移民和易地扶贫移民试点工程实施方案的批复》和内计赈字（2002）1246 号文件《关于根河市调整 2001 年生态移民和易地扶贫移民试点工程实施方案的批复》，最终项目总投资 980 万元，国家一次性补助 510 万元，地方自筹 470 万元。生态移民工程于 2002 年 7 月开工建设，2003 年 7 月竣工，总投资 1600 万元，其中国债资金 510 万元，其余为地方自筹。工程建设有住宅 31 栋 62 户，每户 50 平方米，内设卫生间、暖气、自来水，全部实行集中供热、供水；鹿舍 48 个，每个 350 平方米；办公楼 800 平方米；博物馆 1229 平方米；鹿产品加工厂房 560 平方米；柏油路 2,400 延长米。2003 年 8 月 10 日搬迁工作开始，至 9 月 18 日结束，并举行了隆重的搬迁庆典活动。

（二）政府的经济数字

敖鲁古雅鄂温克民族乡作为政府生态移民和异地扶贫移民试点工程，得到了新闻媒体等多方关注，移民后政府采取了积极的措施：

1. 补助款：

2003 年整体迁移后：

A. 为每户发放了 300 元生活补助费，无偿提供了液化气灶具和小灵通手机。

B. 动员社会力量（一对一帮扶）为每户解决了电视机、电视柜、床和沙发。

2. 猎民的收入：

2003 年关于敖乡猎民移民前收入情况的说明：

户数：62 户 人口：154 人

A. 享受低保人员：75 人，每人每月金额为 100 元，全年总额 90000 元；

　　B. 护林工资：25 人，每人每月 36 元，全年金额 432 元；全年总额 10800 元；

　　C. 工资收入：5 人，每人每月 800 元，全年金额 9600 元；全年总额 48000 元；

　　D. 鹿茸收入：鹿茸产量 150 公斤，每公斤平均价格为 500 元，共计总收入是 75000 元；

　　E. 狩猎收入：62 户 每户 1000 元，共计总收入是 62000 元；

　　总计：285799 元，人均：1855 元。

2004 年关于敖乡移民后猎民收入情况的说明：

　　A. 享受低保人员 75 人，每人每月金额 100 元，年底每人增加 2 个月低保金 200 元；

　　B. 护林工资 25 人，每人每月 36 元，全年金额 432 元；

　　C. 工资收入 5 人，每人每月 800 元，全年金额 9600 元；

　　D. 鹿茸收入 鹿茸总产量为 150 公斤，每公斤平均价格为 500 元，共计总收入 75000 元；

　　E. 62 户猎民享受免费供水（每户每月水费 10 元）供暖（每户每月取暖费 200 元）；

　　F. 为敖乡猎民安置了 38 个公益岗位，每人月工资金额为 200 元；

　　G. 解决安排猎民及家属就业 8 人，每人月平均工资金额为 400 元；

　　L. 根河市民政部门为每户猎民发放 1000 元煤炭粮油补助；

　　H. 为鼓励猎民养狐，平均为每户猎民支出 5180 元的种狐款（现在有 16 户猎民购买了种狐）。

　　政府的统计数字显示：62 户猎民 2004 年全部收入核对为金额，总计是 608,840 元人民币。猎民人均收入为 3953 元。上级有关部门在低保、煤炭、粮油、取暖费、水费、护林工资等方面全年补助金额总计为 407,440 元，人均 2645 元。去除全年上级补助的金额，猎民纯收入总计为 201,400 元，人均 1307 元。尽管政府下了很大力气，但是与 2003 年比较，猎民失去了狩猎收入。仅此一项，平均每人少收入 548 元。

事实上到 2005 年 8 月"定而不居"的现象依然存在。因为现阶段还不能适应圈养和舍饲的驯鹿，无声地离开了敖鲁克雅乡的定居地，放牧、饲养驯鹿的主人们再一次怀着对政府的无限感激的心情，无奈地或必须 跟随着驯鹿回到森林继续着他们千百年来赖以生存的生产、生活方式。凸现了政府实施生态移民的良好动机的尴尬。因此要实现"驯鹿鄂温克人"完全意义上的定居、实现驯鹿的自然放养、实现人与动物、人与自然的和谐。则是一个系统工程，也是研究少数民族地区可持续发展的重要课题之一。

二、典型个案

以巴拉杰依家为例，在驯鹿鄂温克人中这是一个很有代表性的家庭。

巴拉杰依，女，1942 年 5 月生。她的母亲纽拉曾是最后一位驯鹿鄂温克人的萨满。她的丈夫是最早受政府教育、积极加入中国共产党、参加工作的驯鹿鄂温克人之一，她本人又是最早参加工作的驯鹿鄂温克妇女之一。她的大女儿柳芭是全国恢复高考后最先考上大学（中央民族大学美术系 81 级）的驯鹿鄂温克人的大学生。

我 1986 年夏到满归的敖鲁古雅民族乡时，就住在巴拉杰依家里。巴拉杰依是在森林中的撮罗子里出生的。直到 7 岁，即 1949 年 3 月，她才第一次走出森林，和大人们一起将冬天打的灰鼠皮拿到奇乾换粮食和盐等生活用品。1953 年新中国的政府将她送下山，送进学校学习。当时是在奇乾小学。巴拉杰依先是当了卫生所的清洁工，后来又学了护理。当时驯鹿鄂温克人出身的护士只有两个。可是到了1986年，她却不想在乡里继续工作，办理退休，上山承包驯鹿，过起了与驯鹿为伴的猎民生活。她自由自在地呼吸着森林中的新鲜空气，感到无限美好。领着柳夏（她的小女儿，）去了放牧驯鹿的点儿，当时给她分了20余头驯鹿。维佳（巴拉杰依的大儿子，有40多岁，未婚。曾在北京中央民族大学美术系进修过），画鹿画得很逼真、很形象。靠落实政策的指标在乡政府有了一份正式的工作，可是他依然留恋森林，嗜酒不能安心地在乡政府好好工作。1988年毅然上山和妈妈一起放牧饲养驯鹿。19年后的今天，当我再次来到巴拉杰依家时。她刚刚下山，已经是60多岁的老人，在距离新敖鲁古雅乡的家200公里处的驯鹿放牧点管理60多头鹿。她高兴地说："今年新添了10多头小仔鹿"。由此可见，定而不居。迁徙在新敖鲁克雅乡和放牧点之间是一部分驯鹿鄂温克人的生活现状。

从今天的现实来看，驯鹿鄂温克人生活于主流文化和民族文化之间。柳芭的个人经历是一个极其生动的个案。《神鹿啊神鹿》是1997年以柳芭为主人公拍摄的纪录片，曾获得德国柏林电视节大奖、上海国际电视节大奖。柳芭也成为了一位宣传鄂温克民族文化的使者。柳芭1960年生，1981年考进中央民族大学美术系，1985年分配到内蒙古人民出版社当美术编辑。一个人在都市生活，缺少朋友，文化上不被认同，她感到极其孤单，她酗酒。1992年她离开呼和浩特市毅然回到了山林、回到了母亲的怀抱，和驯鹿待在一起，她有了创作的源泉。写生、作画，创制出"皮画"艺术。也许因为1986年我曾和柳芭一起回过这个家，总之，巴拉杰依老人，今天特别地高兴，特意穿上新做的民族服装和我们照了像。还十分珍惜地将柳芭生前画的画，全部拿出来给我们看，让我们拍照。很多画有柳芭的签名，有些画的背面潇潇洒洒的短诗反映着柳芭的内心：关于个人的、民族的、现代的孤独和痛苦。

　　巴拉杰依自己曾走出森林、她的儿女们也曾走出森林，两代人的努力和奋斗，最后又都选择了回归森林。文化的变迁与调适、现代和传统在她们身上体现得淋漓尽致。如今巴拉杰依有一个孙子，一个外孙女和一个外孙子。老人看着第三代孩子说："他们都是放假回来的，孙子在新敖鲁古雅乡上学，一个外孙子得到爱心捐助送到江苏省上寄宿制学校。柳芭的女儿则跟着父亲（柳芭的丈夫：张XX，汉族，四川人）在额尔古纳市生活。"孩子们已经完全接受了主流文化的教育，今后会选择哪种生活方式呢？

　　总之，从社会发展与文化变迁的角度看，鄂温克猎民70%的家庭已经是由异民族通婚所构成的家庭，有很多异民族人，通过当"女婿"和"媳妇"进入驯鹿鄂温克人的社会。而且，第二次定居于1965年建成的敖鲁古雅民族乡时，表面上、形式上是"定居"了，实际上绝大多数鄂温克猎人没有定居。真正定居的只是老人和孩子，父母与孩子第一次被分开了。政府让这些孩子们免费上学，接受主流文化的教育，受主流文化的影响，他们更喜欢城市生活。已经不适应山上的生活了。由此关于"猎人"这个概念已经出现了断层。现实生活发生了深刻的变化。比如，驯鹿鄂温克人中也有在国家的行政机关、企事业单位工作的，也有人离开民族乡，选择到外地居住的。在此我们必须强调主体的多元化现象是显著的。社会结构也复杂化了。因此，有想在森林中度过一生的驯鹿鄂温克人，也有想在城市里生活的"驯鹿鄂温克人"。他们的不同状态构成的整体是今天的驯鹿鄂温克人。当然，敖鲁古雅驯鹿鄂温克人的前途在于逐渐融入现代社会，即实现继续发展和发扬驯鹿产业与民族文化特长，又形成与主体社会在结构上的互补关系。这与前苏联驯鹿民族萨阿米人的情形有许多相似之处。① 可能将是一个尴尬的、痛苦的、较长的探索过程。

三、追述驯鹿鄂温克人的定居

根据考古学的研究，鄂温克人的先民早在公元前数千年就已经生息在今贝加尔湖沿岸和黑龙江中上游广大地区，他们信仰着原始的萨满教，以狩猎、渔捞、采集和放养驯鹿为生。从16世纪开始，沙俄向东扩张领土，用武力征服少数民族，推行俄化政策，不但从根本上改变了亚洲东北部的政治地理分布，而且也改变了少数民族的历史，在俄国人和日本人的先后统治下，种种来自外部的强制性力量，事实上使驯鹿鄂温克人的社会不可能遵循其自身的轨迹正常发展；鄂温克猎民社会因此也始终处于不断的变迁之中……

《清太宗实录》记载的索伦别部，即使鹿鄂温克人，有12个大氏族，约有1500—2000人，后来发展成为一个大的部落。②1654年迫于战乱和俄罗斯人的压力，驯鹿鄂温克人迁徙到大兴安岭地区，由于外部环境的变动，活动范围受到局限。根据《尼布楚条约》的边界卡伦与巡查制度规定，驯鹿鄂温克人不能自由地往来于两国之间。当时，这个群体大约170人构成，源于7个氏族。他们按照古老的习惯，形成了有较明确的界限，相对稳定的猎场，猎场基本上以"乌力楞"公社为单位集体占有和使用。到20世纪末，驯鹿鄂温克人的基本活动范围大体上是在北纬51度15分—53度15分和东经120度05分—123度35分之间。这里属于北方寒带气候，是中国最冷的地方之一，也是中国

---

① 赵锦元、李毕达编译：《北极地区的驯鹿民族》，中国社会科学院民族研究所，1985年，第13页。

② 干志耿、孙秀仁著：《黑龙江古代民族史纲》，黑龙江出版社，1986年，第466—467页。

少有的"永冻土层"地带。

20世纪50年代的民族学调查显示,猎民的生活丰富而复杂,其中既有来自远古的积淀,也有对异文化介入的容纳,更有在保持自身传统的同时为适应外部环境而做的种种努力。然而新中国成立初期,普遍的观点认为:鄂温克猎民的生产方式仍是原始社会形态。[①] 政府为了让他们从原始民族变为社会主义民族,再进入现代社会。所采取的、具有伟大历史意义的、积极的措施就是让鄂温克猎民"定居"。

20世纪50—60年代,驯鹿鄂温克人的经济活动基本上受到国家政策的特殊保护,配备有较好的枪支,子弹供给充足,狩猎业得到了空前的发展。政府为了促进交换,于1954年在奇乾(地名)成立了供销社,终结了长期以来建立在个人、家庭基础上的与安达的交换关系,首先从经济活动开始将他们纳入到了行政管理之中。驯鹿鄂温克人的猎区也转移到阿龙山一带。

第一次定居:1957年,政府在奇乾建立了民族乡。首先有8户猎民在奇乾被安排定居。驯鹿鄂温克人作为主体民族,一些较早受政府教育的人当了乡的干部,干部因工作需要逐渐地开始定居。另外,政府为了让他们从原始民族直接过渡到社会主义民族,唯一的方法是要接受教育。干部要接受政治思想教育,小孩和年轻人要接受学校教育。这是当时的政治任务,也是一种普遍的看法。对于没有文字的驯鹿鄂温克人来说,当时采用的是汉语教育。尽管这项工作进行得非常困难,但是毕竟有几个"驯鹿鄂温克人"的孩子离开森林来到城市(海拉尔)甚至到首都北京上

[①] 周星:《民族学新论》,陕西人民出版社,1992年,第148页。"这种'原始社会末期说'即使有一定的依据,也多多少少忽视了其社会文化长期以来剧烈变迁乃至变异的某些基本事实;原始社会末期说"成立,那也必须强调其非原生亦即次生社会形态的属性。因为在多种外来文化、异民族文化的影响下,其社会组织与文化结构已经发生了十分显著的变化。

学了。1959年政府拨专款在奇乾附近的乌苏龙修建了30多间"木刻楞"房，1960年春有40余户猎民搬迁到乌苏龙的"木刻楞"房里；同年秋又有18户猎民定居。1962年又有13户猎民定居。1964年，政府将猎民迁到根河市附近的阿龙山，但鄂温克人不愿住在阿龙山，于是又决定在满归附近的敖鲁古雅为他们建乡。

第二次定居：1965年9月1日30多户猎民全部内迁到离满归林业局不远的敖鲁古雅河与激流河交汇的地方，同年10月8日政府在敖鲁古雅正式建立民族乡，该乡地处大兴安岭原始森林腹地，距离中国最北端的漠河县约100公里。鄂温克猎民仍然保留着狩猎、放牧驯鹿的生产、生活方式，故有"中国最后的狩猎部落"之称。当时新建两户一栋的"木刻楞"房。有40户169人搬进新居。

1980—1983年政府把全部"木刻楞"房翻建为砖瓦结构的房屋。但大部分猎民在"定居"之后，又返回山林，出现了定而不居，多次反复的现象。

1984年，驯鹿承包给了个人（1984年责任制承包后，把驯鹿分给鄂温克人，经历了由猎业队到猎业公司的变化后，所有权没有给猎民。1965年时驯鹿与枪支都已经公有化了），对于一部分"驯鹿鄂温克人"来说，驯鹿茸的收入成为其主要的经济来源。

到了20世纪90年代，市场经济不断扩大，给驯鹿鄂温克人的生活注入了新的变化因素。比如：从小城镇的小饭馆到北京、上海的大饭店，对野味的需求都急剧上升。因此，偷猎野生动物的活动十分猖獗。再加上长期的乱砍滥伐，森林生态破坏日益加剧。他们的传统狩猎对象——犴、鹿等在当地已经基本绝迹。那么依靠传统经济生活的驯鹿鄂温克人，唯一的收入便是驯鹿茸（实际上很多时候，由于驯鹿少或因自然灾害，人为因素等丢失了驯鹿，就只能依靠政府的救济生活）。

我们对移动与定居、生活方式的传统与现代进行分析归类：

	A类	B类	C类
居住形式	移动为主	半移动半定居	定居
经济来源	驯鹿茸	工资等其他劳动收入	政府救济款等
生活方式	传统	现代化	现代化

1. 所谓移动为主的居住形式：主要是承包驯鹿的人群，他们年龄较大，一年中的大部分时间都是在放鹿点上生活，冬天的2、3个月或有病时才回到民族乡的定居点居住。

2. 半移动半定居的居住形式：主要是承包驯鹿的中、青年人，他们来往于放鹿点和民族乡之间，但生活的中心是在民族乡。

另外，所谓传统生活方式，这里强调的是以森林作为主要的生活空间，以鹿为伴，仍然保留有较多民族特点的生活。现代化的生活主要是指和主流社会的生活方式基本一致的生活方式。

现在虽然驯鹿鄂温克人的绝大多数人口都过着现代化的生活，而且老猎人相继去世，文化传承的间断，酗酒现象的蔓延，支撑放养驯鹿的老一代人越来越少，而年轻人不想或不适应上山放养驯鹿的人越来越多。但是留恋传统生活的人尽管少但依然存在。通过这一点我们必须强调，驯鹿鄂温克人以自己的方式——容纳、吸收、选择、抗拒，尽可能地对应和适应着来自外部的压力和挑战。

四、驯鹿的"家"和 政府的苦恼

如何在市场经济中把放养驯鹿继续维持下去？正面临着深刻的危机。

驯鹿是属于北寒带的动物。有野生（分布于美国的阿拉斯加和加拿大的西北部极地,当地少数民族称之为 caribou) 和饲养(主要分布于俄罗斯,芬兰等国家)两种。据统计,世界上驯鹿总数有 500 万头。大体上说,北极圈是驯鹿分布的南限。这里的植物构成可以分为 3 个层次,高层植物主要有兴安落叶松、白桦树、樟子松等;中层植物主要是一些灌木类,下层植物主要有苔藓类,和地方上叫"塔头"的草类植物等等。

(一)圈养驯鹿的"试验"

目前,大兴安岭北麓是我国唯一放养驯鹿的区域。也可能是世界上驯鹿分布纬度最低的地区,就生态学的角度看鄂温克人在不断的迁徙过程中保持和坚持了放养驯鹿并取得了成功。这与他们对驯鹿的喜爱、对自然环境的认识和不断地适应是分不开的。

早在传说的勒拿河时代(鄂温克的先祖,曾居于勒拿河及拉玛附近的高山上,后来迁移到大兴安岭的山林中),驯鹿就与鄂温克人的生活密切相关了。驯鹿俗称"四不像":头似马非马,角似鹿非鹿,身似驴非驴,蹄似牛非牛。驯鹿性情温顺,是一种耐寒动物,喜冷怕热,适宜生活在气候严寒的针叶林或针阔混交林地带。驯鹿主要吃苔藓类植物,灌木的嫩枝嫩叶它们也吃,但是最爱吃的还是苔藓、蘑菇。由驯鹿的习性所使然,搬迁成了猎民生活的主要内容之一。在敖鲁古雅鄂温克猎民的驯鹿放养史上,曾有过数次因疥藓症等使驯鹿几乎灭绝的事发生,每年 6—9 月份驯鹿发病率最高,主要有结合性肺炎、脑炎、关节炎、风湿病和角蛆等,其中结合性肺炎也是猎民与驯鹿交互感染共患的传染病。加上白灾(雪灾)、狼害、种群过小及退化趋向等原因,驯鹿繁衍始终受到自然生态环境的遏阻。为维持驯鹿的生存、繁衍和发展,猎民们只好十分频繁地搬迁以使驯鹿不断有新的食物供给。搬迁有大小之分,驯鹿走两天以上的路程即为大搬迁。夏、秋季节的一处营地最多只住 10—20 天,冬春季节 2—4 天搬迁一次。搬迁遵循一定的往返路线和季节规律,除变换猎场外,为驯鹿寻找新牧场也是十分重要的。

驯鹿性情温顺，喜欢群聚，一群可达数百头，平时无圈栏管理，只在4—5月份母鹿产仔期或9—10月发情交配期，偶用圈栏管理。必要时须对仔鹿人工哺乳5—6个月，一般是从每年的5—10月，妇女们每日都要对多奶的母鹿挤奶一次。对缺乏蔬菜的猎民而言，驯鹿奶是重要的维生素来源。通常是将鹿奶兑入红茶饮用。驯鹿与猎民和谐共处相依为命。每一头驯鹿都有自己的名字，驯鹿颈下多系铜铃，便于失散时寻找。驯鹿为避蚊虻叮咬，常到猎民篝火周围聚集；驯鹿喜欢尿碱和盐分，猎民拢烟或敲击盐袋，驯鹿即可招之即来，纵之即去，自由觅食。除此之外，驯鹿在鄂温克人的价值体系中具有极其重要的文化意义。无论萨满的仪式，还是葬礼仪式都少不了驯鹿，驯鹿被看成是连接人间和（天）神的使者。每一家、每一户都要指定一头驯鹿负责专门运送"玛鲁"（神），被指定的鹿亦被视为神鹿。虽然市场经济发展到了今天，但是我们不能简单地用经济价值来衡量驯鹿的价值。历史上，驯鹿是他们最主要的搬运、移动工具。从离开营地到很远的猎场，再向营地搬运大型的猎物，可以说没有驯鹿几乎是不可能的。今天，对于经常处在移动状态的他们来说，搬运帐篷、家具，运送老人和孩子等，驯鹿仍然是不可缺少的。这不仅因为驯鹿作为"林海之舟"是他们唯一的畜力，更因为驯鹿在他们的生活中扮演着非常重要的角色，是他们的生活伴侣。

今年敖鲁古雅鄂温克民族乡的驯鹿头数突破了1000头大关。在移民之前，有近20户人家分为4个放鹿点，放养着驯鹿。针对这种至今还处于半野生状态的驯鹿，科学圈养驯鹿是政府的美好想法。虽然早在1977年，建立了乡畜牧兽医站，1980年建立了驯鹿圈饲试验基地，致力于驯鹿种群的引进（俄罗斯）和进一步圈养驯化的试验。今年特别邀请内蒙古农业大学的科研组深入敖乡调研。解剖了一只驯鹿，并将驯鹿的肠、胃等器官带回实验室进行研究。力图在较短的时间内研制和开发出适合驯鹿的新饲料。我们知道试验和研发一直处在艰难的探索阶段。尽管政府积极尝试着研究新饲料。但是在驯鹿新饲料研制成功之前，确切地说驯鹿饲料是在移民后的2005年才开始研发。然而2002年开工建设敖乡新址时建设有标准化的鹿圈48个，每个350平方米；期望实现舍饲圈养驯鹿和真正实现舍饲圈养驯鹿之间还有长长的一大段路要走。由此而产生的问题就是驯鹿鄂温克人的"定而不居"。究其根本是其赖以生存的生产方式的变迁问题。

由此可见，在生态移民过程中，政府存在认识上的不足，对生态移民的理解过于简单，以至于生态移民建设缺乏科学的论证和理论指导。相关工程中存在着盲目建设标准化鹿圈的失误，反映了政府在生态移民过程中的盲目性和急躁性。

(二) 建立驯鹿生态保护区

由于适合驯鹿的新饲料还没有研发出来，现阶段圈养驯鹿是不可能的。进而提出建立自然生态保护区。政府和猎民能形成这样一个共识，是经过了失败和实践的探索。保护野生动物最有效的方法是保护其赖以生存的栖息地。建立自然保护区，发展壮大驯鹿种群，既是鄂温克猎民的愿望，也是强乡富民的有效途径。因此，乡级政府积极建议国家在国有林区划出一定范围，设置围栏，建立驯鹿生态保护区，让驯鹿处于自然的放养状态，由猎民实施放养、管理，还给国家二级保护动物驯鹿一个"家"，真正实现人与动物、人与自然的和谐。

历史上鄂温克人的猎场即猎区范围是自然形成的，而不是一种权力的划定。猎民亦十分熟悉周围的自然环境，依赖自然的经济使他们在漫长的实践过程中摸索到了许多与自然共存的经验。如地理、气候和各种动、植物特性等。他们能够从野兽的足迹、粪便和脱落的兽毛中判断出雌雄、离开的时间和方位等信息。

驯鹿鄂温克人通过"乌力楞"的形式维持和组织各"千"，

即乌启罗千("千",是在×××地方居住的人的意思)、亚格鲁其千等等的生活。当时,狩猎是他们最主要的经济活动。男人多从事狩猎,猎人活动范围大,在其活动的山河间都有鄂温克猎人的记录,都有猎道。妇女不但要照顾老人和孩子,从事日常杂务,还要管理驯鹿等。

但是今天,从行政体系上看大兴安岭地区存在着两套机构,即林业部门和地方部门。驯鹿的活动范围主要是在满归林业局、阿龙山林业局,以及黑龙江省的呼中地区。驯鹿鄂温克人在行政上属于内蒙古自治区呼伦贝尔市(地级)根河市(县级)敖鲁古雅民族乡。

在生态移民的过程中,如何协调林业和地方的"关于自然生态使用权"的问题是一个很棘手的问题。即使依法进行保护,也会遇到法律空白的尴尬和矛盾。比如:《中华人民共和国草原法》、《中华人民共和国森林法》、《中华人民共和国野生动物保护法》和《中华人民共和国民族区域自治法》在具体的文件和条款上既不好解释,也有待完善的地方。移民后的新问题,就是驯鹿放养问题,事实上没有解决。距离新敖乡最近的驯鹿放牧点也有80公里,远的要200多公里。而且过去在老敖乡放养驯鹿,由于历史上形成的先有敖鲁古雅乡,后建立了林业局,民间自觉遵守先来后到的原则,林业部门采取了宽容、包含猎民在林业管理区域内放养驯鹿的态度和作法;但是现在移民到一个完全新的环境。政府各个部门之间如果不能相互配合,不仅会使政府支付很高的协调成本,还将直接影响移民的效果。

(三)枪支的管理

大兴安岭的森林曾经为很多种类的动物提供了栖息地。国家实施'天保工程'以来,大兴安岭的森林生态环境得到了有效的保护,林中动、植物资源得以繁衍生息。处于个体散放状态的驯鹿,经常会遇到狼害、熊害(民族乡的人常说,老年人不愿意下山,年轻人不愿意上山)。自1996年以来鄂温克族的猎民已经将猎枪上交了,不要说遇到狼和熊这样的大动物,即使遇到野猪,都不能对付。况且,我们通过个案了解到,很多猎民家,能够在放牧点放养驯鹿的人,往往是老年人和中老年妇女。比如:巴拉杰依等等,他们的生命受到威胁。猎民多次呼吁要求为猎民配备枪支。敖鲁古雅鄂温克民族乡政府代表猎民的利益,也认为有必要为猎民配备枪支。但是,根河市政府为了安全和管理,不予支持。乡党委书记很有责任感地不无苦恼地说:我们也有很多难题。如果驯鹿消失了,被誉为"驯鹿之乡"的敖鲁古雅还有意义吗?这些问题不解决,直接影响猎民的生产积极性。如何鼓励引导(吸引)鄂温克族和其他民族等有志青年加入到驯鹿饲养的事业中来,既有利于保护民族文化,又有利于发展民族经济,这是政府的责任。

驯鹿鄂温克人走过的路是与国家的政治制度、政策、价值观的变化紧密相连的。他们不是生活在我们之外的世界,而是生活在我们之中。他们所面临的问题,也是我们必须解决的问题。从生动具体的现实出发,动态地把握民族文化现象,是急需我们这些从事鄂温克民族研究的人探索的时代课题。在此谈了一点自己的体会,旨在抛砖引玉。通过这次机会,希望能得到更多研究者的批评和指教。

主要参考书目:

1. 鄂温克族简史编写组:《鄂温克族简史》内蒙古人民出版社,1984年。

2. (俄)史禄国著,吴有刚、赵复兴、孟克译:《北方通古斯的社会组织》,内蒙古人民出版社,1984。

3. 吕光天:《鄂温克族》,民族出版社,1987年。

4. 秋浦:《鄂温克人的原始社会形态》,中华书局,1962年。

5. 鄂温克族自治旗志编纂委员会：《鄂温克族自治旗志》，中国城市出版社，1997年。

6. 沈斌华、高建纲著：《鄂温克族人口概况》，内蒙古大学出版社，1991年。

7. 内蒙古自治区编辑组：《鄂温克族社会历史调查》，内蒙古人民出版社，1986年。

8. 孔繁志：《敖鲁古雅鄂温克人的文化变迁》，天津古籍出版社，2002年。

9. 满都尔图：《达斡尔、鄂温克、蒙古（陈巴尔虎）鄂伦春萨满教调查》，北京中国社会科学院民族研究所印刷，1992年。

10. 赵复兴：《敖鲁古雅鄂温克族经济发展初探》，载《内蒙古社会科学》，1991年，第4期。

附录4： 中华人民共和国草原法

中华人民共和国主席令
第八十二号

《中华人民共和国草原法》已由中华人民共和国第九届全国人民代表大会常务委员会第三十一次会议于 2002 年 12 月 28 日修订通过，现将修订后的《中华人民共和国草原法》公布，自 2003 年 3 月 1 日起施行。

中华人民共和国主席 江泽民

2002 年 12 月 28 日

中华人民共和国草原法

（1985 年 6 月 18 日第六届全国人民代表大会常务委员会第十一次会议通过，2002 年 12 月 28 日第九届全国人民代表大会常务委员会第三十一次会议修订）

目 录

第一章 总则
第二章 草原权属
第三章 规划
第四章 建设
第五章 利用
第六章 保护
第七章 监督检查
第八章 法律责任
第九章 附则

第一章 总则

第一条 为了保护、建设和合理利用草原，改善生态环境，维护生物多样性，发展现代畜牧业，促进经济和社会的可持续发展，制定本法。

第二条 在中华人民共和国领域内从事草原规划、保护、建设、利用和管理活动，适用本法。

本法所称草原，是指天然草原和人工草地。

第三条 国家对草原实行科学规划、全面保护、重点建设、合理利用的方针，促进草原的可持续利用和生态、经济、社会的协调发展。

第四条 各级人民政府应当加强对草原保护、建设和利用的管理，将草原的保护、建设和利用纳入国民经济和社会发展计划。

各级人民政府应当加强保护、建设和合理利用草原的宣传教育。

第五条 任何单位和个人都有遵守草原法律法规、保护草原的义务，同时享有对违反草原法律法规、破坏草原的行为进行监督、检举和控告的权利。

第六条 国家鼓励与支持开展草原保护、建设、利用和监测方面的科学研究，推广先进技术和先进成果，培养科学技术人才。

第七条 国家对在草原管理、保护、建设、合理利用和科学研究等工作中做出显著成绩的单位和个人，给予奖励。

第八条 国务院草原行政主管部门主管全国草原监督管理工作。

县级以上地方人民政府草原行政主管部门主管本行政区域内草原监督管理工作。

乡（镇）人民政府应当加强对本行政区域内草原保护、建设和利用情况的监督检查，根据需要可以设专职或者兼职人员负责具体监督检查工作。

第二章　草原权属

第九条　草原属于国家所有，由法律规定属于集体所有的除外。国家所有的草原，由国务院代表国家行使所有权。

任何单位或者个人不得侵占、买卖或者以其他形式非法转让草原。

第十条　国家所有的草原，可以依法确定给全民所有制单位、集体经济组织等使用。

使用草原的单位，应当履行保护、建设和合理利用草原的义务。

第十一条　依法确定给全民所有制单位、集体经济组织等使用的国家所有的草原，由县级以上人民政府登记，核发使用权证，确认草原使用权。

未确定使用权的国家所有的草原，由县级以上人民政府登记造册，并负责保护管理。

集体所有的草原，由县级人民政府登记，核发所有权证，确认草原所有权。

依法改变草原权属的，应当办理草原权属变更登记手续。

第十二条　依法登记的草原所有权和使用权受法律保护，任何单位或者个人不得侵犯。

第十三条　集体所有的草原或者依法确定给集体经济组织使用的国家所有的草原，可以由本集体经济组织内的家庭或者联户承包经营。

在草原承包经营期内，不得对承包经营者使用的草原进行调整；个别确需适当调整的，必须经本集体经济组织成员的村

（牧）民会议三分之二以上成员或者三分之二以上村（牧）民代表的同意，并报乡（镇）人民政府和县级人民政府草原行政主管部门批准。

集体所有的草原或者依法确定给集体经济组织使用的国家所有的草原由本集体经济组织以外的单位或者个人承包经营的，必须经本集体经济组织成员的村（牧）民会议三分之二以上成员或者三分之二以上村（牧）民代表的同意，并报乡（镇）人民政府批准。

第十四条 承包经营草原，发包方和承包方应当签订书面合同。草原承包合同的内容应当包括双方的权利和义务、承包草原四至界限、面积和等级、承包期和起止日期、承包草原用途和违约责任等。承包期届满，原承包经营者在同等条件下享有优先承包权。

承包经营草原的单位和个人，应当履行保护、建设和按照承包合同约定的用途合理利用草原的义务。

第十五条 草原承包经营权受法律保护，可以按照自愿、有偿的原则依法转让。

草原承包经营权转让的受让方必须具有从事畜牧业生产的能力，并应当履行保护、建设和按照承包合同约定的用途合理利用草原的义务。

草原承包经营权转让应当经发包方同意。承包方与受让方在转让合同中约定的转让期限，不得超过原承包合同剩余的期限。

第十六条 草原所有权、使用权的争议，由当事人协商解决；协商不成的，由有关人民政府处理。

单位之间的争议，由县级以上人民政府处理；个人之间、个人与单位之间的争议，由乡（镇）人民政府或者县级以上人民政府处理。

当事人对有关人民政府的处理决定不服的，可以依法向人民法院起诉。

在草原权属争议解决前,任何一方不得改变草原利用现状,不得破坏草原和草原上的设施。

第三章 规划

第十七条 国家对草原保护、建设、利用实行统一规划制度。国务院草原行政主管部门会同国务院有关部门编制全国草原保护、建设、利用规划,报国务院批准后实施。

县级以上地方人民政府草原行政主管部门会同同级有关部门依据上一级草原保护、建设、利用规划编制本行政区域的草原保护、建设、利用规划,报本级人民政府批准后实施。

经批准的草原保护、建设、利用规划确需调整或者修改时,须经原批准机关批准。

第十八条 编制草原保护、建设、利用规划,应当依据国民经济和社会发展规划并遵循下列原则:

(一)改善生态环境,维护生物多样性,促进草原的可持续利用;

(二)以现有草原为基础,因地制宜,统筹规划,分类指导;

(三)保护为主、加强建设、分批改良、合理利用;

(四)生态效益、经济效益、社会效益相结合。

第十九条 草原保护、建设、利用规划应当包括:草原保护、建设、利用的目标和措施,草原功能分区和各项建设的总体部署,各项专业规划等。

第二十条 草原保护、建设、利用规划应当与土地利用总体规划相衔接,与环境保护规划、水土保持规划、防沙治沙规划、水资源规划、林业长远规划、城市总体规划、村庄和集镇规划以及其他有关规划相协调。

第二十一条 草原保护、建设、利用规划一经批准,必须严格执行。

第二十二条　国家建立草原调查制度。

县级以上人民政府草原行政主管部门会同同级有关部门定期进行草原调查；草原所有者或者使用者应当支持、配合调查，并提供有关资料。

第二十三条　国务院草原行政主管部门会同国务院有关部门制定全国草原等级评定标准。

县级以上人民政府草原行政主管部门根据草原调查结果、草原的质量，依据草原等级评定标准，对草原进行评等定级。

第二十四条　国家建立草原统计制度。

县级以上人民政府草原行政主管部门和同级统计部门共同制定草原统计调查办法，依法对草原的面积、等级、产草量、载畜量等进行统计，定期发布草原统计资料。

草原统计资料是各级人民政府编制草原保护、建设、利用规划的依据。

第二十五条　国家建立草原生产、生态监测预警系统。

县级以上人民政府草原行政主管部门对草原的面积、等级、植被构成、生产能力、自然灾害、生物灾害等草原基本状况实行动态监测，及时为本级政府和有关部门提供动态监测和预警信息服务。

第四章　建设

第二十六条　县级以上人民政府应当增加草原建设的投入，支持草原建设。

国家鼓励单位和个人投资建设草原，按照谁投资、谁受益的原则保护草原投资建设者的合法权益。

第二十七条　国家鼓励与支持人工草地建设、天然草原改良和饲草饲料基地建设，稳定和提高草原生产能力。

第二十八条　县级以上人民政府应当支持、鼓励和引导农牧民开展草原围栏、饲草饲料储备、牲畜圈舍、牧民定居点等生产生活设施的建设。

县级以上地方人民政府应当支持草原水利设施建设，发展草原节水灌溉，改善人畜饮水条件。

第二十九条　县级以上人民政府应当按照草原保护、建设、利用规划加强草种基地建设，鼓励选育、引进、推广优良草品种。

新草品种必须经全国草品种审定委员会审定，由国务院草原行政主管部门公告后方可推广。从境外引进草种必须依法进行审批。

县级以上人民政府草原行政主管部门应当依法加强对草种生产、加工、检疫、检验的监督管理，保证草种质量。

第三十条　县级以上人民政府应当有计划地进行火情监测、防火物资储备、防火隔离带等草原防火设施的建设，确保防火需要。

第三十一条　对退化、沙化、盐碱化、石漠化和水土流失的草原，地方各级人民政府应当按照草原保护、建设、利用规划，划定治理区，组织专项治理。

大规模的草原综合治理，列入国家国土整治计划。

第三十二条　县级以上人民政府应当根据草原保护、建设、利用规划，在本级国民经济和社会发展计划中安排资金用于草原改良、人工种草和草种生产，任何单位或者个人不得截留、挪用；县级以上人民政府财政部门和审计部门应当加强监督管理。

第五章　利用

第三十三条　草原承包经营者应当合理利用草原，不得超过草原行政主管部门核定的载畜量；草原承包经营者应当采取种植和储备饲草饲料、增加饲草饲料供应量、调剂处理牲畜、优化畜群结构、提高出栏率等措施，保持草畜平衡。

草原载畜量标准和草畜平衡管理办法由国务院草原行政主管部门规定。

第三十四条　牧区的草原承包经营者应当实行划区轮牧，合理配置畜群，均衡利用草原。

第三十五条　国家提倡在农区、半农半牧区和有条件的牧区实行牲畜圈养。草原承包经营者应当按照饲养牲畜的种类和数量，调剂、储备饲草饲料，采用青贮和饲草饲料加工等新技术，逐步改变依赖天然草地放牧的生产方式。

在草原禁牧、休牧、轮牧区，国家对实行舍饲圈养的给予粮食和资金补助，具体办法由国务院或者国务院授权的有关部门规定。

第三十六条　县级以上地方人民政府草原行政主管部门对割草场和野生草种基地应当规定合理的割草期、采种期以及留茬高度和采割强度，实行轮割轮采。

第三十七条　遇到自然灾害等特殊情况，需要临时调剂使用草原的，按照自愿互利的原则，由双方协商解决；需要跨县临时调剂使用草原的，由有关县级人民政府或者共同的上级人民政府组织协商解决。

第三十八条　进行矿藏开采和工程建设，应当不占或者少占草原；确需征用或者使用草原的，必须经省级以上人民政府草原行政主管部门审核同意后，依照有关土地管理的法律、行政法规办理建设用地审批手续。

第三十九条　因建设征用集体所有的草原的，应当依照《中华人民共和国土地管理法》的规定给予补偿；因建设使用国家所有的草原的，应当依照国务院有关规定对草原承包经营者给予补偿。

因建设征用或者使用草原的，应当交纳草原植被恢复费。草原植被恢复费专款专用，由草原行政主管部门按照规定用于恢复草原植被，任何单位和个人不得截留、挪用。草原植被恢复费的征收、使用和管理办法，由国务院价格主管部门和国务院财政部门会同国务院草原行政主管部门制定。

　　第四十条　需要临时占用草原的，应当经县级以上地方人民政府草原行政主管部门审核同意。

　　临时占用草原的期限不得超过二年，并不得在临时占用的草原上修建永久性建筑物、构筑物；占用期满，用地单位必须恢复草原植被并及时退还。

　　第四十一条　在草原上修建直接为草原保护和畜牧业生产服务的工程设施，需要使用草原的，由县级以上人民政府草原行政主管部门批准；修筑其他工程，需要将草原转为非畜牧业生产用地的，必须依法办理建设用地审批手续。

　　前款所称直接为草原保护和畜牧业生产服务的工程设施，是指：

　　（一）生产、贮存草种和饲草饲料的设施；
　　（二）牲畜圈舍、配种点、剪毛点、药浴池、人畜饮水设施；
　　（三）科研、试验、示范基地；
　　（四）草原防火和灌溉设施。

第六章　保护

　　第四十二条　国家实行基本草原保护制度。下列草原应当划为基本草原，实施严格管理：

　　（一）重要放牧场；
　　（二）割草地；
　　（三）用于畜牧业生产的人工草地、退耕还草地以及改良草地、草种基地；

（四）对调节气候、涵养水源、保持水土、防风固沙具有特殊作用的草原；

（五）作为国家重点保护野生动植物生存环境的草原；

（六）草原科研、教学试验基地；

（七）国务院规定应当划为基本草原的其他草原。

基本草原的保护管理办法，由国务院制定。

第四十三条　国务院草原行政主管部门或者省、自治区、直辖市人民政府可以按照自然保护区管理的有关规定在下列地区建立草原自然保护区：

（一）具有代表性的草原类型；

（二）珍稀濒危野生动植物分布区；

（三）具有重要生态功能和经济科研价值的草原。

第四十四条　县级以上人民政府应当依法加强对草原珍稀濒危野生植物和种质资源的保护、管理。

第四十五条　国家对草原实行以草定畜、草畜平衡制度。县级以上地方人民政府草原行政主管部门应当按照国务院草原行政主管部门制定的草原载畜量标准，结合当地实际情况，定期核定草原载畜量。各级人民政府应当采取有效措施，防止超载过牧。

第四十六条　禁止开垦草原。对水土流失严重、有沙化趋势、需要改善生态环境的已垦草原，应当有计划、有步骤地退耕还草；已造成沙化、盐碱化、石漠化的，应当限期治理。

第四十七条　对严重退化、沙化、盐碱化、石漠化的草原和生态脆弱区的草原，实行禁牧、休牧制度。

第四十八条　国家支持依法实行退耕还草和禁牧、休牧。具体办法由国务院或者省、自治区、直辖市人民政府制定。

对在国务院批准规划范围内实施退耕还草的农牧民，按照国家规定给予粮食、现金、草种费补助。退耕还草完成后，由县级以上人民政府草原行政主管部门核实登记，依法履行土地用途变更手续，发放草原权属证书。

第四十九条 禁止在荒漠、半荒漠和严重退化、沙化、盐碱化、石漠化、水土流失的草原以及生态脆弱区的草原上采挖植物和从事破坏草原植被的其他活动。

第五十条 在草原上从事采土、采砂、采石等作业活动，应当报县级人民政府草原行政主管部门批准；开采矿产资源的，并应当依法办理有关手续。

经批准在草原上从事本条第一款所列活动的，应当在规定的时间、区域内，按照准许的采挖方式作业，并采取保护草原植被的措施。

在他人使用的草原上从事本条第一款所列活动的，还应当事先征得草原使用者的同意。

第五十一条 在草原上种植牧草或者饲料作物，应当符合草原保护、建设、利用规划；县级以上地方人民政府草原行政主管部门应当加强监督管理，防止草原沙化和水土流失。

第五十二条 在草原上开展经营性旅游活动，应当符合有关草原保护、建设、利用规划，并事先征得县级以上地方人民政府草原行政主管部门的同意，方可办理有关手续。

在草原上开展经营性旅游活动，不得侵犯草原所有者、使用者和承包经营者的合法权益，不得破坏草原植被。

第五十三条 草原防火工作贯彻预防为主、防消结合的方针。

各级人民政府应当建立草原防火责任制，规定草原防火期，制定草原防火扑火预案，切实做好草原火灾的预防和扑救工作。

第五十四条 县级以上地方人民政府应当做好草原鼠害、病虫害和毒害草防治的组织管理工作。县级以上地方人民政府草原行政主管部门应当采取措施，加强草原鼠害、病虫害和毒害草监测预警、调查以及防治工作，组织研究和推广综合防治的办法。

禁止在草原上使用剧毒、高残留以及可能导致二次中毒的农药。

第五十五条 除抢险救灾和牧民搬迁的机动车辆外，禁止机动车辆离开道路在草原上行驶，破坏草原植被；因从事地质勘探、科学考察等活动确需离开道路在草原上行驶的，应当向县级人民政府草原行政主管部门提交行驶区域和行驶路线方案，经确认后执行。

第七章 监督检查

第五十六条 国务院草原行政主管部门和草原面积较大的省、自治区的县级以上地方人民政府草原行政主管部门设立草原监督管理机构，负责草原法律、法规执行情况的监督检查，对违反草原法律、法规的行为进行查处。

草原行政主管部门和草原监督管理机构应当加强执法队伍建设，提高草原监督检查人员的政治、业务素质。草原监督检查人员应当忠于职守，秉公执法。

第五十七条 草原监督检查人员履行监督检查职责时，有权采取下列措施：

（一）要求被检查单位或者个人提供有关草原权属的文件和资料，进行查阅或者复制；

（二）要求被检查单位或者个人对草原权属等问题作出说明；

（三）进入违法现场进行拍照、摄像和勘测；

（四）责令被检查单位或者个人停止违反草原法律、法规的行为，履行法定义务。

第五十八条 国务院草原行政主管部门和省、自治区、直辖市人民政府草原行政主管部门，应当加强对草原监督检查人员的培训和考核。

第五十九条 有关单位和个人对草原监督检查人员的监督检

查工作应当给予支持、配合，不得拒绝或者阻碍草原监督检查人员依法执行职务。

草原监督检查人员在履行监督检查职责时，应当向被检查单位和个人出示执法证件。

第六十条　对违反草原法律、法规的行为，应当依法作出行政处理，有关草原行政主管部门不作出行政处理决定的，上级草原行政主管部门有权责令有关草原行政主管部门作出行政处理决定或者直接作出行政处理决定。

第八章　法律责任

第六十一条　草原行政主管部门工作人员及其他国家机关有关工作人员玩忽职守、滥用职权，不依法履行监督管理职责，或者发现违法行为不予查处，造成严重后果，构成犯罪的，依法追究刑事责任；尚不够刑事处罚的，依法给予行政处分。

第六十二条　截留、挪用草原改良、人工种草和草种生产资金或者草原植被恢复费，构成犯罪的，依法追究刑事责任；尚不够刑事处罚的，依法给予行政处分。

第六十三条　无权批准征用、使用草原的单位或者个人非法批准征用、使用草原的，超越批准权限非法批准征用、使用草原的，或者违反法律规定的程序批准征用、使用草原，构成犯罪的，依法追究刑事责任；尚不够刑事处罚的，依法给予行政处分。非法批准征用、使用草原的文件无效。非法批准征用、使用的草原应当收回，当事人拒不归还的，以非法使用草原论处。

非法批准征用、使用草原，给当事人造成损失的，依法承担赔偿责任。

第六十四条　买卖或者以其他形式非法转让草原，构成犯罪的，依法追究刑事责任；尚不够刑事处罚的，由县级以上人民政府草原行政主管部门依据职权责令限期改正，没收违法所得，并处违法所得一倍以上五倍以下的罚款。

第六十五条　未经批准或者采取欺骗手段骗取批准，非法使用草原，构成犯罪的，依法追究刑事责任；尚不够刑事处罚的，由县级以上人民政府草原行政主管部门依据职权责令退还非法使用的草原，对违反草原保护、建设、利用规划擅自将草原改为建设用地的，限期拆除在非法使用的草原上新建的建筑物和其他设施，恢复草原植被，并处草原被非法使用前三年平均产值六倍以上十二倍以下的罚款。

第六十六条　非法开垦草原，构成犯罪的，依法追究刑事责任；尚不够刑事处罚的，由县级以上人民政府草原行政主管部门依据职权责令停止违法行为，限期恢复植被，没收非法财物和违法所得，并处违法所得一倍以上五倍以下的罚款；没有违法所得的，并处五万元以下的罚款；给草原所有者或者使用者造成损失的，依法承担赔偿责任。

第六十七条　在荒漠、半荒漠和严重退化、沙化、盐碱化、石漠化、水土流失的草原，以及生态脆弱区的草原上采挖植物或者从事破坏草原植被的其他活动的，由县级以上地方人民政府草原行政主管部门依据职权责令停止违法行为，没收非法财物和违法所得，可以并处违法所得一倍以上五倍以下的罚款；没有违法所得的，可以并处五万元以下的罚款；给草原所有者或者使用者造成损失的，依法承担赔偿责任。

第六十八条　未经批准或者未按照规定的时间、区域和采挖方式在草原上进行采土、采砂、采石等活动的，由县级人民政府草原行政主管部门责令停止违法行为，限期恢复植被，没收非法财物和违法所得，可以并处违法所得一倍以上二倍以下的罚款；没有违法所得的，可以并处二万元以下的罚款；给草原所有者或者使用者造成损失的，依法承担赔偿责任。

第六十九条　违反本法第五十二条规定，擅自在草原上开展经营性旅游活动，破坏草原植被的，由县级以上地方人民政府草原行政主管部门依据职权责令停止违法行为，限期恢复植被，没收违法所得，可以并处违法所得一倍以上二倍以下的罚款；没有违法所得的，可以并处草原被破坏前三年平均产值六倍以上十二倍以下的罚款；给草原所有者或者使用者造成损失的，依法承担赔偿责任。

第七十条 非抢险救灾和牧民搬迁的机动车辆离开道路在草原上行驶或者从事地质勘探、科学考察等活动未按照确认的行驶区域和行驶路线在草原上行驶，破坏草原植被的，由县级人民政府草原行政主管部门责令停止违法行为，限期恢复植被，可以并处草原被破坏前三年平均产值三倍以上九倍以下的罚款；给草原所有者或者使用者造成损失的，依法承担赔偿责任。

第七十一条 在临时占用的草原上修建永久性建筑物、构筑物的，由县级以上地方人民政府草原行政主管部门依据职权责令限期拆除；逾期不拆除的，依法强制拆除，所需费用由违法者承担。

临时占用草原，占用期届满，用地单位不予恢复草原植被的，由县级以上地方人民政府草原行政主管部门依据职权责令限期恢复；逾期不恢复的，由县级以上地方人民政府草原行政主管部门代为恢复，所需费用由违法者承担。

第七十二条 未经批准，擅自改变草原保护、建设、利用规划的，由县级以上人民政府责令限期改正；对直接负责的主管人员和其他直接责任人员，依法给予行政处分。

第七十三条 对违反本法有关草畜平衡制度的规定，牲畜饲养量超过县级以上地方人民政府草原行政主管部门核定的草原载畜量标准的纠正或者处罚措施，由省、自治区、直辖市人民代表大会或者其常务委员会规定。

第九章 附则

第七十四条 本法第二条第二款中所称的天然草原包括草地、草山和草坡,人工草地包括改良草地和退耕还草地,不包括城镇草地。

第七十五条 本法自 2003 年 3 月 1 日起施行。

后　记

　　在中央民族大学 211 项目支持下,我有机会将自己学习、考察和研究过程中的文化思考和生命感悟表达出来,将《传统与现代:鄂温克族牧民的生活》呈献给大家。并诚恳希望诸位专家学者批评指教。

　　草原、牲畜与牧人一直是我关注的课题,在深入草原进行田野调查的过程中,我很幸运地得到了当地政府和牧民的支持、帮助、鼓励和肯定!在此我怀着深深的感恩之情,向吴守贵先生、乌热尔图先生、贺喜格扎布先生、达喜扎布先生、吴勇男先生、戴福杰先生、色音图先生、李国强先生、敖立新先生、郭晓林先生、赵越先生、白劲松先生、敖能先生、任国斌先生和哈森其木格女士、阿娜女士、萨仁格日乐女士、杜玉红女士表示真诚的感谢!同时,我还要借《美丽的草原我的家》这首歌,向鄂温克族牧民表达我最美好的祝福!

　　　　美丽的草原我的家
　　　　风吹绿草遍地花
　　　　彩蝶纷飞百鸟儿唱
　　　　一弯碧水映晚霞
　　　　骏马好似彩云朵
　　　　牛羊好似珍珠撒
　　　　啊哈嗬——牧羊姑娘放声唱
　　　　愉快的歌声满天涯

美丽的草原我的家
水清草肥我爱她
草原就像绿色的海
毡包就像白莲花
牧民描绘幸福景
春光万里美如画
啊哈嗬——牧羊姑娘放声唱
愉快的歌声满天涯

啊哈嗬——牧羊姑娘放声唱
愉快的歌声满天涯
啊哈嗬——牧羊姑娘放声唱
愉快的歌声满天涯

祁惠君口 2009 年 6 月